# Hugo Chávez em seu Labirinto

O Movimento Bolivariano e a
política na Venezuela

# Hugo Chávez em seu Labirinto

## O Movimento Bolivariano e a política na Venezuela

Flávio da Silva Mendes

Copyright © 2012 by Flávio da Silva Mendes

Grafia atualizada segundo o Acordo Ortográfico da Língua Portuguesa de 1990, que entrou em vigor no Brasil em 2009.

Publishers: Joana Monteleone/ Haroldo Ceravolo Sereza/ Roberto Cosso
Edição: Joana Monteleone
Editor assistente: Vitor Rodrigo Donofrio Arruda
Projeto gráfico, capa e diagramação: Sami Reininger
Revisão: João Paulo Putini
Assistente de produção: João Paulo Putini

*Este livro foi publicado com o apoio da Fapesp*

CIP-BRASIL. CATALOGAÇÃO-NA-FONTE
SINDICATO NACIONAL DOS EDITORES DE LIVROS, RJ

M491h

Mendes, Flávio da Silva
HUGO CHÁVEZ EM SEU LABIRINTO:
O MOVIMENTO BOLIVARIANO E A POLÍTICA NA VENEZUELA
Flávio da Silva Mendes.
São Paulo: Alameda, 2012.
302p.

Inclui bibliografia
ISBN 978-85-7939-110-1

1. Chávez Frias, Hugo, 1954-. 2. Venezuela - Política e governo - 1999-. 3. Venezuela - História - Séc. XX. I. Título.

11-6742.                    CDD: 320.987
                            CDU: 32(87)

                                          030442

ALAMEDA CASA EDITORIAL
Rua Conselheiro Ramalho, 694 – Bela Vista
CEP 01325-000 – São Paulo – SP
Tel. (11) 3012-2400
www.alamedaeditorial.com.br

*Para Lourdes, minha mãe,*
*presença constante e fundamental.*

*Para Mauro, meu pai, com eterna saudade.*

# Sumário

Lista de abreviaturas e siglas  9

Lista de tabelas e figuras  11

Prefácio: Exceções típicas  13

Introdução  25

**1. A democracia venezuelana**  35

Origens da democracia  37

1945-48: um breve ensaio  53

Dos primeiros passos à "Grande Venezuela"  70

A grande crise  85

A crítica mais radical: o Caracazo  96

**2. O Movimento Bolivariano e a literatura**  115
**sobre o populismo**

Os militares voltam à cena  117

As raízes do MBR-200  125

De volta ao populismo?  149

**3. Dos quartéis a Miraflores**  171

A esquerda venezuelana no final do século XX  175

O povo, o líder e a política  191

Um país entre duas agendas  205

A vitória nas urnas 216

Um movimento nacional-popular? 229

**4. A luta de classes na Venezuela do século XXI** 243

Um país dividido 245

Além dos dois polos 264

A Venezuela pós-desmanche 279

**Referências bibliográficas** 291

# Lista de abreviaturas e siglas

AAB – Agenda Alternativa Bolivariana

AD – Acción Democrática

BD – Bloque Democrático

BR – Bandera Roja

CD – Coordinadora Democrática de Acción Cívica

CNE – Consejo Nacional Electoral

COPEI – Comité de Organización Política Electoral Independiente

COPRE – Comisión para la Reforma del Estado

CRBV – Constitución de la República Bolivariana de Venezuela

CTV – Central de Trabajadores de Venezuela

FALN – Fuerzas Armadas de Liberación Nacional

FDP – Fuerza Democrática Popular

Fedecamaras – Federación de Cámaras y Asociaciones de Comercio y Producción

FEI – Frente Electoral Independiente

FMI – Fundo Monetário Internacional

FND – Frente Nacional Democrática

IR – Integración Republicana

LALLAVE – La Llama de Venezuela

LCR – La Causa Radical

LS – Liga Socialista

MAS – Movimiento al Socialismo

MBR-200 – Movimiento Bolivariano Revolucionario 200

MDD – Movimiento por la Democracia Directa

MENI – Movimiento Electoral Nacional Independiente

MEP – Movimiento Electoral del Pueblo

MIN – Movimiento de Integración Nacional

MIR – Movimiento de Izquierda Revolucionaria

MR – Movimiento Republicano

MVR – Movimiento Quinta República

OPEP – Organização dos Países Exportadores de Petróleo

OPINA – Opinión Nacional

PCV – Partido Comunista de Venezuela

PDVSA – Petróleos de Venezuela S. A.

PJ – Primero Justicia

PN – Pensamiento Nacional

PP – Polo Patriótico

PPT – Patria para Todos

PQAC – Por querer a la ciudad

PROVEA – Programa Venezolano de Educación - Acción
en Derechos Humanos

PRV – Partido de la Revolución Venezolana

PST – Partido Socialista de los Trabajadores

PSUV – Partido Socialista Unido de Venezuela

SIDOR – Siderúrgica del Orinoco

UCV – Universidad Central de Venezuela

UNT – Un Nuevo Tiempo

UPM – Unión Patriótica Militar

URD – Unión Republicana Democrática

VdP – Venezuela de Primera

# Lista de tabelas e figuras

Tabela 1: Eleições Presidenciais (1958) 67

Tabela 2: Eleições Presidenciais (1963) 74

Tabela 3: Eleições Presidenciais (1968) 80

Tabela 4: Eleições Presidenciais (1973) 82

Tabela 5: Eleições Presidenciais (1978) 85

Tabela 6: Eleições Presidenciais (1983) 86

Tabela 7: Eleições Presidenciais (1988) 93

Tabela 8: Eleições Presidenciais (1993) 187

Tabela 9: Eleições Presidenciais (1998) 227

Tabela 10: Eleições Presidenciais (2000) 249

Tabela 11: Pobreza e Pobreza Extrema (1981-2008) 259

Tabela 12: Desigualdade (1990-2008) 262

Tabela 13: Eleições Presidenciais (2006) 274

Figura 1: Evolução do preço do petróleo (1997-2010) 276

# Prefácio

## Exceções típicas

*Gilberto Maringoni*[1]

HUGO CHÁVEZ FOI ELEITO presidente da Venezuela em dezembro de 1998. Logo nos primeiros anos de seu governo, grande parte dos meios de comunicação internacionais buscou classificá-lo como um anacronismo folclórico em meio a um continente que empreendera reformas modernizantes nas últimas décadas do século XX. Sua retórica anti-imperialista, sua ênfase nacionalista e a ideia de alterar as bases da institucionalidade vigente, através da convocação de uma assembleia constituinte, seriam elementos de instabilidade preocupante. Em uma palavra, Chávez era mostrado como uma exceção no ambiente continental.

A ideia de exceção não é nova em relação ao país. Entre as décadas de 1960 e 1970, diversos analistas políticos afirmavam que a Venezuela se constituía numa notável exceção

---

1  Professor da Faculdade Cásper Líbero, pesquisador do Ipea, doutor em História Social pela FFLCH-USP e autor de *A Venezuela que se inventa* (Editora Fundação Perseu Abramo, 2004)

democrática em uma região marcada por ditaduras militares, instabilidades políticas e crises crônicas nos balanços de pagamentos. O país atravessava aqueles anos mantendo intactos o funcionamento dos três poderes, a realização de eleições periódicas e um notável processo ascendente de prosperidade. A expressão cotidiana de tais características estava no aumento da expectativa de vida média da população, na expansão dos serviços públicos e na consolidação do que poderia ser chamado de uma social democracia moderna na periferia do mundo capitalista.

Nas duas situações, o conceito de *excepcionalidade venezuelana* serviu mais para encobrir do que para facilitar a compreensão da complexa realidade do país. Acima de tudo, ela busca descontextualizar as dinâmicas políticas, sociais, culturais e históricas locais e isolá-las de sua inserção internacional. A exceção basta a si mesma. Ela não comporta relações de nenhuma ordem, a não ser a de negação.

Uma das maiores qualidades deste excelente *Hugo Chávez em seu labirinto: o Movimento Bolivariano e a política na Venezuela*, de Flávio Mendes, é não se deixar seduzir por escapismos fáceis.

Embasado por sólidos conhecimentos históricos e por um vasto arsenal teórico, o autor diferencia particularidade de exceção. E mostra como as supostas excepcionalidades são balizadas por pelo menos duas grandes condicionantes. A primeira é a divisão internacional do trabalho e o lugar ocupado pela economia venezuelana no contexto global, como fornecedor de petróleo aos países centrais, em especial aos Estados Unidos. A segunda, de ordem interna, é definida por uma economia de enclave, que condena a Venezuela a padecer daquilo que Celso Furtado já denominou de "subdesenvolvimento com abundância de divisas".[2] As duas matrizes desdobram-se em variadas características das relações entre as classes sociais e nas disputas políticas nacionais.

A Venezuela vive do petróleo desde os anos 1920, quando teve início a exploração comercial das imensas reservas situadas ao redor do lago Maracaíbo, na região noroeste. Isso pareceu dar ao país a condição, classificada pelo historiador Eric Hobsbawm, de viver como se tirasse um bilhete de loteria premiado todos os dias.[3]

O que seria o passaporte seguro para uma rota de desenvolvimento faz também a Venezuela apresentar "todas as características estruturais de uma economia subdesenvolvida",[4] nas palavras de Celso Furtado.

Embora os números sejam aproximados, a cadeia produtiva do petróleo emprega direta ou indiretamente cerca de 100 mil pessoas na Venezuela, diante de uma população de 30 milhões de habitantes. Diferentemente, por exemplo, da cultura cafeeira no Brasil, entre o final do século XIX e as primeiras décadas do século seguinte, o petróleo tem um efeito multiplicador relativamente pequeno na sociedade.

O café teve a característica de organizar todo um subsistema econômico de negócios ligados à exportação, como obras de infraestrutura, casas de financiamento, incentivos à comercialização, armazenamento, embalagem, expedição e navegação. A crescente complexidade dos negócios do setor

---

2 Celso Furtado. *Ensaios sobre a Venezuela, subdesenvolvimento com abundância de divisas.* Rio de Janeiro: Contraponto, 2008.

3 Eric Hobsbawn. *A era dos extremos.* São Paulo: Companhia das Letras, p. 459.

4 Celso Furtando. *Ensaios sobre a Venezuela...op. cit.,* p. 123.

criou uma teia de vínculos entre o setor produtivo rural, os agentes de comércio nas cidades e o sistema portuário. Foi através do excedente gerado pela produção do grão que se criaram condições para o advento dos dois primeiros ciclos industrializantes no país, entre 1890 e 1930.

No caso do petróleo, a difusão de riquezas pela economia acontece em escala muito menor. Desde os primeiros tempos de exploração na Venezuela, o ingresso de recursos é feito sob a forma de *royalties* lançados diretamente nos cofres do Estado. A ação deste passaria a ser cada vez mais decisiva como indutor e investidor da atividade econômica. Mesmo quando as atividades de refino começaram a ser realizadas internamente, a economia petroleira, como na maior parte dos países produtores, ficava ilhada em uma economia com escassas opções de investimento e com mercado interno diminuto e inelástico. A renda da exportação não se desdobrava assim em um desenvolvimento significativo.

Uma disfunção econômica grave logo se manifestou: a sobrevalorização da moeda nacional. O primeiro economista a perceber de maneira mais profunda tal distorção foi Celso Furtado, em 1957, antes de ela ser conhecida como *doença holandesa*.

Apesar de a riqueza natural possibilitar uma grande entrada de capitais, com correspondente aumento da renda média da população, seu impacto não se dá de maneira uniforme em toda a economia. Nos períodos de alta dos preços, há uma pressão constante pela valorização da moeda nacional, o bolívar. Tal situação afeta as exportações de outras mercadorias de maior valor agregado, isto é, de produtos industrializados, que se tornam mais caros em dólar. A pressão sobre

HUGO CHÁVEZ EM SEU LABIRINTO

o câmbio também torna as importações mais baratas e tira competitividade dos produtos nacionais.

Furtado detecta que o modelo, ao mesmo tempo em que embutia uma vertente otimista, de possibilitar um grande salto adiante rumo ao desenvolvimento, exibia grande fragilidade. Caso não fossem alterados seus pressupostos básicos, ele não pararia em pé.

Tal avaliação é clara em suas palavras:

> É interessante observar que o desenvolvimento venezuelano, ainda que se apresente em termos muito diferentes do usual das economias latino americanas, criou problemas que exigem soluções correntes nessas economias. Com efeito, na quase totalidade das economias latino-americanas, os problemas mais fundamentais são escassez relativa de capital e reduzida capacidade para importar. (...) Na Venezuela a situação é praticamente oposta: o sistema tende a afogar-se em excesso de capacidade para importar e de recursos financeiros. Mas esse mesmo processo de afogamento criou o desequilíbrio fundamental entre o nível médio da produtividade e o dos salários monetários – em relação aos países que concorrem no mercado venezuelano. Este desequilíbrio está na raiz do que chamamos as "peculiaridades" do desenvolvimento da economia deste país.[5]

Quase três décadas depois, Furtado voltaria ao tema, em *A fantasia organizada*:

---

5   Celso Furtado. *Ensaios sobre a Venezuela...op. cit.*, p. 56.

17

Todos os segmentos sociais se beneficiavam de alguma forma de subsídio, o que tendia a criar um consenso legitimador da irracionalidade econômica.[6]

Esta é uma das contradições estruturais não apenas da economia, mas da sociedade venezuelana: as distorções do modelo tiveram sempre uma ampla legitimidade em quase todas as classes sociais. Apesar disso, a dinâmica extrativista não é totalmente controlada ou planejada pelo Estado, mas segue os ditames da demanda externa.

O fato de o comércio petroleiro responder por mais de 70% da pauta de exportações deixa o país permanentemente à mercê das oscilações do mercado internacional. Para além das questões econômicas, vale classificar politicamente o que seria a tal *excepcionalidade venezuelana*. O surgimento do fluxo constante da riqueza petroleira moldou a face política, social e cultural daquela parte do mundo.

O petróleo serviu para elevar o ingresso *per capita*, apesar da enorme disparidade de renda na sociedade, para melhorar os serviços públicos nos períodos de alta internacional dos preços – especialmente entre 1973 e 1983 – e para criar uma democracia *sui generis*.

Como dito no início, a Venezuela dos anos 1960-80 escapou do ciclo de ditaduras da América Latina. O último regime explícito de força vivido pelo país foi a ditadura do general Marcos Pérez Jiménez (1948-1958).

---

6 Celso Furtado. *A fantasia organizada*. Rio de Janeiro: Paz & Terra, 1985, p. 195.

Flávio Mendes desvenda o período com notável riqueza de detalhes. Com o fim da ditadura, foi firmado um acordo, denominado de Pacto de Punto Fijo, entre os partidos Ação Democrática (social-democrata), COPEI (social cristã) e União Republicana Democrática. De fora ficaram os setores populares e a esquerda. Esta era representada pelo Partido Comunista da Venezuela (PCV), que tinha expressiva base social.

Em tempos de Guerra Fria, o Pacto estreitou ligações com os Estado Unidos e colocou a Venezuela como uma alternativa política a Cuba, no continente. Os poderes Judiciário, Legislativo e Executivo, em todas as esferas de governo, ficaram seguros nas mãos das elites locais.

No início dos anos 1960, o país enfrentou uma séria crise econômica, fruto da baixa relativa dos preços do petróleo e da inviabilização dos investimentos industriais. O resultado foi uma aguda crise fiscal. Apesar disso, o modelo garantiu o funcionamento de uma democracia burguesa estável, sem necessidade das classes dominantes lançarem mão do recurso de uma ditadura militar.

Nada disso tiraria de cena as insuficiências do modelo. A propensão a importar, a sobrevalorização da moeda nacional e a aparente inesgotabilidade da riqueza petroleira inibiram a diversificação do parque produtivo. Aconteceu o que o economista chileno Jorge Ahumada já apontava em 1957: "Houve uma dificuldade da mudança da estrutura econômica venezuelana pela via da substituição de importações".[7]

---

7   Celso Furtado. *Ensaios sobre a Venezuela...op. cit.,* p. 15.

As iniciativas industriais, em sua maioria, se inviabilizaram. É possível dizer que a Venezuela saltou essa etapa histórica vivenciada pelos maiores países da região.

Ao não viabilizar a etapa de substituição de importações, o país viu florescer uma burguesia de médio porte fortemente vinculada ao Estado. Ao contrário de Brasil, Argentina, México e Chile, não se formou ali um empresariado liberal até os anos 1990, quando a desregulamentação financeira levou os venezuelanos endinheirados a apostarem suas fichas no modelo que se tornaria hegemônico após o consenso de Washington. O circuito do capital especulativo internacional passou a ser um ponto de convergência das diversas frações das classes dominantes locais. O neoliberalismo só se firmaria na Venezuela após a crise dos preços do petróleo nos anos 1980.

Flávio Mendes explicita essa espiral descendente no primeiro capítulo deste livro. Internamente, a crise era agravada por sérios desequilíbrios fiscais e pela disparada da dívida pública, multiplicada por dez entre 1974 e 1978. A carga tributária venezuelana não alcançava 10% do PIB e o Estado era financiado em larga escala pela renda petroleira. O aumento dos juros internacionais e a quebra do México e do Brasil, no bojo da longa crise da dívida externa que atingiu vários países periféricos, completavam o mosaico de turbulências. O dia 28 de fevereiro de 1983 ficou marcado como o fim da bonança.

O Presidente da República, o *copeiano* Luís Herrera Campíns (1979-1984), foi obrigado a desvalorizar abruptamente a moeda nacional. Rapidamente, a cotação do dólar saltou de 4,70 para 7 bolívares. Estima-se que US$ 8 bilhões tenham saído da Venezuela ao longo daquele ano. O desem-

HUGO CHÁVEZ EM SEU LABIRINTO

prego avançou aos saltos, dando início a uma irreversível crise material e de valores.

Nos anos seguintes, até o final da década, a depressão econômica se agravou. A Venezuela viu sua arquitetura de rentismo petroleiro desabar de forma espetacular. A marca definitiva da quebra aconteceu em 27 de fevereiro de 1989, na rebelião popular conhecida como *Caracazo*. A queda do PIB naquele ano alcançou 8,1 %. A *excepcionalidade venezuelana*, com seu rastro de tragédias, desabava ali sobre a realidade latino-americana, da qual as elites locais tentaram marcar distância. Diante de uma população atônita e desesperançada, o poder e os serviços públicos ficavam inertes.

É sobre esse pano de fundo histórico, de extrema dependência das oscilações do mercado mundial e das características da economia petroleira, que se forma o Estado venezuelano ao longo do século XX e sobre o qual se desenha a luta de classes no país. É também nos anos finais desse desmanche que emerge Hugo Chávez como personagem político.

Sua trajetória não advém diretamente dos acúmulos dos movimentos sociais ou das forças políticas tradicionais. Chávez surge literalmente como um *outsider* e como um subproduto do descrédito das instituições políticas. Quando tenta tomar o poder através de um golpe militar, em 1992, a imagem que fica diante da população não é negativa. É a de alguém que deseja moralizar o país. Poderíamos classificá-lo – no final dos anos 1990 – como um *salvador da pátria*, figura recorrente em momentos de crise aguda de dominação. Um salvador egresso dos escombros da *excepcionalidade.*

A diferença entre o líder venezuelano e personagens contemporâneos seus como Fernando Collor de Mello, no Brasil, ou Alberto Fujimori, no Peru, é que Chávez soube não apenas construir uma nova institucionalidade a partir da Constituição de 1999, mas, aos trancos e barrancos, efetuar uma competente disputa pela hegemonia na sociedade. Ao longo de praticamente todo este livro, Flávio Mendes busca identificar os elementos dessa contenda, valendo-se de competente apreensão de conceitos gramscianos.

Com todos as suas qualidades e problemas, com seus excessos e insuficiências, Chávez representa, antes de tudo, uma tentativa de se redefinir o papel do Estado como agente de soberania e do processo de desenvolvimento. E o enfrentamento fundamental naquela sociedade segue ocorrendo em torno do controle do petróleo. Daí as tentativas de derrubar o governo por meio de golpes, sabotagens e tentativas de desmoralização.

A administração Chávez padece de muitos defeitos e insuficiências. Mas os alvos dos meios de comunicação e de parte dos setores empresariais são suas qualidades como construtor de uma nova arquitetura institucional, realizada aos trancos e barrancos.

Chávez conseguiu colocar a indústria petroleira sob o domínio do Estado. No entanto, ainda não logrou mudar totalmente a lógica rentista, diversificando cadeias produtivas e buscando industrializar o país. A tarefa não depende exclusivamente de um presidente ou de um governo. Tem a ver, como já ressaltado no início, com o lugar reservado ao seu país no contexto internacional.

Um país rico, lastreado em uma única fonte de riquezas, escassamente industrializado, com uma agricultura atrasada e incapaz de abastecer o mercado interno e com alta concentração de renda e propensão para importar em larga escala. Guardadas as nuances, são essas as características da economia venezuelana há pelo menos meio século.

Se a primeira *excepcionalidade* venezuelana mostrou ser um conceito pouco fundamentado, a segunda – o governo Chávez – tampouco apresenta consistência. A partir da virada do século, o continente tem sido palco de eleições de presidentes e forças políticas que se colocam, em graus variados, contra as reformas ultraliberais dos anos 1990. São os casos de Lula e Dilma Rousseff, no Brasil, de Nestor e Cristina Kirchner, na Argentina, de Tabaré Vázquez e Pepe Mujica, no Uruguai, de Evo Morales, na Bolívia, de Rafael Correa, no Equador, de Fernando Lugo, no Uruguai, de Daniel Ortega, na Nicarágua, e de Mauricio Funes, em El Salvador. Entre todos há poucos pontos em comum, além da reação às diretrizes de ajuste fiscal permanente e da tentativa de dotar os Estados nacionais de um poder de intervenção um pouco maior.

A exceção, se existe, está em quase toda a América Latina. Ela demonstra que esta é uma região do planeta na qual a História segue aberta.

Aqui, o jogo ainda não está jogado. É isso que Flávio Mendes nos mostra nas páginas seguintes.

# Introdução

APÓS ESTUDAR UM POUCO da história recente da Venezuela, tem-se a impressão de que aquele país conheceu, no final dos anos 1980, uma realidade que só pode ser bem traduzida com uma palavra: barbárie. Esse sentimento foi despertado pelos relatos que li e ouvi sobre a repressão aos protestos populares ocorridos em fevereiro de 1989, sobretudo na capital Caracas, que ficaram conhecidos como *Sacudón* ou *Caracazo*. Os fatos impressionam pelo grande número de manifestantes, pelas características dos protestos e pela força utilizada pelo Estado para derrotá-los, que resultou em mais de 300 vítimas fatais, de acordo com contagens oficiais imprecisas. Isolado, esse evento já seria suficiente para despertar o interesse de um cientista social, mas ele se torna ainda mais atrativo à luz dos fatos posteriores, que culminaram na eleição para presidente de Hugo Chávez, no final de 1998. Foi nesse período de 10 anos que busquei concentrar minha atenção ao longo da pesquisa de mestrado que deu origem a este livro, realizada junto ao Programa de Pós-Graduação em Sociologia da Unicamp entre 2008 e 2010. O objetivo inicial – extrapolado ao longo da investigação – era analisar e descrever as relações entre a agitação popular e a trajetória do *Movimiento Bolivariano Revolucionario 200* (MBR-200),[1] que saiu da derrota de um golpe militar, em 1992, para a vitória eleitoral, em 1999. Há um amplo acordo quanto ao fato de que a política na América Latina mudou sensivelmente na primeira década do século XXI. A eleição de Chávez à frente do MBR-200, em 1998, ainda aparecia como um evento isolado, que a maioria dos críticos se contentou em classificar como mais um fenômeno populista entre tantos outros a que assistimos na história do continente. Com o passar dos anos, novas eleições em outros países fizeram com que aquela aparente exceção mudasse de significado, tornando-se o ponto de partida de um fenômeno político mais amplo, que passou a atrair a atenção de jornalistas, governantes e militantes políticos de todo o mundo.

Misturadas a todos esses discursos encontramos as ciências sociais, com suas fronteiras permeáveis a tudo o que se produz ao seu redor. Quando o tema é polêmico, como é o caso da política na América Latina, essa permeabilidade é ainda maior, ao ponto de ser difícil distinguir onde começa e onde termina um enunciado "científico". Os esforços para fechar os poros que permitem esse intercâmbio parecem tão antigos quanto as ciências humanas, mas pode-se dizer que por mais que se caminhe o objetivo nunca se mostrará satisfatoriamente próximo. Se muitos dos pressupostos que estimularam o início dessa pesquisa se perderam ao longo do caminho, ao menos um se manteve: não era possível realizar

---

1   O número "200" é uma referência ao bicentenário do nascimento de Simón Bolívar, comemorado em 1983, próximo à fundação do movimento.

este trabalho dissociado em absoluto das várias polêmicas que envolvem seu objeto.

Tornar explícita a influência daquilo que convencionalmente se chama de "senso comum" sobre as ciências humanas não foi tarefa tomada como um exercício à parte nesta investigação. Pelo contrário: quando me dediquei mais atentamente aos clássicos da sociologia política na América Latina, percebi que não discutir sob quais influências tais textos se produziram limitaria muito o alcance deste trabalho. Notei a necessidade de considerar a relação entre "senso comum" e as ciências sociais como um processo dinâmico, de avanços e recuos, disputas e contágios permanentes. Só assim foi possível expor a trajetória de conceitos muito difundidos, como o de *populismo*. Acredito que assumir essa postura me permitiu ir mais longe. A escolha do tema da pesquisa também passa por essa questão: ela reflete o interesse pela rica tradição da sociologia política na América Latina, que atravessou um período de águas calmas após décadas num mar agitado, entre os anos 1950 e 1970 do século passado. Não parece mera coincidência o fato de que esses anos também correspondem a períodos de grande fervor político no continente. Se a impressão inicial estiver correta, nos próximos anos muitos cientistas sociais deverão voltar seus olhos novamente para questões políticas e econômicas que sobrevivem na América Latina e veremos, cada vez com maior frequência, temas como o populismo, o desenvolvimentismo, a nação, o Estado e o socialismo aparecerem nas páginas de artigos e livros.

Mas esse retorno à centralidade de velhos temas não deve ocorrer através da repetição do que foi produzido há décadas. Creio que seja necessário fazer a crítica e assimilar – também com uma saudável desconfiança – reflexões que foram feitas nos anos 1980 e 1990 e que traduziram um momento cultural e político específico. Podemos dizer que dessa *crise* – entendida também pelo seu lado positivo, como abertura de possibilidades – muitas questões novas surgiram, elementos que lançaram nova luz sobre a história. É evidente que este trabalho não abarca todas as polêmicas que envolveram as ciências sociais nessas últimas décadas de grandes mudanças, até porque tal procedimento seria impossível. Mas aqui aparecem alguns problemas que contribuem para a compreensão da vida política recente na Venezuela e, como pano de fundo, da América Latina.

Durante essa pesquisa percebi o quanto os olhares de um estrangeiro e de um nativo sobre a história de um país tendem a divergir. Questões a princípio de difícil compreensão para alguém alheio a determinada cultura muitas vezes são encaradas com enorme naturalidade por pessoas que a compartilham, ainda que essas tenham perfis muito diferentes. Talvez o maior exemplo dessa dessintonia seja a centralidade do culto a Bolívar na sociedade venezuelana, a princípio de difícil compreensão para um brasileiro, mas facilmente justificável por boa parte daqueles que nasceram e vivem naquele país. O estranhamento causado por esse e outros fenômenos com os quais tive contato ao longo deste trabalho me alertaram sobre a necessidade de ampliar o foco dessa investigação, ou seja, recuperar eventos anteriores e posteriores ao período que correspondia ao objetivo original, com a finalidade de apreender continuidades e rupturas sem as quais a experiência do MBR-200 poderia ser apresentada como um evento isolado e contingente na história da Venezuela. O efeito colateral dessa incursão histórica é nítido em passagens que às vezes parecem trazer um excesso de informação. Afirmo, porém, que tomei o máximo de cuidado para que a narração de episódios históricos não extrapolasse o estritamente necessário para alcançar o objetivo principal dessa pesquisa, e, sempre que possível, busquei combinar tais informações com reflexões teóricas pertinentes.

O *primeiro capítulo* desse livro é um exemplo dessa combinação. Nele me dedico aos antecedentes históricos da imensa crise – política, econômica e social – que afetou a Venezuela a partir dos anos 1980. Para tanto, escolho como ponto de partida o momento de inauguração da democracia representativa no país e o processo através do qual as principais forças políticas que a impulsionaram lograram derrotar grupos opositores e consolidar, já no final dos anos 1950, uma supremacia que se mostraria duradoura. O conhecimento desse processo político anterior é fundamental para compreender tanto a crise posterior quanto as respostas que surgiram diante dela. Ao longo do texto, porém, pretendi expor os fatos mais marcantes dessa história apoiado em reflexões sobre a política que inspiraram as ciências sociais latino-americanas durante o século XX. De autores dessa tradição e alguns "estrangeiros" retirei conceitos que se mostram úteis para compreender o período.

Realizar um diagnóstico acadêmico ou político de eventos históricos com tal magnitude não é e nunca foi tarefa simples, o que nos demonstra a história das ciências sociais e das organizações políticas latino-americanas ao longo do século XX. Esta investigação não pretendeu fugir dessa rica tradição, mas, ao contrário, aprofundar o diálogo com variadas elaborações teóricas e práticas sociais que surgiram no continente. Assim, embora em várias ocasiões tenha sido necessário criticar enunciados que hoje nos parecem equivocados ou limitados, em nenhum momento se pretendeu esvaziá-los de seus valores históricos e heurísticos. Esse é o caso, sobretudo, do tão discutido conceito de *populismo*, que merece maior atenção no *segundo capítulo*. Qualquer que fosse o caminho escolhido para a realização deste trabalho, o cruzamento com esse polêmico conceito parecia inevitável, o que me obrigou a encará-lo de frente e a me inserir num debate que já existe há muito tempo nas ciências sociais latino-americanas, mas que parece longe de se esgotar. Para que essa reflexão não produzisse um desvio muito longo em relação à linha original do texto, optei por colocá-la no mesmo capítulo em que analiso as origens do MBR-200, de tal modo que o debate teórico sobre o populismo acabou inserido na discussão sobre a trajetória do movimento e as interpretações que ele inspirou.

No *terceiro capítulo* retomo a narração da história da democracia na Venezuela, agora concentrado nos dez anos que separam o *Caracazo* e a primeira eleição de Chávez. Neste período, a crise que se iniciara na década anterior se aprofunda e passa a pautar o conjunto da sociedade. Pretendo, portanto, analisar algumas de suas mais importantes manifestações, que parecem construir um cenário favorável à vitória do MBR-200: o declínio dos partidos tradicionais e a frágil situação da esquerda, em especial; as relações entre o povo e a liderança carismática; o crescimento do fenômeno batizado de *"antipolítica"*; e a enorme polarização do debate nacional entre duas agendas distintas que pretendiam a superação daquilo que se passou a chamar de "IV República". Encerro essa exposição com uma reflexão sobre o significado da convergência entre o movimento popular e o MBR-200, que ganhou força ao longo dos anos 1990 e foi fundamental para que Chávez chegasse ao poder, em 1998.

Já no *quarto capítulo*, que encerra esse livro, tomo a liberdade de extrapolar a proposta inicial deste trabalho e expor algumas características assumidas pelo governo Chávez a partir de 1999. Apesar dos perigos evidentes enfrentados ao proceder à análise de um fato tão atual quanto polêmico, creio que esta pesquisa pareceria inacabada se não se permitisse essa aventura. Nesta parte destaco o crescimento do conflito influenciado por mudanças no programa político original do movimento bolivariano e pela intransigência da oposição, que assumiu uma estratégia golpista ao longo dos primeiros anos da "Revolução Bolivariana". Por trás desse embate cotidiano e polarizado há interesses que apresentam claro conteúdo classista e revelam diferenças no interior de cada um dos blocos – *chavista* e *antichavista* – aos quais parece resumida a política venezuelana. Encerro o capítulo e o livro com uma análise dos efeitos que a crise dos últimos 30 anos impõe à atual conjuntura do país, com destaque aos obstáculos encontrados no caminho para a construção de uma contra-hegemonia.

Este trabalho não seria possível sem os diversos auxílios que recebi, a começar pelo ótimo ambiente proporcionado pelo Programa de Pós-Graduação em Sociologia da Unicamp. Ali encontrei – sobretudo na figura do professor Marcelo Ridenti, meu orientador – o equilíbrio perfeito entre liberdade, estímulo e cobrança, elementos fundamentais em qualquer pesquisa acadêmica e garantidos, em grande medida, pelo caráter público da universidade. Ao Marcelo sou grato, também, pela atenção incansável que, em várias ocasiões, extrapolou os limites da relação aluno-professor (como nas nossas recorrentes ponderações sobre o cotidiano do Palmeiras, uma paixão em comum).

A viagem à Venezuela, um lugar até então desconhecido, foi facilitada pela receptividade de Judith Liendo e sua família, que me receberam em casa durante três meses. Também foi importante a ajuda de dois brasileiros: Antônio Carlos Cunha Neto, que me ensinou atalhos de Caracas, e Claudia Jardim, que me forneceu contatos valiosos. No *Centro de Estudios del Desarrollo* da *Universidad Central de Venezuela* encontrei excelente estrutura e grande variedade de materiais. Agradeço aos professores Jorge Diaz Polanco, Coromoto Renaud e Thais Maingon, que me abriram as portas do Centro, e aos funcionários de sua completa e organizada biblioteca, em especial Elina Cárdenas e Gabriela Elbitar, que me ajudaram sempre que necessário, mesmo à distância. Ainda da Venezuela, minha lembrança a todos e todas que dispuseram seu tempo para a realização de entrevistas.

Do Brasil, sou especialmente grato a Gilberto Maringoni, pelos contatos compartilhados; ao professor Álvaro Bianchi, pelas sugestões durante o exame de qualificação; e aos professores Ruy Braga e Maria Lygia Quartim de Moraes, pelas considerações durante a defesa. Ao Ruy também agradeço pela atenção que me atribuiu quando este trabalho era ainda um projeto e, mais recentemente, ao indicar e intermediar o contato com a editora Alameda que começou a transformar em realidade este livro. O título também é sua sugestão.[2]

---

2   O título é uma clara referência ao belo livro *O general em seu labirinto*, de

Reconheço, ainda, a enorme ajuda de Christina Faccioni, da Secretaria de Pós-Graduação do IFCH, que me traduziu questões burocráticas e me socorreu sempre que precisei.

Agradeço aos colegas de mestrado, sobretudo àqueles que fazem parte do "Terça-feira Futebol Clube", com os quais compartilhei mais do que aulas e debates acadêmicos. Recordo também os amigos e amigas que fiz ao longo dos anos de graduação em Ciências Sociais na USP, principalmente aqueles e aquelas com os quais convivi no Ceupes, o centro acadêmico. Com essas pessoas compartilhei experiências que dão mais sentido a este trabalho.

Obrigado à Fundação de Amparo à Pesquisa do Estado de São Paulo (Fapesp), que atendeu ao pedido realizado pela editora Alameda, pelo Marcelo Ridenti e por mim, concedendo o auxílio a esta publicação. Sou grato, enfim, ao Conselho Nacional de Desenvolvimento Científico e Tecnológico (CNPq), cujo financiamento tornou possível minha dedicação exclusiva à pesquisa.

---

Gabriel García Márquez (1989), que trata dos últimos dias da vida de Simón Bolívar. Acredito que a Venezuela analisada neste livro também tem o seu "general" e o seu "labirinto". Outra semelhança que favorece a referência é o lugar que Bolívar ainda ocupa na cultura do país e no discurso de Hugo Chávez. Mas há outra afinidade, esta menos evidente: assim como no romance de García Márquez, o personagem principal desta história não conhece seu final nem tem (apesar das aparências) poderes ilimitados para conduzir seu enredo.

# 1. A democracia venezuelana

QUANDO CHEGARAM ÀS BANCAS na manhã daquela segunda-feira, 27 de fevereiro de 1989, as páginas dos principais jornais venezuelanos traziam opiniões e notícias desatualizadas, pois ninguém poderia prever o que se passaria nas ruas naquele mesmo dia. É provável que o temor gerado pela onda de protestos que tomou conta das principais cidades tenha obrigado o fechamento das bancas e, assim, as muitas críticas e elogios ao polêmico pacote econômico do então presidente, Carlos Andrés Pérez, não chegaram aos leitores. A opinião mais contundente acerca daquelas medidas – e que ficaria marcada na história – se fazia ver e ouvir nas ruas das maiores cidades da Venezuela, mas, sobretudo, na capital Caracas: tratava-se de distúrbios que começaram contra o aumento abusivo das passagens de ônibus, que ultrapassava o valor de 30%, divulgado pela imprensa e acordado entre o governo e a *Federación Nacional del Transporte* (Fedetransporte). Contrária à decisão, a *Central Única de Autos Libres y por Puestos*, entidade filiada à Fedetransporte, decidiu reajustar as tarifas em 100%, acompanhando assim o aumento do preço da gasolina gerado pelo pacote presidencial. Diante do não cumprimento do acordo, usuários do transporte coletivo começaram, antes mesmo de amanhecer, a protestar e enfrentar condutores nos principais terminais das linhas que ligam cidades-dormitórios da grande Caracas à capital. Com o passar das horas, mais pessoas se juntaram aos protestos, cujo alvo principal também mudava. Para entender o *Caracazo* ou *Sacudón*, como ficou conhecida esta onda de protestos que se estendeu por dias, é necessário conhecer melhor os elementos políticos, econômicos e culturais que caracterizam a sociedade venezuelana, ou seja, os antecedentes históricos da turbulência política que tomou conta do país na última década do século passado e avança até os dias atuais.

Antes da explosão da crise, a Venezuela era considerada uma exceção democrática na América Latina. A estabilidade de suas instituições representativas – sindicatos e partidos – e a alternância periódica de poder contrastavam com os regimes autoritários dos países vizinhos, onde a liberdade de organização política era restrita ou nula. Muitos justificavam essa realidade baseados numa tendência natural do povo venezuelano à democracia e ao consenso. Por não concordar com tal tese, que ademais já foi negada pelos acontecimentos recentes, proponho analisar esse período excepcional a partir do conceito de hegemonia,[1] que deve facilitar a compreensão dos limites do poder estatal na Venezuela e, paralelamente, dos impasses da dominação burguesa no país. A seguir, pretendo reconstruir a trajetória da democracia venezuelana ao

---

1 No decorrer deste capítulo, ao discutir os limites da dominação burguesa na Venezuela e seus efeitos sobre a crise aqui analisada, farei referência ao conceito de *hegemonia* retirado da obra de Gramsci, cujo significado será, então, discutido.

expor os conflitos e forças políticas que foram fundamentais em sua origem, em meados dos anos 1950; os fatores que contribuíram para o seu sucesso, sobretudo na década de 1970; e as contradições que impulsionaram sua crise, que se manifestou no início dos anos 1980 e se desdobra até hoje.

## Origens da democracia

Em dezembro de 1935, após a morte do general Juan Vicente Gómez, ditador que governava o país desde 1908, iniciou-se um processo de abertura política na sociedade venezuelana. Durante a ditadura, mais precisamente nos anos 1920, o Estado logrou um significativo salto organizativo graças aos primeiros poços de petróleo perfurados no país, que geraram imediata atração de capital estrangeiro. Logo em seguida ocorreu a diminuição do poder de grupos oligarcas locais, antes capazes de desestabilizar a política nacional, em paralelo ao fortalecimento das instituições do governo central, sobretudo do exército. Além de consolidar seu poder político, o Estado tornou-se o principal agente econômico do país e o responsável pela distribuição da maior parcela da riqueza nacional. Logo, passou de obstáculo a objeto de desejo daquelas oligarquias.

Ao notarmos essa transformação política original podemos propor uma mudança na visão que a sociedade venezuelana teve – e talvez ainda tenha – sobre a relação entre o Estado e o petróleo: o chamado "ouro negro" não é simplesmente um produto abundante cuja exploração gera a maior parcela das receitas estatais, tal como é comum acreditar. Mais além, ele foi um elemento decisivo, no início do século XX, para a consolidação do projeto nacional impulsionado por um Estado forte. Tal afirmação parece simples ou óbvia quando nos concentramos naquele período. Posteriormente, quando o Estado parece perder sua centralidade diante da emergência de uma sociedade civil complexa, que apresenta "estruturas ampliadas de dominação" e "aparelhos privados de hegemonia", aquele fato parece coisa do passado e tende a ser esquecido.[2] No entanto, em momentos de crise, quando o preço do produto oscila negativamente no mercado internacional, a lembrança volta de modo violento e corrói uma estabilidade que se mostrava inabalável.

Para os políticos que assumiram para si a tarefa de modernizar o Estado e a sociedade venezuelana após a morte de Gómez, o ex-ditador era considerado a personificação do atraso ao qual esteve condenado o país durante séculos.[3] Seu período à frente do Estado, marcado pela corrupção e a apropriação de enormes parcelas da riqueza gerada pelo petróleo, era apontado como um sintoma da cultura e das relações de poder daqueles anos, que ainda acompanhariam a sociedade

---

2   Aqui, me inspiro na teoria ampliada do Estado tal como a apresentou Carlos Nelson Coutinho, a partir de Gramsci: "Enquanto a sociedade política tem seus portadores materiais nos aparelhos repressivos de Estado (controlados pelas burocracias executiva e policial-militar), os portadores materiais da sociedade civil são o que Gramsci chama de 'aparelhos privados de hegemonia', ou seja, organismos sociais coletivos voluntários e *relativamente* autônomos em face da sociedade política" (Coutinho, 1981: 92, grifo nosso).

3   A centralidade das noções de atraso e modernidade foi muito bem explorada por Fernando Coronil (1997). Retomo sua reflexão e reproduzo parte de sua detalhada reconstituição histórica.

pós-colonial, incapaz de levar ao final o projeto liberal patrocinado pelos próceres da independência. No período imediatamente posterior à morte de Gómez, assumiu o poder o também militar Eleazar López Contreras [1935-1941],[4] o qual, apesar da abertura política que promoveu e de medidas econômicas que visavam a distribuição da renda, não conseguiu livrar-se do peso de ser um herdeiro político do general. O mesmo ocorreu com seu sucessor, Isaías Medina Angarita [1941-1945], incapaz de dar respostas ao conjunto de demandas que surgiam a partir das intensas transformações pelas quais passava o país: o surgimento de novos partidos políticos, como o *Partido Comunista de Venezuela* (PCV), em 1931, e o social-democrata *Acción Democrática* (AD), em 1941; de sindicatos e de uma forte central sindical, a *Central de Trabajadores de Venezuela* (CTV), em 1936; e de entidades patronais, como a *Federación de Cámaras y Asociaciones de Comercio y Producción de Venezuela* (Fedecamaras), em 1944. Também acontecia uma ampliação da população urbana, fenômeno que impulsionava o surgimento de uma classe média vinculada às atividades comerciais, ao Estado e à exploração de petróleo. De um modo geral, para esses novos atores políticos os governos de López Contreras e Medina Angarita eram entraves à plena modernização da sociedade venezuelana.

Essa oposição entre o moderno e o atrasado, que era o ponto em comum no programa político de cada um desses novos atores, não foi algo exclusivo da sociedade venezuelana. Podemos encontrar a mesma questão colocada em debate em outros países da América Latina no mesmo período. De

---

4   O presidente ainda era eleito de modo indireto, pelo congresso.

modo geral, a principal preocupação dos grupos que pautavam essa discussão era lograr uma participação das massas populares, recém surgidas nos cenários políticos nacionais, que superasse formas oligárquicas de organização do poder, aparentemente colocadas em oposição ao pleno desenvolvimento do capitalismo. Para organizações de esquerda, como os Partidos Comunistas, era necessário aliar-se aos setores modernizadores da sociedade para realizar a revolução burguesa nacional, etapa considerada indispensável à posterior superação do capitalismo.[5]

O italiano Gino Germani, que migrara para a Argentina durante o regime fascista de Mussolini, foi um dos que se dedicou com maior atenção ao tema da modernização nas ciências sociais latino-americanas. Em um importante trabalho (Germani, 1977 [1962]), o autor busca na tradição colonial a causa dos diversos entraves ao desenvolvimento social, político e econômico que afligia o continente. Para ele, só a existência de um padrão de sociabilidade atrasado, que persistia no período de transição para uma sociedade de massas, parecia explicar o surgimento constante de regimes oligárquicos autoritários que logravam amplo apoio popular:

---

5 Diversos documentos que expressaram essa posição na América Latina foram reunidos por Löwy (2006), na parte 3: "A hegemonia stalinista". No mesmo livro, nas partes 4 e 5, encontram-se documentos que partiram da crítica a essa postura dos PCs para construir suas teses. No Brasil, duas críticas bastante conhecidas ao "etapismo" no programa comunista para a América Latina se encontram em Caio Prado Júnior (1966) e Florestan Fernandes (1981 [1974]).

As classes populares de um país – ou certos subgrupos das mesmas dentro de um mesmo país – estarão tanto mais expostas a apoiar movimentos de orientação autoritária (de esquerda ou de direita), quanto mais tardia tenha sido sua integração política e quanto mais traumático tenha resultado o trânsito da sociedade pré-industrial à industrial e o processo de "democratização fundamental" (1977: 191).

No momento da transição, um processo contraditório viria à tona: por um lado, as massas populares conheceriam ideologias "modernas" no espaço da fábrica, com relações de poder mediadas pelo salário, e encontrariam num mesmo lugar, a cidade, experiências pessoais distintas, muitas delas trazidas por imigrantes europeus e estimuladas por meios de comunicação cada vez mais eficientes. Por outro, conservariam valores tradicionais vinculados à vida no campo, onde as relações sociais não eram, ainda, tão determinadas pelo dinheiro. Em suma, o tempo e o espaço na cidade se organizavam de uma forma que parecia inconciliável com o modo de vida tradicional das massas. O processo de integração não ocorria, portanto, sem traumas. Para além dos conflitos culturais entre modos de vida distintos, podemos considerar que as promessas econômicas da cidade não se realizavam em sua totalidade. Havia a escassez tanto do emprego industrial, que contribuía para gerar cisões no interior das massas populares, quanto de serviços públicos básicos, incapazes de atender às necessidades de uma população que crescia rapidamente. Um líder carismático – que soubesse reunir demandas não atendidas e atingir um público ampliado – acabaria obtendo sucesso diante de forças políticas consideradas mais estáveis. Começava a ganhar espaço nas ciências sociais latino-americanas o tema *populismo*, que merecerá atenção no próximo capítulo. Por ora, apenas destaco o sentimento que alimentava, num certo período, a discussão política e acadêmica na América Latina. O raciocínio de Germani, que exemplifica bem aquele debate, apresenta alguns limites. O mais grave parece ser a incapacidade de revelar o papel do Estado, então considerado atrasado, no processo de "acumulação primitiva" (cf. Marx, 1985: cap. XXIV) que garantiu o desenvolvimento do capitalismo e da burguesia na América Latina. No caso da Venezuela, já sob o governo do ditador Gómez, este foi um processo importante que resultou, nos anos 1940, no aparecimento ainda embrionário de entidades que se tornariam porta-vozes da dominação burguesa no país, como a Fedecamaras, e que assumiriam uma postura crítica diante do tal atraso das instituições estatais. Apesar dessa ressalva, acredito que a obra de Germani contribui para entendermos o porquê da dualidade entre tradicional e moderno alcançar a totalidade do continente, em muitos casos se sobrepondo às particularidades nacionais. Mas, ainda que mostrasse tal alcance, a tarefa da modernização em geral apareceu como uma questão a ser respondida dentro dos limites das nações: a resposta passava pela superação da tradição colonial, que exigia a aliança entre forças progressistas capazes de impulsionar o desenvolvimento econômico e político. O Estado nacional, àquela altura dominado pelo setor identificado como oligarquia agrária, era visto como um instrumento indispensável para a realização

HUGO CHÁVEZ EM SEU LABIRINTO

deste projeto. Germani encontra neste fato uma justificativa para o peso que o nacionalismo assume como ideologia na América Latina, capaz de se sobrepor ao internacionalismo da esquerda e unir classes sociais com interesses supostamente opostos no longo prazo (1977: 181). Após esses necessários parênteses, voltemos à vida política venezuelana na metade do século passado e examinemos suas particularidades.

Além das forças que surgiram nas décadas de 1930 e 1940, o exército também exercia influência sobre a política nacional, embora a organização não se resumisse ao grupo que se encontrava à frente do Estado durante os governos de López Contreras e Medina Angarita. Havia em seu interior tendências diversas, entre elas uma oposta aos presidentes castrenses, que não conseguiram realizar a plena transição da ditadura para a democracia. Enquanto isso, os grupos civis, sobretudo os novos partidos políticos, conquanto apresentassem um crescimento significativo, não possuíam ainda as forças necessárias para retirar do poder aqueles militares.[6] O único caminho parecia ser uma aliança cívico-militar, através da qual um partido se apoiaria nos setores armados insatisfei-

---

6 Partidos de oposição e entidades de trabalhadores, estudantis e patronais foram responsáveis por muitos atos políticos expressivos, mesmo no final do governo de Gómez, em dezembro de 1935. A pressão desses grupos foi responsável por algumas mudanças importantes na política venezuelana, como o *Programa de Fevereiro* de 1936, no governo López Contreras, que incorporava uma parte das críticas da oposição ao programa de governo e, dessa forma, legitimava o discurso reformista (Coronil, 1997: 94). Neste período tornou-se famoso o personagem "Juan Bimba", que apareceu em jornais de grupos de esquerda representando o homem comum do campo, explorado pela oligarquia. Personificando o povo, "Juan Bimba" viraria um símbolo da luta democrática no país.

tos para alcançar o poder, mediante um golpe. Esta foi a saída encontrada pelos social-democratas da AD. O partido tinha à sua frente muitos jovens quadros políticos que fizeram parte de um grupo conhecido como "geração de 28", ano em que estudantes universitários realizaram, durante o carnaval, uma crítica velada à ditadura de Gómez. Este ato, considerado o maior realizado sob aquele regime, também agrupava estudantes comunistas.[7]

Militantes da AD compartilhavam com os comunistas algumas reflexões sobre o marxismo realizadas pela geração de 28, mas a organização distanciou-se progressivamente do comunismo e aproximou-se de teses social-democratas com a intenção de alcançar uma influência de massas. Essa geração foi aquela que defendeu mais radicalmente o programa de modernização da sociedade venezuelana (Coronil, 1997: 90). A democratização se colocava como tarefa central e, para os social-democratas, sua realização garantiria a unidade nacional através da conciliação de forças antagônicas, etapa considerada necessária ao desenvolvimento do país. O programa político desse movimento democrático – que abarcava forças políticas até mesmo opostas – era uma espécie de *liberalismo nacionalista*, que colocava ênfase no combate à apropriação

---

7 Sobre o debate ideológico nas origens da AD, ver Velásquez (1986). Ainda sobre as origens da AD, há uma discussão sobre sua vinculação ao *aprismo* de Haya de la Torre, movimento com o qual compartilharia o projeto de um socialismo democrático, na prática impulsionado pela classe média (Ellner, 2001). No Brasil, há uma dissertação de mestrado recente dedicada à formação política de Rómulo Betancourt, principal líder da AD (Francisco, 2007).

das riquezas nacionais por um pequeno grupo de políticos corruptos ligados ao *gomecismo*.[8]

O liberalismo não era novidade na política venezuelana: foi inspirado no pensamento liberal de raiz europeia que Bolívar lutou pela independência do país, conquistada em 1821.[9] Mesmo o governo de Gómez mantinha um discurso oficialmente liberal, que parecia sustentar a política venezuelana desde suas origens:

> Desde a luta pela independência, o liberalismo era a linguagem pública da elite política venezuelana; identificada com a própria origem da nação, esta linguagem parecia intocável. Ela estava associada não só com as origens da nação, mas com o projeto de Bolívar de emancipação social e republicanismo sob a liderança da elite crioula. Assim, tornou-se um componente essencial da legitimação da dominação crioula desde a independência. Os partidos Liberal e Conservador, os principais do século XIX, partilhavam o discurso for-

---

8 Durante os primeiros anos de exploração do petróleo, o Estado, proprietário do subsolo nacional, realizou doações de terras para grupos familiares que mantinham relações pessoais com o general Gómez. Essas famílias vendiam ou locavam as terras para grandes empresas interessadas na exploração do recurso. Esse mecanismo foi responsável tanto pela manutenção da concentração da propriedade da terra quanto pelo enriquecimento de um pequeno grupo de famílias *terratenientes* venezuelanas. A concentração de renda era tamanha que se acreditava ser possível medir a riqueza nacional através dos ganhos dessa restrita camada social (Coronil, 1997: 82).

9 No Brasil, o pensamento de Bolívar foi sistematizado em Belloto e Corrêa (1983).

mal do liberalismo, assim como a indiferença à eficaz organização de um Estado liberal (Coronil, 1997: 86).

A disparidade entre discurso liberal e prática autoritária, que Coronil encontra na história venezuelana, é algo que também podemos ver na história de muitos outros países do continente. Em geral, o liberalismo avançava apenas em seu sentido econômico, amparando o comércio realizado com outros países, embora o conflito entre frações da burguesia, como agricultores e industriais, estimulasse práticas protecionistas a partir do Estado. Já suas premissas políticas acabavam restritas aos discursos oficiais. Durante o regime de Gómez, essa diferença tornou-se cada vez mais evidente graças à influência de forças políticas radicais. O liberalismo – eterno projeto inacabado – foi abraçado por aqueles que levantavam, naquele momento, a bandeira da modernização da sociedade. Diferentemente de suas apropriações anteriores, o programa só poderia ter sucesso com o apoio das massas populares recém surgidas no cenário político nacional, algo que não seria logrado sem alguma radicalização de seu conteúdo. A democracia representativa, ostentada como o principal produto da revolução, deveria abarcar essa nova força política para se realizar.

Para Fernando Coronil, essa nova face radical assumida pelo liberalismo na Venezuela só pode ser compreendida a partir da influência do petróleo sobre a sociedade. A economia venezuelana baseava-se, já naqueles anos, na renda petroleira. O país ampliou rapidamente os níveis de consumo sem uma contrapartida produtiva: boa parte do que se consumia era importado e pago com a moeda nacional fortalecida graças à venda do petróleo a outros países. A riqueza nascida da renda petroleira tornou pouco vantajoso o investimento na indústria, praticamente estancada. Não havia, portanto, uma burguesia industrial emergente que pudesse entrar em conflito com a velha oligarquia proprietária de terra, ou seja, a nova burguesia urbana, cujo nível de consumo se elevava, era a mesma que lucrava com as formas "atrasadas" de exploração do petróleo em suas terras. Nas cidades, esse grupo apenas redirecionava sua renda para atividades comerciais e financeiras.

As massas populares urbanas e os setores médios que emergiam das atividades comerciais de menor porte faziam pressão crescente sobre aquele setor, que manuseava o Estado como uma empresa particular. Para combatê-lo era necessário redesenhar o liberalismo: não se podia defender, no interior daquela estrutura rentista, a liberdade dos agentes econômicos frente ao Estado como meio para se alcançar o máximo de riqueza nacional. A relação entre meios e fins, ali, se inverteu: só a racionalização e a distribuição da "riqueza natural da nação" podiam proporcionar a liberdade dos seus cidadãos.[10] Apenas o Estado era dotado de tal capacidade (Coronil, 1997: 84), daí a origem de um liberalismo que,

---

10  De acordo com Coronil, podemos interpretar essa visão mais comum sobre as riquezas naturais na América Latina como uma herança do modo como a cultura ocidental aprendeu a lidar com a natureza: como objeto estranho, a ser explorado/dominado. Notar a proximidade entre essa atitude e aquela adotada diante da colônia pelos europeus pode nos ajudar a entender os limites que a importação desse raciocínio impõe à compreensão das origens e problemas do continente. Uma longa discussão sobre o tema é feita por Coronil (1997: Cap. I). O tema está inspirado no debate sobre a *colonialidade do saber*. Ver, sobretudo, Quijano (1998) e Lander (2000).

ao defender atitudes protecionistas na economia e liberais na organização do Estado, reunia, novamente, características não menos que antagônicas.

Esse raciocínio parece correto e nos ajuda a compreender melhor as consequências culturais da forma de organização da economia nacional. Notamos no liberalismo radical, defendido pela AD, o peso da certeza de que a Venezuela se tratava de um país rico e abençoado pela abundância de um produto natural tão valioso. O passo definitivo rumo à modernidade parecia depender apenas de "semear o petróleo", expressão que se tornou comum à época: bastava direcionar a renda petroleira para um fim social e produtivo, mediado pelo Estado. Aos olhos da sociedade esse Estado ganhava cada vez mais uma aparência mágica, sobretudo com a construção do esquecimento de sua origem petroleira, ou seja, de sua dependência permanente da renda produzida pela exploração de um único produto. Tudo isso foi relegado ao passado, sepultado junto ao atraso nacional que, acreditava-se, morria com o general Gómez.

Mas a inviabilidade política e, até certo ponto, econômica do liberalismo revela, por outro lado, os limites da dominação burguesa na Venezuela. Para tratar deste tema acredito que o conceito de *hegemonia* é de grande utilidade. Ele nos permite compreender melhor o que estava em jogo naquele momento e, depois, os fundamentos da crise que atingiu a democracia venezuelana nos anos 1980. Como o conceito ocupará um lugar central neste trabalho, creio que seja necessário apresentá-lo com certo cuidado e, dessa forma, eliminar possíveis confusões que o uso de um termo tão difundido pode gerar.

Antonio Gramsci apresentou definições de hegemonia em muitos de seus trabalhos, desde os anos 10 do século passado.

Essa variedade, porém, não parece impor um obstáculo à compreensão do significado do conceito. Para Coutinho (1981: 52-60), sua elaboração nos trabalhos de Gramsci sempre esteve vinculada à preocupação do autor italiano em não reduzir a luta política à luta econômica, ou seja, em apresentar os elementos históricos e culturais que conformam um determinado tipo de dominação política. Na década de 1920, no ensaio sobre *A Questão Meridional* (Gramsci, 2004), o autor partiu dessa ideia para analisar a especificidade do capitalismo italiano, baseado na aliança entre os latifundiários do sul e a burguesia industrial do norte. Ater-se às determinações econômicas que estimularam a formação dessa aliança e negligenciar outros elementos históricos particulares criava obstáculos à compreensão daquela realidade e, consequentemente, à prática que visasse sua transformação. O exercício da hegemonia pressupõe a "direção político-cultural" da sociedade e não apenas o controle da produção econômica. Essa preocupação original que estimula a elaboração do conceito em Gramsci se mantém nas aparições de "hegemonia" nos *Cadernos do Cárcere*. Para Coutinho, o que diferencia cada momento é o surgimento de outros conceitos importantes em seus estudos, sobretudo o de *sociedade civil*, que contribuem para enriquecer aquela primeira elaboração.

Portanto, uma definição de hegemonia que se baseie nos trabalhos de Gramsci deve estar atenta ao fato de que o termo reúne diversos elementos para a compreensão da luta política e, logo, deve ser tomado sistematicamente. Seria necessária uma arqueologia do conceito para notarmos o processo de elaboração constante ao qual foi submetido pelo autor.[11] Por ora, para compreendermos o percurso da democracia na política venezuelana, o momento do conceito expresso no trecho abaixo parece um bom começo:

> Outro ponto a ser fixado e desenvolvido é o da "dupla perspectiva" na ação política e na vida estatal. Vários graus nos quais se pode apresentar a dupla perspectiva, dos mais elementares aos mais complexos, mas que podem ser reduzidos teoricamente a dois graus fundamentais, correspondentes à natureza dúplice do Centauro maquiavélico, ferina e humana, *da força e do consenso,* da autoridade e da hegemonia, da violência e da civilidade, do momento individual e daquele universal (da "Igreja" e do "Estado"), da agitação e da propaganda, da tática e da estratégia, etc. (Gramsci, 2000 [1932-34]: 33, grifo nosso).

Neste parágrafo, Gramsci expõe o que chama de "dupla perspectiva" da ação política. Se compararmos cada par de termos aos quais ele apela para traduzir essa duplicidade, notaremos que o que está em jogo, em cada caso, é a relação entre *força* e *consenso.* O aparente excesso de rigidez no modo como Gramsci apresenta a relação entre estes opostos é negada no mesmo parágrafo, quando o autor sustenta que tal relação é dialética, ou seja, os opostos não podem ser considerados

---

11 O trabalho de Dias (2000) é dedicado a reconstruir esse processo. O autor demonstra que a temática da hegemonia estava presente nos textos de Gramsci já desde, pelo menos, 1916.

como etapas distintas que se sucedem no tempo: força e consenso constituem um equilíbrio instável em torno do qual se estabelece a ação política.

A revisão da história venezuelana no período aqui estudado revela a existência dessa relação: mesmo sob o relativamente longo período democrático, como veremos mais adiante, o uso da força foi um recurso indispensável à garantia da ordem. Como já foi demonstrado, foi também sob a vigência da ditadura de Gómez que o capitalismo na Venezuela deu seus primeiros passos. O investimento público em obras estruturais – um modo típico de converter recursos e realizar a acumulação primitiva – não era, até então, uma prática muito difundida, fato que talvez justifique a crescente oposição que a ditadura sofreu por parte do capital e de movimentos políticos que atribuíam ao Estado um importante papel no desenvolvimento econômico. Naquele momento, porém, as mediações privadas no processo de exploração e comercialização do petróleo garantiram o enriquecimento de grupos que, mais tarde, conformariam a burguesia nacional. Em contrapartida, o aparelho repressivo do Estado impedia o avanço organizacional das novas forças políticas – sobretudo comunistas e social-democratas – surgidas já nos anos 1920 com um programa de integração das massas urbanas à política, via democracia, que exigia um conjunto de reformas nocivas à reprodução do capital, que ocorria num nível ainda embrionário.

A plena realização da democracia liberal – conforme o modelo importado pelas organizações políticas progressistas – era, e talvez ainda seja, um risco à dominação burguesa na Venezuela. Esse fato tem diversas consequências: a) ele estimula o recurso à violência para conter a aplicação de reformas que não escapam, na maioria dos casos, daquele programa; b) a recuperação do liberalismo na política venezuelana – fenômeno que, como veremos, é recorrente – acaba dando substância a movimentos políticos radicais que perseguem, em muitos casos, a utopia da sociedade moderna burguesa e, dessa forma, ameaçam constantemente a dominação dessa mesma classe;[12] e c) a existência de obstáculos à consolidação da hegemonia burguesa mantém aberta a possibilidade de *crises orgânicas,*[13] cujos efeitos são devastadores sobre as instituições políticas. Nesses momentos, a ausência de direção política e cultural, ou do consenso, pode ser compensada pelo apelo à coerção, de natureza estatal.

O rearranjo constante da relação entre forças políticas na história venezuelana, conforme veremos a seguir, parece sintoma dessas sucessivas crises que, por sua vez, se mostram como consequência da incapacidade da burguesia de realizar

---

12 O programa liberal pode ser assumido por movimentos transformadores ou influenciar forças conservadoras, como a coexistência de práticas autoritárias e retórica liberal na Venezuela revela. Essa contradição também foi abordada por Gramsci, como lembrou Dias: "O chamado Estado ético dos liberais, ou seja um Estado 'acima' das lutas de classes, mais do que uma realidade política 'é uma aspiração política (...); existe apenas como modelo utópico, mas é precisamente o fato de ser uma miragem que o fortalece e faz dele força de conservação'" (2000: 50).

13 O conceito é retomado aqui a partir da definição que Gramsci apresenta nos Cadernos do Cárcere (2000: 60). A crise de representação entre partidos e classes ou frações de classe alcança diversas instituições estatais, mas não se restringe a elas: cria agitações também no âmbito da sociedade civil. Seu conteúdo é a "crise de hegemonia da classe dirigente", que pode ser agravada pela coexistência de uma crise econômica. Este cenário pode inibir soluções orgânicas, ou seja, forjadas dentro dos limites impostos pela ordem. O resultado eventual, para Gramsci, é a emergência de uma liderança carismática.

plenamente sua hegemonia. Este é um fenômeno que parece percorrer toda a história da democracia representativa na Venezuela, desde os anos 1940, quando os social-democratas da AD colocaram em prática o primeiro e curto período democrático no país.

# 1945-48: um breve ensaio

Convencidos de que tinham à sua frente uma tarefa complicada, mas necessária, AD e setores do exército se uniram pela derrocada do governo de Medina Angarita. O partido se juntou à *Unión Patriótica Militar* (UPM), liderada por Marcos Pérez Jiménez. O grupo militar mostrava-se capaz de tirar do poder o presidente, mas carecia de um grupo civil apto a assumir esse posto e conferir legitimidade à ação. Já o partido, liderado por Rómulo Betancourt, não detinha os meios coercitivos necessário para o golpe, mas possuía um programa de governo. Tudo se encaixava bem. No dia 19 de outubro de 1945, a ação militar teve sucesso ao afastar Medina Angarita do governo e abrir caminho para uma junta provisória, presidida por Betancourt. Para a AD, esse evento ficou conhecido como "A Revolução de Outubro".

Ao assumir o poder, o partido provavelmente acreditava ter dado um passo importante, quase definitivo, em direção à realização de seu programa, mas ainda era necessário mexer com várias questões pendentes. Uma delas era instituir o sufrágio universal, inédito no país, e dar substância popular a uma democracia que nascia pela força das armas.

Prioritária, tal tarefa foi executada rapidamente e, em 14 de dezembro de 1947, Rómulo Gallegos, escritor considerado o "professor" da geração de 28 e vinculado à AD, foi eleito presidente, com 75% dos votos. Nas eleições legislativas, realizadas um ano antes, o partido já obtivera 78,4% dos votos. Essas duas vitórias expressivas sem dúvida inspiraram nos políticos da AD a certeza de que possuíam a força necessária para realizar todas as mudanças que tinham em mente, mesmo que para isso fosse necessário chocar-se com interesses políticos e econômicos poderosos.

O partido assumiu para si o programa de "semear o petróleo", expressão cunhada por membros do governo anterior. Afinados com os rumos da social-democracia mundial no pós-guerra, decidiram converter a renda petroleira em investimento na agricultura e na indústria nacional, sem esquecer a ampliação da cobertura social do Estado. Tudo parecia seguir o rumo certo, sem obstáculos. Porém, segundo historiadores, o partido falharia na sua relação com as forças da oposição.[14] Ele acreditava possuir o apoio popular necessário para reduzir a influência política do exército, no qual se apoiara para chegar ao poder, buscando limitar a atividade da instituição a questões técnicas. Partidos de oposição criticavam a transição democrática, pois acreditavam que a AD usava a máquina do governo para ganhos eleitorais. O partido gerou insatisfação também na Igreja – responsável pelo ensino de jovens de classe média e alta – ao declarar a responsabilidade majoritária do Estado sobre a educação. Por fim, o breve período de governo

---

14 Esse período é relatado por Coronil (1997: cap. III) e por Plaza (1999 [1978]: 15-19)

da AD gerou preocupação em grupos econômicos que viam com maus olhos a ampliação do Estado, o crescimento do salário real e a expansão de sindicatos. Para estes grupos, a retórica socialista original do partido representava um alerta, mas não era apenas o seu discurso que constituía uma ameaça: a aplicação do programa da social-democracia europeia na sociedade venezuelana parecia incompatível com a dominação burguesa. Como vimos há pouco, o conjunto de reformas que a AD estava disposta a aplicar, de caráter meramente democrático, já apresentava, justamente por tal conteúdo, o potencial de ameaçar aquela dominação, numa sociedade onde a reprodução do capital estava intrinsecamente vinculada às formas "atrasadas" de organização econômica e política. Mas o governo não parecia muito preocupado com toda essa oposição. Entre 1945 e 1948, a renda petroleira cresceu 240% (Coronil, 1997: 136-137), resultado da expansão econômica mundial pós-guerra e da ampliação da arrecadação fiscal sobre o produto no país. Com tamanha riqueza, parecia impossível deixar o poder escapar por entre os dedos. Porém, em 24 de novembro de 1948, um novo golpe militar pôs um ponto final na primeira e breve experiência democrática da história do país. À frente do golpe estava a UPM, mesmo setor do exército ao qual a AD se aliara três anos antes. Dessa vez, o apoio civil partia dos dois principais partidos da oposição, o democrata-cristão *Comité de Organización Política Electoral Independiente* (COPEI) e o social-democrata *Unión Republicana Democrática* (URD), além da Igreja e de grupos econômicos. Todos tinham motivos para crer que a AD estava concentrando demasiadamente o poder em suas mãos, ao assumir a responsabilidade sobre tudo o que havia mudado no país naquele breve período. O golpe pôde ser apresentado como uma ação conjunta contra o sectarismo do partido:

> A *Acción Democrática* pretendeu governar, pela primeira vez e em difíceis circunstâncias históricas, completamente só. Pretendeu governar prescindindo do Exército, prescindindo da burguesia, prescindindo dos demais partidos políticos, prescindindo da Igreja, sem levar em conta que a ideia de democracia não estava fortemente arraigada em nenhum desses setores sociais, motivo pelo qual "derrubar" um governo "sectário" e, até então, progressista, não era muito problemático. Por mais que tenha sido um partido eleito pelo voto popular, a democracia representativa era algo muito recente e não levada muito a sério pelos setores opositores ao governo. Tal lição não seria jamais esquecida pelo círculo dirigente da AD (Plaza, 1999: 19).

Para Coronil, a facilidade com que a oposição conseguiu interromper uma experiência democrática que parecia promissora foi, em parte, resultado da política de "paz social" adotada pela AD desde que chegou ao poder. O partido não se preocupou em mobilizar as bases sociais que possuía nos sindicatos,[15] pois acreditava ser possível a permanência no poder ao combinar a riqueza petroleira, a política social e o diálogo com setores do exército. Surpreendido pelo golpe, o

---

15 A esta altura, o partido já desbancara o PCV na disputa pelo controle da principal central sindical do país, a CTV.

HUGO CHÁVEZ EM SEU LABIRINTO

presidente Gallegos ainda realizou um desesperado chamado à greve geral, mas não obteve resposta. As principais lideranças do partido, entre elas Betancourt, se exilaram.

A nova junta de governo tinha à frente Delgado Chalbaud, ex-ministro de defesa do período da AD e até então considerado homem de confiança no diálogo com as forças armadas. Para os membros da junta e organizações civis que apoiaram o golpe, tudo ocorreu, novamente, em nome da democracia, que a AD estaria transformando em "ditadura de um só partido". O novo presidente sintetizou sua intenção: "Tomamos o poder não para violar princípios democráticos, mas para lograr a efetiva aplicação destes e preparar uma disputa eleitoral da qual todos possam participar igualitariamente".[16] A embalagem democrática daquele ato foi rasgada pela declaração de ilegalidade da AD, imediatamente depois do golpe. Em 1950, após uma greve do setor petroleiro, o Partido Comunista também foi posto na clandestinidade. Enquanto as lideranças dos dois partidos eram expulsas do país, parte da militância permanecia e buscava organizar a resistência, muitas vezes em ações conjuntas. Na legalidade restavam os partidos URD e COPEI, que pressionavam a junta pela realização de novas eleições.

O retorno à ditadura, como vimos, pode ser explicado de diversas formas. De fato, o sectarismo da AD levou à reação de organizações políticas da oposição, que se sentiram alijadas do poder e viram sua capacidade eleitoral se reduzir cada vez mais. Mas foi decisivo, também, o fato de que o governo da AD representava uma ameaça mais grave à dominação burguesa

---

16 *El Universal*, 27 de novembro de 1948, citado em Coronil (1997: 148).

no país do que uma ditadura, como foi a de Gómez no período anterior e como poderia ser a nova junta de governo. Se antes da democracia a corrupção e os caprichos do ditador resultavam, eventualmente, em obstáculos aos interesses dos maiores grupos econômicos do país, em geral a forma da exploração petroleira e a repressão à organização popular favoreciam o acúmulo de riqueza por parte desses mesmos setores. Embora não extrapolassem os limites da democracia liberal e estivessem voltadas a converter a renda do petróleo em investimento estratégico, as reformas aplicadas pela AD durante a breve experiência de governo eram vistas como uma ameaça. O aumento salarial, por exemplo, afetava diretamente as taxas de lucro praticadas na reprodução do capital. Por outro lado, o estímulo à sindicalização e à participação política das massas urbanas era uma evidente ameaça à frágil direção política e cultural exercida pela burguesia no país.

O que se passava sem alarde no período imediatamente posterior ao golpe era a luta pelo poder dentro do exército. A UPM era uma de suas tendências internas, mas havia ainda os *"gomecistas"*, *"lopecistas"* e *"medinistas"*, para ficar apenas entre os vinculados aos presidentes anteriores. Além dos grupos, havia a ambição pessoal de alguns militares, entre eles Pérez Jiménez, que foi protagonista nos golpes de 1945 e 48, mas que, nos dois casos, acabou obrigado a deixar o poder nas mãos de personagens com maior legitimidade frente à opinião pública. No dia 13 de novembro de 1950, Chalbaud, presidente da junta, foi misteriosamente encontrado morto e Pérez Jiménez tornou-se o homem forte do governo. Num primeiro momento, decidiu nomear para a presidência um civil. O indicado, Arnoldo Galbadón, ousou anunciar seu programa e seu gabinete com

HUGO CHÁVEZ EM SEU LABIRINTO

muita liberdade, antes mesmo de assumir o poder. Sua atitude levou os militares a mudarem o escolhido, anunciando Germán Suárez Flamerich como novo presidente.

No entanto Pérez Jiménez era quem detinha o verdadeiro poder político e acreditava que o governo alcançava crescente apoio popular. Convencido da vitória, marcou eleições presidenciais para 1952. Um ano antes, criou um partido, a *Frente Electoral Independiente* (FEI), para concorrer ao pleito. COPEI e URD eram as principais forças de oposição autorizadas a participar das eleições. Durante a campanha, a incapacidade de organização militante e a falta de base ideológica do partido do governo entraram em contraste com o apelo que a oposição, sobretudo a URD, encontrou entre os eleitores. Fora da disputa eleitoral, a AD e os comunistas pressionavam o governo com agitações estudantis e de trabalhadores (Plaza, 1999: 23-27). Os militares permaneceram de olhos fechados diante dos sinais de provável derrota e não se prepararam para manipular resultados adversos. As eleições foram realizadas no dia 1º de dezembro de 1952, com grande participação da população. Os primeiros dados extraoficiais, divulgados na mesma noite, indicavam a vitória da URD. O governo viu-se obrigado a realizar a fraude às pressas, destituindo o conselho eleitoral e afastando da junta os contrários a tais medidas, entre eles o então presidente Flamerich. No dia 2 de dezembro, Pérez Jiménez foi declarado presidente provisório.[17] Dias depois divulgou resultados oficiais, que confirmavam a vitória

---

17 A coincidência de data e o conteúdo do golpe levaram Coronil (1997: 154-165) a comparar os fatos com os descritos por Marx em *O 18 Brumário de Luís Bonaparte*.

do governo. A oposição denunciou a fraude e, em 15 de dezembro, a direção da URD foi expulsa do país.

O *"golpecito"* de Pérez Jiménez inaugurou um novo período de aberta ditadura militar, embora a retórica democrática nunca tenha sido abandonada. Entre 1952 e 1958, seu governo foi marcado por grandes empreendimentos que visavam modernizar o espaço venezuelano e, por tabela, o modo de vida da população. Até hoje Pérez Jiménez é lembrado como o presidente das grandes obras, as quais se encontram espalhadas por todos os cantos do país, desde grandes estruturas viárias até luxuosos clubes militares, passando pelo hotel cinco estrelas Humboldt, instalado no alto do Monte Ávila, ao norte de Caracas, a mais de 2000 metros de altitude e fechado há muito tempo. Entre obras megalomaníacas e investimentos estratégicos, o general buscou mudar a cara do país, de acordo com o que batizou como "Novo Ideal Nacional". Para Elena Plaza, o governo de Pérez Jiménez foi um "momento de transição", que pode ser comparado àquele que Cardoso e Faletto (1975) apresentam como típico de uma economia dependente: passa-se de um primeiro estágio em que a economia é voltada para fora, ou seja, ao abastecimento do mercado externo com produtos primários, a um segundo voltado ao desenvolvimento do mercado interno. Tudo mediado, novamente, pela renda petroleira, o que imprime características diferentes daquelas que normalmente se vê.[18]

Mas esse período também foi marcado pelo conflito e pela repressão violenta à oposição crescente, organizada de

---

18 Elena Plaza analisa com maior detalhe o desenvolvimento da economia venezuelana neste período (1999: 35-39).

modo clandestino ou desde o exílio. Para boa parte das lideranças da AD, a ação do partido deveria estar voltada ao trabalho de base, junto a estudantes e trabalhadores, sem dispensar práticas militarizadas contra o regime. Essa tática mostrou-se fracassada diante da repressão, que levou à prisão ou à morte grande parte da vanguarda que optou por permanecer no país. Foi o caso de Ruiz Pineda, um dos principais líderes do partido, assassinado meses antes das eleições de 1952. Um pouco diferente foi o destino do PCV. De acordo com o historiador Domingo Alberto Rangel (citado por Plaza, 1999: 46-47), o partido, por ser uma organização de menor porte que a AD e, portanto, por não ver na derrocada do regime o caminho mais curto para uma conquista do poder, atuou mais voltado para sua organização interna. Visava, sobretudo, ampliar sua relação com as massas populares e formar quadros. O jornal do partido, *Tribuna Popular*, embora clandestino, circulou regularmente durante a ditadura. Já o equivalente da AD, *El País*, não tinha regularidade, aparecendo sempre que seus membros acreditavam que a queda da ditadura era iminente.

Segundo Plaza, os dois principais partidos de oposição – URD e COPEI – apresentaram uma postura passiva diante do regime. As lideranças do primeiro, expulsas do país após a fraude de 1952, não se dedicaram a organizar a oposição à ditadura. O segundo, mesmo permanecendo legal, também não enfrentou diretamente o governo, mesmo porque a organização não sofreu perseguição até 1957, às vésperas da queda de Pérez Jiménez. Essas diferenças táticas entre os quatro partidos foram superadas em agosto daquele ano, quando as organizações colocaram como tarefa imediata a derrubada da ditadura e se uniram para formar a *Junta Patriótica*. O florescer da unidade programática da oposição coincidiu com a perda de respaldo internacional do regime de Pérez Jiménez, que passou a sofrer críticas do Departamento de Estado norte-americano e a ter relações comerciais prejudicadas. A continuidade da ditadura era duramente atacada pela opinião pública, numa intensidade que escapava à capacidade de censura do governo e estimulava a insatisfação popular. Grandes empresários iniciaram o contato com líderes da oposição que se encontravam no exílio, com a intenção de construir um pacto em relação ao futuro político do país. Tais diálogos não incluíam o PCV ou setores mais radicais dos outros três partidos que participavam da Junta (Carvallo e Ríos de Hernández, 1995 [1981]).

Em 1957, a tensão política atingiu níveis irreversíveis. Em maio, o arcebispo de Caracas publicou a *Carta Pastoral* com importantes críticas ao governo, lida em missas de todo o país. Cresceram os protestos de trabalhadores e estudantes, bem como a repressão. Apesar dessa conjuntura adversa, o governo marcou as eleições para dezembro, e Pérez Jiménez propôs uma fórmula plebiscitária: o eleitorado deveria decidir se era a favor ou contra a continuidade do "presidente responsável pela modernização do país". A oposição, já reunida na Junta Patriótica, denunciou a manobra do presidente, que também foi criticada pela maioria da opinião pública. O plebiscito foi realizado sob prováveis fraudes e deu vitória a Pérez Jiménez.

A nova manobra realizada pelo presidente desagradou setores do exército que se opunham à sua permanência no poder e já dialogavam com a oposição sobre o estabelecimento de um governo civil. Novamente os militares assumiram papel importante: no dia 1º de janeiro de 1959, um levante comandado pelo Coronel Hugo Trejo foi rapidamente derrotado, mas tornou público que a insatisfação já contagiara as Forças Armadas.[19] Após a crise, o gabinete de Pérez Jiménez renunciou e o isolou ainda mais. Nos dias seguintes foram lançados diversos manifestos contra o presidente, assinados por entidades representativas de banqueiros, engenheiros, advogados e até das "mães venezuelanas", entre outros. Finalmente, em 23 de janeiro, um levante militar conseguiu afastar o presidente do poder.

Os acontecimentos daquela data – que se tornou um marco na história do país – foram o resultado de várias causas, com destaque para a organização da Junta Patriótica, que foi responsável pela ampla divulgação de manifestos políticos em momentos cruciais, e para o exército, novamente. Também foi impressionante a reação popular, que saiu às ruas para comemorar a queda de Pérez Jiménez e atacar os símbolos da ditadura, como a sede da polícia política e a residência de

---

19 Naquele ano, como acontecera já em 1945, um grupo de jovens oficiais liderou a oposição ao regime militar dentro do exército. Para Plaza, este fenômeno tem duas principais causas. Primeiro, a autora relata que Pérez Jiménez priorizou a modernização das forças armadas terrestres – às quais pertencia – e negligenciou outros setores. Essa atitude provocou insatisfação em grupos que foram fundamentais nos levantes militares contra seu governo, como a marinha e a aeronáutica. Outra provável causa foi o conflito entre gerações com formações ideológicas diferentes. Trejo, por exemplo, assumiu uma postura nacionalista radical mesmo diante do sistema democrático que se instalou a partir de 1958 e inspirou um setor militar que se dedicou à luta armada nos anos 1960.

militares que fugiram do país. Segundo dados da imprensa, mais de 300 pessoas morreram nesses distúrbios.[20]

A derrota do regime militar abriu as portas do país para a volta dos líderes dos principais partidos políticos, que se encontravam no exílio. No primeiro momento, o sentimento de unidade, impulsionado pela atuação na Junta Patriótica, permaneceu forte. A criação de uma junta militar para suceder o regime deposto não agradou a esse grupo, que se manifestou exigindo que a junta abarcasse as novas forças civis que foram fundamentais na derrota da ditadura. Diante da pressão, membros da junta militar considerados *"pérezjimenistas"* renunciaram e saíram do país. Atitudes como esta estimularam uma trégua política: membros da Junta Patriótica decidiram suspender a luta partidária e focar sua tática na realização de eleições, enquanto grupos econômicos importantes conseguiam representatividade no novo gabinete presidencial e não viam seus interesses imediatos ameaçados. Para Plaza, essa nova conjuntura era prejudicial apenas aos setores populares, ao PCV e aos grupos mais à esquerda dentro da AD, que viam seu programa de radicalização da democracia ser colocado em segundo plano (1999: 104). Esse conflito foi sentido com maior força no interior da AD: os líderes antigos, que voltavam do exílio, defendiam a conformação de um amplo pacto social que garantisse a estabilidade do nascente regime democrático, em conformidade com os diálogos iniciados ainda no exterior com setores da burguesia venezuelana. Nessa intenção havia, sem dúvida, a lembrança da fracassada experiência sectária entre 1945 e 1948. Para

---

20 Os dados e fatos aqui relatados são, em sua maioria, retirados do livro de Elena Plaza (1999). Outra fonte importante é Coronil (1997).

os militantes mais novos, que organizaram a resistência dentro do país, essa postura era inaceitável.

A disputa em torno da forma que seria assumida pelo regime democrático atingia vários setores, inclusive o exército. Um grupo conservador, vinculado a Pérez Jiménez e comandado pelo Coronel Jesús María Castro León, acreditava que Wolfgang Larrazábal, presidente da junta militar, estava nas mãos dos partidos de esquerda. Castro León liderou uma tentativa de golpe fracassada, em julho de 1958. Ainda no exército, o coronel Hugo Trejo, citado acima, era líder de uma corrente nacionalista radical que defendia a democratização das forças armadas e sua integração ao povo venezuelano.[21] Trejo acabou sendo convidado a se retirar do país pela junta militar, ainda em 1958. No mesmo ano, a visita do vice-presidente americano Richard Nixon gerou grandes protestos populares, liderados por aqueles setores radicais que se viam alijados do poder.

Como se vê, a derrota de Pérez Jiménez colocava fim a um ciclo da política venezuelana e criava certa indefinição. A junta militar, apoiada pela Junta Patriótica, era a força mais significativa neste momento, mas estava longe de deter o controle sobre a situação. Era urgente garantir legitimidade a um novo governo através de eleições gerais, único fim que também era capaz de unir quase todas as forças do cenário político nacional. A definição da data para a realização da disputa – 7 de dezembro – obrigou cada setor a se dedicar à campanha eleitoral. Apenas as forças

---

21 O sociólogo Javier Biardeau (entrevista) disse que o programa popular do *"trejismo"* proporcionou debates no interior do exército durante um longo período. Acredita-se que tenha influenciado os militares que fundariam o MBR-200, nos anos 1980.

antidemocráticas, que se concentravam no exército, persistiram com a tática golpista, sem sucesso.

Para os líderes de AD, COPEI e URD, o momento ainda exigia a conformação de um pacto político que garantisse a estabilidade democrática. A disputa partidária era vista como algo nocivo naquele momento. A princípio, a intenção era o lançamento de uma candidatura única que representasse essa unidade, mas o acordo em torno de um nome comum não prosperou. As lideranças desses três partidos decidiram, então, discutir um conjunto de diretrizes básicas que seriam seguidas pela força que saísse vencedora nas eleições. A grande diferença em relação à Junta Patriótica, que se dissolvia, era a ausência do PCV. Para os setores predominantes no interior daqueles três partidos, os comunistas significavam uma ameaça à democracia, assim como as forças conservadoras do exército. A exclusão desse partido ocorreu já na primeira reunião, realizada em Nova Iorque pelos principais líderes de COPEI, AD e URD: Rafael Caldera, Rómulo Betancourt e Jóvito Villalba, respectivamente. Betancourt foi o principal responsável pelo veto ao PCV. Apesar de excluídos, os comunistas mantiveram o apoio incondicional à democracia (Coronil, 1997: 218-219) e ofereceram apoio a Wolfgang Larrazábal, candidato da URD nas eleições presidenciais. O *Pacto de Punto Fijo*,[22] que consolidava o programa de unidade, foi firmado em 31 de outubro de 1958. O eixo do documento era o consenso:

> As minuciosas e longas conversas serviram para comprometer as organizações unitariamente em uma política

---

22 *Punto Fijo* era o nome da *quinta* de Rafael Caldera onde o pacto foi assinado.

nacional de grande alcance cujos dois polos podemos definir assim: a) segurança de que o processo eleitoral e os Poderes Públicos que dele surgirão respondam às pautas democráticas, da liberdade efetiva do sufrágio; b) garantia de que o processo eleitoral não somente evite a ruptura da frente unitária, mas a fortaleça mediante a prolongação da trégua política, a despersonalização do debate, a erradicação da violência interpartidária e a definição de normas que facilitem a formação do Governo e dos corpos deliberantes de modo que ambos agrupem equitativamente a todos os setores da sociedade venezuelana interessados na estabilidade da República como sistema popular de Governo (*Pacto de Punto Fijo*, citado por Plaza, 1999: 113).

| Tabela 1: Eleições Presidenciais (1958) Três candidatos mais votados | | | |
|---|---|---|---|
| Candidato | Partidos | Votos Válidos | % |
| **Rómulo Betancourt** | **AD** | **1.284.092** | **49,18** |
| **Wolfgang Larrazábal** | URD | 800.716 | **30,67** |
| | PCV | 84.451 | **3,23** |
| | MENI | 18.312 | **0,70** |
| | **Total** | **903.479** | **34,61** |
| **Rafael Caldera** | COPEI | 396.293 | **15,18** |
| | Outros (2) | 26.969 | **1,04** |
| | **Total** | **423.262** | **16,21** |
| Total de votos válidos: 2.610.833 | | | |
| Abstenção: 191.748 (6,58%) | | | |

Fonte: Consejo Nacional Electoral (CNE)

FLÁVIO DA SILVA MENDES

Este documento apresenta os lineamentos básicos do sistema político que se estabeleceu dias depois, com a eleição de Rómulo Betancourt, da AD, como presidente.[23] A abrangência desse pacto foi surpreendente: AD e COPEI seriam os únicos partidos a chegar à presidência durante os 40 anos seguintes.[24] O *Pacto de Punto Fijo* foi capaz de abraçar o amplo espírito democrático que explodiu em 23 de Janeiro e de atribuir-lhe um conteúdo específico, restrito, pautado no consenso e não no conflito aberto. É, sem dúvida, o documento que representa melhor o espírito da política naquela conjuntura: ele reunia o interesse de várias forças políticas que, juntas, se comprometeram em torno da estabilidade social, considerada necessária à modernização do país dentro de um regime democrático.

Embora estivesse orientado pelo consenso, o novo governo viu-se obrigado a apelar ao uso da violência contra os movimentos políticos que foram excluídos do pacto, como veremos adiante. Mas por que a repressão fez-se necessária?

---

23 A nova constituição, promulgada em 1961, reforçava esse pacto ao conferir grandes poderes aos partidos políticos majoritários, responsáveis pela escolha dos altos magistrados e do controlador geral de república, por maioria simples, no congresso nacional (Álvarez, 2003: 191-193). Vários outros documentos assinados no mesmo período tinham conteúdo semelhante, como a "Declaração de princípios e programa mínimo de governo", acolhida pelos três principais candidatos das eleições de 1958. Sobre estes e outros acordos, ver López Maya e Gómez Calcaño (1984).

24 Rafael Caldera, histórico líder do COPEI, afastou-se da legenda e se elegeu presidente após a crise do *Caracazo* e o levante militar liderado por Chávez, na década de 1990. Apesar de não fazer mais parte daquele partido, acredito que sua eleição não representou uma ruptura do pacto, mas uma última tentativa de garantir a estabilidade política nacional em torno das velhas instituições. Este fato será considerado mais adiante.

A resposta atravessa outra questão levantada por Gramsci, ao referir-se à Revolução Francesa:

> De fato, só em 1870-1871, com a tentativa da Comuna, esgotam-se historicamente todos os germes nascidos em 1789, ou seja, não só a nova classe que luta pelo poder derrota os representantes da velha sociedade que não quer confessar-se definitivamente superada, mas derrota também os novíssimos grupos que consideram já ultrapassada a nova estrutura surgida da transformação iniciada em 1789 e demonstra assim sua vitalidade tanto em relação ao velho como em relação ao novo (Gramsci, 2000: 39).

Trata-se da análise das *relações de força* em momentos de transição: na Revolução Francesa, entre 1789 e a Comuna, a burguesia consolidou sua dominação ao combinar uma limitada direção político-cultural com o uso regular da força. Porém, em alguns momentos, como a Comuna, a coerção foi o único meio através do qual se fez possível a manutenção do poder. Com o passar do tempo, a consolidação da direção político-cultural reduz a necessidade do recurso violento, sem, no entanto, eliminá-la. O novo bloco histórico dominante derrota as forças que representavam a velha ordem e impedem o avanço daquelas que ameaçam a nova. Temos aí o momento da hegemonia.

De volta ao caso venezuelano: o uso da força na repressão à oposição após o *Pacto de Punto Fijo* revelava que a hegemonia dos partidos e das classes sociais que estes representavam não era um fato consolidado. De acordo com este raciocínio, o pacto social parece expressar, num mesmo momento, a virtude e a fragilidade de cada uma de suas partes integrantes: ele é a condição para a dominação, que se dá através da ampliação de privilégios a lideranças de vários setores sociais cujos interesses, em muitos casos, são antagônicos. Aqui, novamente, o discurso em torno da utopia democrática liberal dá substância à manutenção da ordem, pois ela aparece como um objetivo que só será alcançado mediante uma sorte de sacrifícios assumidos pelas classes sociais.[25]

## Dos primeiros passos à "Grande Venezuela"

Nos primeiros anos de governo, Rómulo Betancourt viu-se obrigado a lidar com algumas ameaças. O comunismo, por exemplo, não era uma força tão expressiva, mas despertava medo nas lideranças da nova democracia. Basta lembrarmos a conjuntura mundial, marcada pela Guerra Fria. Influente também seria a Revolução Cubana, dias antes da posse de Betancourt, em 1959. Em Cuba ocorria a queda de uma ditadura assim como se passara na Venezuela, um ano antes.

---

25 Além do *Pacto de Punto Fijo*, em 1958 foi assinado o Pacto de Entendimento Operário-Patronal, que firmava o compromisso em prol do desenvolvimento político e econômico do país. A meta era que empresários reconhecessem o direito à organização sindical e que trabalhadores, em contrapartida, moderassem seu afã reivindicatório tendo em vista o progresso econômico do país e a paz social. Com a principal central sindical do país sob controle, a AD conseguia, dessa forma, neutralizar um importante foco de ameaça à estabilidade democrática.

Essa semelhança foi explorada por Fidel Castro num discurso realizado em visita a Caracas, diante de uma multidão, no dia do aniversário da queda de Pérez Jiménez: os dois países viviam revoluções. O que as diferenciava era apenas um ano e os rumos adotados pelos novos governos. Castro não destacou as diferenças em seu discurso, que a essa altura ainda não assumira o comunismo, mas o entusiasmo envolvendo a revolução de seu país, recente e ainda em curso, tinha potencial para contagiar o país vizinho, pelo menos aos olhos dos mais otimistas comunistas venezuelanos e dos mais pessimistas líderes da AD. Tal preocupação levou Betancourt a enfatizar em seu discurso de posse, dias depois, a ameaça que a ideologia comunista representava para a nascente democracia. Suas palavras foram um recado direcionado a todos os setores da sociedade. Mais diretamente ao PCV e, indiretamente, aos conservadores ainda inseguros diante da história do partido.

Apesar de despertar tanta atenção, o PCV não tinha dado sinais de que adotaria uma linha radical contra o novo governo. Seu programa era coerente com aquele adotado pelos PCs para todo o mundo chamado subdesenvolvido, ou seja, a democracia que surgia no país era considerada um avanço: a entrada na etapa burguesa da revolução. No entanto, a estratégia de perseguição adotada pelo governo contra este partido o empurrou cada vez mais em direção a uma política de ruptura radical. O mesmo ocorreu com os setores da AD que não concordavam com a linha pacificadora adotada pela liderança do partido: Betancourt, líder e porta-voz do grupo, não poupou esforços para tornar pública a diferença interna da organização e, dessa forma, acalmar vozes opositoras de direita que passaram a acreditar cada vez mais que a ala radical da AD era uma grande ameaça à democracia. Esse conflito interno estimulado levou a uma cisão, dando origem ao *Movimiento de Izquierda Revolucionaria* (MIR), em 1960, formado majoritariamente pela juventude do partido. Tanto a cisão quanto a perseguição dirigida contra o PCV contribuíram para fortalecer a ala conservadora da AD, ao construir o inimigo adequado para os setores militares de direita: o fantasma do comunismo. A perseguição constante contra os grupos radicais chegou ao auge em 1962, quando MIR e PCV organizaram o levante militar de esquerda de Carúpano. Pouco depois ocorreu a insurreição cívico-militar de Puerto Cabello, conhecida como *Porteñazo*, que resultou em mais de 400 mortos e 700 feridos. Logo em seguida os partidos foram suspensos e empurrados, sob a influência da Revolução Cubana, para a luta armada.[26] Carlos Andrés Pérez, então ministro do interior, encarregou-se de expor os motivos da suspensão dos partidos:

> [...] desde outra pátria latino-americana, hoje submetida à mais abjeta e cruel ditadura de que se tem conhecimento a história do continente, urdia com a cumplicidade de setores bem conhecidos e determinados no país, o PCV e o MIR, um vasto e bem tramado plano para abalar profundamente a ordem jurídica e institucional da República (Pérez citado por Plaza, 1999: 162).

---

26  Para uma exposição detalhada da violência política entre 1958 e 1962, ver Plaza (1999: 149-164). Os dados históricos mais importantes do período expostos aqui são retirados dessas mesmas páginas.

A readequação de forças também ocorreu entre os partidos que firmaram o *Pacto de Punto Fijo*. A URD demonstrou insatisfação diante do anticomunismo violento adotado pelo novo governo e criticou os programas sociais e econômicos. O partido declarou sua ruptura com Betancourt em 1961, quando as relações entre o país e Cuba foram suspensas e seu setor mais radical optou pela luta armada. A saída da URD do governo fortaleceu a democracia-cristã, representada pelo COPEI, gerando maior apoio da Igreja ao governo.

Conforme avançava a readequação das forças políticas do país, a AD lograva crescente apoio popular e, por outro lado, acalmava os desconfiados opositores de direita. O partido dava mostras diárias de que a ideologia comunista era coisa do passado e de que o pacto social era o caminho escolhido. Essa postura isolou definitivamente os setores golpistas do exército. A última tentativa de golpe liderada por Castro León, em abril de 1960, foi derrotada e seguida por manifestações populares de apoio à institucionalidade. A esquerda radical, que entre 1962 e 1968 dedicou-se, em sua maioria, à guerrilha, viu-se cada vez mais sem apoio popular. Quando Betancourt passou a presidência para Raúl Leoni, outro político da AD, em 1964, deixou o cargo tendo logrado executar o programa político de estabilização do novo regime democrático, ao neutralizar a oposição graças ao uso ostensivo da repressão. Pode-se afirmar que, a partir de então, a democracia representativa liderada por AD e COPEI alcançou a confiança dos grupos econômicos mais importantes do país, cujos interesses não sofriam mais a ameaça de movimentos políticos radicais. O uso da força, dado o caráter restrito dessa hegemonia, nunca seria abandonado, mas seria cada vez mais a medida de exceção permanente da democracia de *Punto Fijo*.

Tabela 2: Eleições Presidenciais (1963)
Três candidatos mais votados

| Candidato | Partidos | Votos Válidos | % |
|---|---|---|---|
| **Raúl Leoni** | **AD** | **957.574** | **32,81** |
| **Rafael Caldera** | **COPEI** | **589.177** | **20,19** |
| **Jóvito Villalba** | URD | 510.975 | **17,51** |
| | Outros (2) | 40.291 | **1,38** |
| | **Total** | **551.266** | **18,89** |
| Total de votos válidos: 2.918.877 | | | |
| Abstenção: 262.441 (7,79%) | | | |

Fonte: Consejo Nacional Electoral (CNE)

Porém, atribuir apenas à virtude de Betancourt e da nova direção política a estabilidade alcançada pelo regime seria um exagero, que ademais nos impediria de perceber a amplitude da transformação social pela qual passou o país naqueles anos. A consolidação da democracia representativa na Venezuela foi um longo processo no qual diversos projetos de sociedade estavam em jogo, em sua maioria centrados na disputa por modernizar a sociedade, ou seja, eliminar os resquícios coloniais que criavam obstáculos ao desenvolvimento econômico, social e político da nação. A bandeira democrática foi levantada por grupos de orientações diferentes surgidos no período de urbanização acelerada da sociedade, ainda nos anos 30 do século passado. A partir da construção de um inimigo comum – o atraso –, os novos atores políticos se uniram contra tudo o que parecia representar o adversário: a oligarquia, as ditaduras e a corrupção. Também elaboraram um plano econômico pautado pelo objetivo de "semear o petróleo", ou seja, transformar a renda obtida a partir da exploração do produto em investimento agrícola e industrial. Ao final desse longo processo, é interessante perguntar: algo mudou? Responder negativamente a esta pergunta corresponderia a repetir um grave erro, que em certa medida influenciou a "opção" pela luta armada no país. Para uma boa parte da esquerda, o novo rearranjo do poder não havia alterado profundamente a estrutura social, que conservava traços feudais. Ainda pautada pelo paradigma da modernização incompleta da sociedade, a esquerda decidiu assumir a responsabilidade pela eliminação das contradições entre as forças produtivas modernas e as relações de produção dominantes no país. O meio era a luta armada:

> Estas contradições impulsionam inexoravelmente uma mudança revolucionária no desenvolvimento da nação. Sua solução implica a destruição da estrutura semicolonial e semifeudal do país. Por isso, essa mudança deve percorrer o caminho de uma revolução de liberação nacional anti-imperialista e antifeudal, patriótica e democrática (PCV, s/d, citado por Plaza, 1999: 171).[27]

---

27  Esse documento do PCV sofreu forte influência da Revolução Cubana e das teses guevaristas, como muitos outros nas décadas de 1960 e 1970. Uma coletânea de documentos semelhantes encontra-se em Löwy (2006: 293-387).

A luta armada foi o resultado de um equívoco quanto à compreensão da nova correlação de forças, mas também uma prática que talvez aparecesse como a única possibilidade naquele momento. Assim como em outros países da América Latina, em poucos anos tal estratégia mostraria resultados negativos. Mas se algo mudou na sociedade venezuelana, o que foi e por quê?

Uma resposta comum a essas questões baseia-se na ideia de *bonapartismo*: a burguesia nacional, cujos interesses econômicos, fundados na renda petroleira, seriam afetados sob regimes autocráticos como o de Pérez Jiménez, optou por legitimar a ascensão de um grupo político nascido em setores médios da sociedade. Ou seja, a burguesia teria deixado a tarefa política a um conjunto de profissionais e voltado seus esforços para a atividade econômica, assim como ocorrera na França no século XIX. A saída bonapartista seria o resultado comum em casos nos quais a classe dirigente não é capaz de garantir o poder através de representantes políticos oriundos de suas próprias fileiras. Essa impossibilidade constitui uma ameaça à ordem estabelecida e obriga a um abandono do controle direto sobre o Estado. Tal tese fez sucesso para explicar o surgimento de diversos regimes em todo o mundo.[28]

---

28 Inspirado em Marx (2002 [1852]), Trotski utilizou o termo em suas análises sobre o cardenismo no México e outros movimentos políticos latino-americanos, como o *aprismo* (Trotski, 1980 [1938?]). Gramsci recuperou o termo "cesarismo" aparentemente no mesmo sentido (2000, vol. 3, caderno 13, §27). Esses dois autores influenciaram muitos estudos sobre o populismo latino-americano no século XX.

HUGO CHÁVEZ EM SEU LABIRINTO

O caso venezuelano, embora conserve muitas dessas características, não pode ser resumido a esta tese. Ali ela não se sustenta plenamente por causa da existência de uma relação específica entre Estado e capital que poderíamos encontrar em outros países em maior ou menor grau: o Estado venezuelano é o principal agente econômico nacional. Logo, pressupor a separação absoluta entre política e economia – o que seria problemático em qualquer país capitalista – é no caso venezuelano um grave equívoco. Como vimos, a renda petroleira foi e continuaria sendo o principal combustível da economia venezuelana e a grande fonte de riqueza nacional. A burguesia, portanto, deveria continuar ligada a esta fonte, necessariamente mediada pelo Estado. Só tal necessidade explica a estreita relação entre os grupos econômicos e o novo grupo dirigente do país.[29] Com o passar do tempo eles chegam mesmo a se confundir, dado o processo de intenso enriquecimento que os setores mais altos no interior da hierarquia burocrática alcançam.

Essa estreita e peculiar relação entre capital e Estado foi fundamental na época de Gómez, no início do século, e continuou sendo com a ascensão do regime democrático. A dependência mútua entre cada um desses polos, mediada pelas oscilações do preço do petróleo, é algo que não pode ser ignorado na história política venezuelana e, como veremos, explica muito do caráter da luta pelo poder que

---

29 A peculiaridade da saída bonapartista venezuelana foi estudada por Coronil, que resume assim sua tese: "Parafraseando Sismondi, alguém pode sugerir que no compromisso bonapartista o Estado vive a expensas da sociedade, enquanto no 'compromisso rentista', a sociedade vive a expensas do Estado" (1997: 224).

afeta o país até hoje. A ascensão da nova direção política, embora não tenha alterado as medidas de apropriação da acumulação capitalista, criou relações inteiramente novas e reorganizou a luta de classes no país. Talvez possamos entender esse longo processo como uma "revolução passiva",[30] já que ela garantiu a manutenção da dominação burguesa. De qualquer modo, as regras do jogo político estavam alteradas: agora a democracia era não só seu espaço legítimo, mas amplamente aceito pela sociedade, inclusive pelos setores populares que estavam comprometidos com a utopia democrática. A luta armada ou a insurreição militar já não pareciam alternativas razoáveis.

Assim como foi fundamental no processo de consolidação do Estado nacional venezuelano no início do século XX, o petróleo continuaria sendo elemento-chave de sustentação da democracia representativa. O programa econômico de Betancourt, chamado *Plan Cuatrienal*, representava a meta de transformar a renda petroleira em investimento estratégico, ou seja, "semear o petróleo". Os dois pontos mais importantes deste plano eram a Lei de Reforma Agrária e a diversificação da indústria através da substituição de importações.

A Lei de Reforma Agrária foi elaborada com o objetivo de ampliar a produção agrícola nacional: atacar o grande latifúndio e distribuir terras a mais proprietários no campo, investir na formação de técnicos agrônomos, estradas e eletricidade. Orientava-se, portanto, pela meta de integrar

---

30 O conceito de "revolução passiva" ou "revolução restauração" é recuperado aqui no sentido utilizado por Gramsci (2001, vol. 5: caderno 19).

o campo à estrutura de mercado. Ao ser promulgada, em 1960, a Lei também teve importante repercussão política, pois atendia às pressões de trabalhadores rurais que desejavam trabalhar em sua própria terra. A AD ampliou, assim, seu apoio eleitoral no campo e alterou o perfil do movimento camponês.[31] O processo de substituição de importações esteve pautado pelo capital estatal, por um lado, e pelo investimento estrangeiro, por outro. Este segundo era fruto, em grande medida, do Tratado de Reciprocidade Comercial firmado com os Estados Unidos durante o governo de Pérez Jiménez, que favorecia o investimento proveniente daquele país. Seguindo a lógica desenvolvimentista, o Estado investiu na indústria de base: petroquímica, siderúrgica, alumínio e hidrelétricas. O investimento estrangeiro concentrava-se na produção de bens para o consumo, como montagem de automóveis e a indústria têxtil.

Embora tenha mostrado resultados positivos ao final do período de quatro anos, o modelo revelava seus limites estruturais: a dependência dupla do Estado e do investimento estrangeiro deixava a economia permanentemente sujeita a grandes oscilações. No início da década de 1960, por exemplo, uma política do governo americano de restringir a importação de petróleo gerou uma queda significativa na riqueza nacional, obrigando a uma contenção dos investimentos. Em

---

31 Essa mudança de perfil foi indicada por Plaza (1999: 200). Pude confirmar seu peso sobre o movimento camponês em entrevista realizada com Andrés Alayo (22/03/2009), membro da *Frente Nacional Campesino Ezequiel Zamora*. Ele me indicou que a *Federación Campesina de Venezuela*, fundada em 1947, sempre esteve ligada à AD. Para a história do movimento camponês no país, ver Domínguez C. (1985).

contrapartida, a demanda por programas sociais mais amplos era crescente, não só em decorrência do espírito democrático nascido em 23 de Janeiro, mas também porque a migração de camponeses para as cidades não foi revertida pela Lei de Reforma Agrária. O agravamento dessas contradições poderia pôr em risco a democracia.

| Tabela 3: Eleições Presidenciais (1968) Três candidatos mais votados | | | |
|---|---|---|---|
| Candidato | Partidos | Votos Válidos | % |
| Rafael Caldera | COPEI | 1.067.211 | **28,68** |
| | Outros | 16.501 | **0,44** |
| | **Total** | **1.083.712** | **29,13** |
| Gonzalo Barrios | AD | 1.021.725 | **27,46** |
| | Outros (4) | 29.081 | **0,78** |
| | **Total** | **1.050.806** | **28,24** |
| Miguel Angel Burelli Rivas | URD | 439.642 | **11,82** |
| | FDP | 240.337 | **6,46** |
| | FND | 132.030 | **3,55** |
| | MENI | 14.749 | **0,40** |
| | **Total** | **826.758** | **22,22** |
| Total de votos válidos: 3.720.660 | | | |
| Abstenção: 135.311 (3,27%) | | | |

Fonte: Consejo Nacional Electoral (CNE)

Outro problema afetaria o programa desenvolvimentista venezuelano no longo prazo: a abundância de petróleo no país, o custo relativamente baixo de exploração e o alto preço internacional tornavam vantajoso aplicar a renda petroleira na importação de produtos manufaturados, prontos para o consumo. Logo, essa estrutura rentista impunha limites sérios ao plano de substituição de importações, um dos principais pilares do programa desenvolvimentista. Consequentemente, embora a produção industrial e agrícola aumentasse graças ao incentivo estatal, a dependência em relação ao petróleo não era rompida.

Ao longo da década de 1960, durante as presidências de Raúl Leoni (AD) e Rafael Caldera (COPEI), essa tensão foi uma constante na vida econômica do país. O impasse entre as saídas rentista e desenvolvimentista resolveu-se temporariamente em 1973, quando o preço do barril do petróleo disparou no mercado mundial, aumentando até 300% em poucos meses. O efeito dessa mudança na economia venezuelana foi enorme: a grande quantidade de dinheiro que inundou o Estado criou a impressão de que o país detinha a riqueza necessária para realizar o sonho do desenvolvimento. No mesmo período, Carlos Andrés Pérez (AD) foi eleito presidente. Em sua campanha, apresentou-se como *"el hombre con energía"*, capaz de construir a "Grande Venezuela".

| Tabela 4: Eleições Presidenciais (1973) Três candidatos mais votados | | | |
|---|---|---|---|
| **Candidato** | **Partidos** | **Votos Válidos** | **%** |
| Carlos Andrés Pérez | AD | 2.128.161 | **48,64** |
| | Outros | 2.582 | **0,06** |
| | **Total** | **2.130.743** | **48,70** |
| Lorenzo Fernández | COPEI | 1.544.223 | **35,29** |
| | FDP | 35.165 | **0,80** |
| | Outros (3) | 26.240 | **0,61** |
| | **Total** | **1.605.628** | **36,70** |
| Jesús Angel Paz Galarraga | MEP | 191.004 | **4,37** |
| | PCV | 30.235 | **0,69** |
| | Outros | 588 | **0,01** |
| | Total | 221.827 | 5,07 |
| Total de votos válidos: 4.375.269 | | | |
| Abstenção: 164.935 (3,48%) | | | |

Fonte: Consejo Nacional Electoral (CNE)

A euforia em torno do petróleo criava a expectativa de que o país finalmente poderia terminar o processo iniciado por Bolívar em 1821. Tratava-se da "segunda independência"(Coronil, 1997: 238). A riqueza petroleira dava a impressão de que agora o destino da nação estava sob controle. Além da garantia de estabilidade econômica, a possibilidade de construir uma rede de proteção social sem a contrapartida de uma elevada carga fiscal indicava que o pacto social estabelecido em 1958 não encontraria opositores poderosos. De fato, a "Grande Venezuela" permaneceria na memória da população por algum tempo. Durante aqueles anos, os setores médios da sociedade alcançaram níveis de consumo inimagináveis para um país que sempre se viu como atrasado. As compras em Miami eram um sonho realizável graças a uma moeda valorizada frente ao dólar. As classes populares, embora permanecessem distantes desse padrão de vida, usufruíam de serviços públicos com certa abrangência e tinham motivos para acreditar na possibilidade de ascensão social. Os empresários desfrutavam de crédito e incentivo para produzir, ainda sob a meta da substituição de importações. Por fim, os políticos assumiram a corrupção como uma prática cotidiana, aberta e geralmente aceita.[32] Em resumo, pode-se afirmar que através do consumo a burguesia venezuelana alcançou, ao menos temporariamente, sua hegemonia.

Poucos se preocupavam em apontar as debilidades desse modelo de desenvolvimento. Os partidos de esquerda praticamente inexistiam após a luta armada, período no qual sofreram divisões importantes. A revisão da tese da revolução pelas armas levou, na maioria dos casos, a uma aceitação cega do caminho das urnas.[33] Era complicado criticar um Estado que agradava a todos, logo era difícil colocar em pauta outro modelo de desenvolvimento econômico e de sociedade. Havia,

---

32 No governo de Pérez a corrupção se tornou algo tão corriqueiro que quando ele se candidatou novamente à presidência, em 1988, o comentário geral era de que ele só poderia fazer um governo bom e honesto, pois rico ele já ficara em seu primeiro mandato. O caso do assassinato do advogado Ramón Carmona, em 1978, foi o mais marcante: envolveu o presidente, sua amante, juízes, a máfia italiana e toda a imprensa, que se dedicou ao caso como se tratasse de uma novela. Toda a história foi recontada por Coronil (1997: 321-360).

33 Sobre os partidos de esquerda venezuelanos no período, ver López Maya (2006: 133-208).

mais do que nunca, um amplo consenso. Essa conjuntura permitiu ao Estado elevar trabalhadores e empresários ao *status* de parceiros, através de uma comissão tripartite responsável por planejar o desenvolvimento e legitimar as políticas estatais. Os trabalhadores eram representados pela CTV, central sindical amplamente dominada pela AD. Já os empresários organizavam-se no âmbito da Fedecamaras, entidade que mantinha, desde 1958, uma atitude de apoio ao governo.

O período da "Grande Venezuela" mudou a forma como a sociedade enxergava a si mesma, em vários sentidos: primeiro, construiu-se a imagem de que havia no país uma vocação natural à democracia, ao consenso e à paz, uma natureza revelada em 1958 e que nunca mais desapareceria. Em segundo lugar, o elevado nível de consumo foi considerado como a plena realização da cidadania e da utopia democrática. E, por último, ampliou-se a noção de que o Estado era o responsável pelo bem-estar social e tinha uma capacidade mágica de garanti-la, pois sua estrutura não exigia pagamento de impostos elevados ou qualquer outra forma de sacrifício econômico, ou seja, o esquecimento da relação de dependência em relação ao petróleo chegou ao seu mais alto nível. Esse conjunto de crenças é central para entender qual foi a atitude da sociedade na década de 1980, quando por uma combinação de fatores o Estado não se mostrou mais capaz de cumprir aquilo que era visto como seu dever, impulsionando, assim, a ruína da imagem que o venezuelano construíra do país. A corrupção endêmica, que no período de abundância era considerada um fenômeno comum e até aceitável, se tornou o eixo central da construção da *antipolítica* que ganhou força nos anos de crise.

HUGO CHÁVEZ EM SEU LABIRINTO

| Tabela 5: Eleições Presidenciais (1978) Três candidatos mais votados | | | |
|---|---|---|---|
| **Candidato** | **Partidos** | **Votos Válidos** | **%** |
| **Luis Herrera Campíns** | COPEI | 2.414.699 | **45,28** |
| | URD | 56.920 | **1,07** |
| | FDP | 8.623 | **0,16** |
| | OPINA | 7.076 | **0,13** |
| | **Total** | **2.487.318** | **46,64** |
| **Luis María Piñerúa Ordaz** | **AD** | **2.309.577** | **43,31** |
| **José Vicente Rangel** | MAS | 250.605 | **4,70** |
| | Outro | 25.478 | **0,48** |
| | **Total** | **276.083** | **5,18** |
| Total de votos válidos: 5.332.712 | | | |
| Abstenção: 775.103 (12,45%) | | | |

Fonte: Consejo Nacional Electoral (CNE)

# A grande crise

A produção de petróleo na Venezuela foi reestruturada nos anos de Pérez com a criação da estatal *Petróleos de Venezuela* (PDVSA), em 1976. Dessa forma almejava-se realizar a nacionalização da exploração do produto, colocando-a definitivamente nas mãos do Estado, e exercer maior controle sobre as oscilações de preço que pudessem ter origens internas. A nova empresa deveria estar submetida ao Ministério de Minas e Energia, que exerceria o controle sobre as estratégias de produção, sempre com o objetivo de conservar o elevado preço em ação conjunta com outros membros da Organização dos Países Exportadores de Petróleo (OPEP). Essa política, aparentemente ousada, mais uma vez apoiada num ideal nacional-desenvolvimentista, encontraria limites na estratégia de consenso conservador que regia a democracia na Venezuela: para não gerar grandes abalos na economia, a nacionalização deveria ser relativizada, permitindo que importantes multinacionais petroleiras permanecessem no país e participassem da nova estatal como filiadas. Na prática, a estratégia dessas empresas exerceu cada vez maior domínio sobre os rumos da PDVSA, cujo controle já escapava do Estado (Maringoni, 2004: 106). Os funcionários da estatal recebiam salários muito acima da média nacional, seguiam padrões técnicos de produção visando à maximização do lucro e desdenhavam da política de controle de preço por cotas de produção.

| Tabela 6: Eleições Presidenciais (1983) Três candidatos mais votados | | | |
|---|---|---|---|
| **Candidato** | **Partidos** | **Votos Válidos** | **%** |
| **Jaime Lusinchi** | AD | 3.680.549 | **55,32** |
| | URD | 86.408 | **1,30** |
| | Outros | 6.774 | **0,10** |
| | **Total** | **3.773.731** | **56,72** |
| **Rafael Caldera** | COPEI | 2.166.467 | **32,56** |
| | Outros (6) | 131.709 | **1,98** |
| | **Total** | **2.298.176** | **34,54** |
| **Teodoro Petkoff** | MAS | 223.194 | **3,35** |
| | MIR | 40.424 | **0,61** |
| | Outros | 13.880 | **0,21** |
| | **Total** | **277.498** | **4,17** |
| Total de votos válidos: 6.653.317 | | | |
| Abstenção: 952.712 (12,25%) | | | |

Fonte: Consejo Nacional Electoral (CNE)

Ao término do mandato de Pérez, em 1979, era possível notar os primeiros sinais da grave crise que se avizinhava. Nacionalmente estava cada vez mais difícil sustentar os compromissos sociais do Estado e a manutenção de uma máquina burocrática inchada e corrupta, ainda que o preço do petróleo atravessasse um novo período de alta até 1981. O modelo de substituição de importações, sempre prejudicado pela estrutura rentista, também dava sinais de declínio. No cenário internacional começava a desaceleração do crescimento econômico: era o fim dos anos dourados da expansão capitalista, que foram surpreendentes, sobretudo, na América Latina. Recessões desse tipo – que escapam do controle dos governos nacionais – costumam reduzir a demanda por petróleo e, consequentemente, empurram para baixo seu preço. Tal conjuntura obrigava o país a seguir a política da OPEP que visava o controle da produção e a manutenção do preço do petróleo a níveis sustentáveis para as economias nacionais. Porém, a essa altura, os interesses que regiam a produção petroleira não eram mais públicos. A estratégia defendida pela PDVSA entrou em choque com aquela adotada pela maioria dos membros da OPEP: no caso da estatal venezuelana, a meta era aumentar a produção, conquistar fatias do mercado e reduzir prejuízos, algo que apenas beneficiaria as empresas privadas que a controlavam na prática.

A crise que afetava grande parte do mundo após 1973 demorou a chegar à Venezuela, graças à alta do preço do petróleo e ao nível elevado das reservas internacionais. Durante a década de 1970, foi possível empurrar a dívida externa com renegociações e manter a aposta no modelo de substituição de importações que os países vizinhos já abandonavam. A Venezuela parecia ser capaz de seguir na contramão da crise. Essa esperança acabou de vez em 18 de fevereiro de 1983, data que ficou conhecida como "*Viernes Negro*" (sexta-feira negra). Nesta data, em resposta à imensa fuga de capitais e ao baixo preço do petróleo, o presidente Luis Herrera Campíns viu-se obrigado a desvalorizar a moeda nacional, aumentar o preço da gasolina para o mercado interno, iniciar o combate à estrutura burocrática do Estado e reduzir investimentos sociais. Esse conjunto de medidas afetava toda a sociedade, ao reduzir o poder de consumo dos setores altos e médios e, o mais grave, diminuir a rede de programas sociais dos quais dependia a imensa maioria da população. Não por acaso, um texto na imprensa decretava: "a festa acabou" (López Maya, 2006: 23).

A chegada avassaladora da crise começou a gerar questionamentos que partiam de todos os setores da sociedade, que buscavam explicações para a falência de um modelo no qual se havia depositado tanta esperança. O desenvolvimento parecia estar definitivamente na agenda graças à capacidade quase mágica que o Estado tinha de transformar petróleo em variados produtos e serviços públicos. O imenso consenso que imperava no governo parecia ter quebrado a capacidade de autocrítica do sistema político, que caminhou em direção ao abismo. Para a imprensa, empresários, classes médias e baixas, a corrupção e o inchaço das funções do Estado apareceram como únicas explicações razoáveis para aquela crise. A frágil hegemonia que havia se sustentado na década anterior desmoronava. Neste ponto, o remédio sugerido era o mesmo receitado para os demais países em desenvolvimento e endividados: cortar gastos e renegociar suas dívidas. Não existia na sociedade venezuelana qualquer outra receita com tanto peso, sobretudo alguma crítica mais contundente ao modelo econômico que poderia partir de organizações de esquerda, àquela altura ainda sofrendo os efeitos da incapacidade de dar respostas e de pautarem um projeto alternativo e radical. Sem força, essa crítica acabou ineficaz e pouco abrangente.

A noção de populismo ganhou espaço para classificar aquele processo. Afinal, depois de tantas idas e vindas, a sociedade venezuelana encontrava o mesmo destino de seus vizinhos latino-americanos, nos quais a política apoiava-se ainda em ditaduras ou líderes caricatos, ou seja, o que se imaginava como o oposto da democracia. Numa interpretação que se tornou conhecida, Aníbal Romero (1986; 1987) afirma que a crise revelava a "miséria do populismo": todo o período democrático se resumia a uma "democracia populista de conciliação" apoiada na renda petroleira. Quando esta se desfez, o sistema político entrou em parafuso. Logo, a falência da democracia na Venezuela era algo quase inevitável, assim como nos países vizinhos, pois a política no continente permaneceria sempre dividida pelas obrigações de poupar para investir, de um lado, e redistribuir a renda para acalmar as classes populares, de outro. Como sustentava que sem desenvolvimento econômico não era possível esperar o desenvolvimento político, Romero acreditava não haver saída para a crise.

Pautados por paradigmas semelhantes, mas invertendo a equação das determinações entre política e economia, alguns especialistas apontaram a necessidade de reformar o sistema político venezuelano e, assim, restabelecer a legitimidade perdida pelas instituições republicanas. Com este objetivo foi criada a *Comisión para la Reforma del Estado* (COPRE), em 1984. Entre os 35 membros nomeados pelo presidente para compô-la, havia "políticos, líderes sindicais, tecnocratas, empresários, sacerdotes, militares (ativos e retirados), professores universitários e outros intelectuais, etc." (Sonntag & Maingon, s/d: 11). Apesar de abarcar vários partidos, a comissão representava o amplo consenso que existia quanto à necessidade de se manter aquele modelo de democracia. A polêmica interna era impulsionada por uma visão tecnocrática da política, que reivindicava maior espaço para a racionalidade e a austeridade dentro do Estado. Essa discussão afetou os grupos políticos e gerou crise dentro dos principais partidos.[34]

Dos diversos setores que exerceram influência na mudança de rumos do Estado venezuelano, o Grupo Roraima, constituído por empresários, era um dos mais expressivos e organizados. Em dois amplos documentos (1985; 1987), o Grupo apresentava seu projeto político para o país, baseado em diversos dados detalhadamente expostos em gráficos e tabelas. A retomada do desenvolvimento aparece ali como a consequência natural da aplicação de um remédio correto, o mesmo que ingressava na agenda de diversos países. Embora se apresente como um conjunto de procedimentos técnicos,

---

34 Carlos Andrés Pérez, que seria eleito novamente presidente em 1988, representava a ala da AD mais aberta aos tecnocratas, que acabaram ganhando cargos no novo governo e irritando membros do partido adeptos de uma linha mais "política". Esse distanciamento entre Pérez e seu partido começou no final de seu primeiro mandato, em 1978, quando foi acusado de corrupção e sancionado pela AD. Ao longo dos anos 1980, Pérez se manteve na política graças ao apoio de empresários influentes (Coronil, 1997: 372). Sobre a tendência tecnocrata na política venezuelana, ver Lander (1992). Para a crise na AD, ver o livro de Lepage (2006) que, como ex-dirigente do partido, soube expressar de um ponto de vista interessante os efeitos da antipolítica na Venezuela.

o programa tinha fundamento político, como a introdução abaixo revela:

> Os princípios que regem os eventos econômicos tendem a ser leis naturais, regem tanto para o setor público quanto para o setor privado, para os países capitalistas e para os socialistas, não podem ser nacionalizados e não se modificam diante do resultado das eleições. [...] A decisão nacional de fortalecer o sistema democrático assinala-nos a necessidade de desenvolver um sistema integral de liberdades, *já que só garantindo a liberdade econômica se pode preservar a liberdade política*. Esta é uma correlação fundamental, onde há democracia e liberdade há também alguma forma de economia de mercado. [...] O país requer nesta etapa uma nova mentalidade: os distintos setores devem converter-se em sócios para a realização do desenvolvimento; para a criação de um novo aparato produtor, público e privado, eficiente e independente, sadiamente financiado e gerenciado pelos inúmeros profissionais e técnicos que estão preparados e dispostos a serem úteis ao país (Grupo Roraima, 1985: 7-8, grifos nossos).

Fica evidente e é indiscutível a filiação ao neoliberalismo do programa acima: a afirmação do imperativo das leis econômicas e de sua autonomia diante da política, a defesa dos técnicos e profissionais gestores e o argumento da relação indissociável entre democracia liberal e crescimento econômico. O que há de específico neste programa é a conjuntura na qual ele foi escrito: um país no qual o Estado sempre exercera papel central e onde, portanto, havia uma esperança difundida, ao menos entre os setores populares, de que ele não poderia abandonar suas obrigações. Mas não havia nenhum modo de expressão pública organizada dessa demanda, ofuscada por discursos como este do Grupo Roraima que se difundiam rapidamente pela imprensa e contagiavam a todos. Porém, ela permanecia viva, algo que se revelava nos protestos populares, que ganhavam mais força, e nas eleições, ao menos enquanto a crença no sistema político persistia.

O sociólogo Edgardo Lander (entrevista, 06/03/2009) me apontou essa "cultura de direitos" como um diferencial naquele país, fruto do período democrático em que o Estado assumiu responsabilidades diante da sociedade ao mesmo tempo em que mantinha inalterada a distribuição desigual da renda. Essa cultura era uma construção longa que remontava ao 23 de Janeiro. Logo, era indissociável daquele sistema político e daqueles partidos, bem como da conservação da dominação burguesa no país. Essa coexistência entre um discurso liberal cada vez mais forte e uma cultura de direitos difícil de romper obrigou os políticos tradicionais a adotarem uma postura permanentemente ambígua.[35]

Durante seu governo, Jaime Lusinchi tentou manter o equilíbrio entre esses projetos político-econômicos antagônicos: sustentava-se ainda a crença no desenvolvimento baseado

---

[35] Para uma breve análise dos programas econômicos anunciados nos anos 1980 e 1990, ver López Maya (2006: 21-31). Uma análise mais detalhada dos impactos desses programas encontra-se em Lander (2006: Cap. III). No mesmo livro há uma descrição das mudanças culturais e políticas (Cap. V). A "persistência do mito" do progresso nos anos 1980 é analisada por Coronil (1997: 370-371).

na renda petroleira, cada vez menor, o que impulsionava o crescimento da dívida externa, cujo pagamento era prioridade. O sistema político via-se em ameaça crescente: "A corrupção, o deterioramento dos salários e de todos os serviços públicos corroem a legitimidade do sistema político democrático que se havia instaurado no país em 1958" (Lander, 2006: 107). Em 1988, os níveis de inflação de quase 30%, a desvalorização da moeda e as altas taxas de desemprego eram as expressões numéricas de uma bomba relógio prestes a explodir. O candidato à presidência da AD deveria ser alguém capaz de restabelecer, primeiramente, a confiança do povo venezuelano em que dias melhores estavam por vir. O melhor nome parecia ser o de Carlos Andrés Pérez, que governou o país nos tempos da "Grande Venezuela".

| Tabela 7: Eleições Presidenciais (1988) Três candidatos mais votados | | | |
|---|---|---|---|
| **Candidato** | **Partidos** | **Votos Válidos** | **%** |
| Carlos Andrés Pérez | AD | 3.859.180 | **52,76** |
| | PN | 7.778 | **0,11** |
| | Outro | 1.885 | **0,03** |
| | **Total** | **3.868.843** | **52,89** |
| Eduardo Fernández | COPEI | 2.932.277 | **40,08** |
| | MIN | 15.680 | **0,21** |
| | Outros | 7.104 | **0,11** |
| | **Total** | **2.955.061** | **40,40** |
| **Teodoro Petkoff** | **MAS-MIR** | **198.361** | **2,71** |
| Total de votos válidos: 7.315.186 | | | |
| Abstenção: 1.660.887 (18,08%) | | | |

Fonte: Consejo Nacional Electoral (CNE)

Durante a campanha, Pérez buscou reativar o mito do progresso corroído ao longo dos anos 1980. Ofereceu novamente a grande nação à população como se nada tivesse acontecido naquela década, ou como se a iminente falência fosse fruto da incapacidade dos governantes anteriores. Apelou, portanto, ao último fio de esperança que ligava a grande maioria da população àquele regime democrático. Seu plano de governo apresentava um sugestivo título: *Ação de governo para uma Venezuela moderna*. Em suas páginas (Pérez, 1988) encontra-se com enorme nitidez a ambiguidade que movia a política nacional: as promessas de retorno ao paraíso eram sucedidas por pedidos de austeridade e controle dos gastos públicos, ou seja, buscava-se agradar a todos, como se a manutenção do pacto social e a retomada do consenso fossem possíveis graças a um bem montado jogo de frases. No papel, enquanto promessa, essa tática deu certo: Pérez foi eleito presidente com tranquilidade e assumiu o cargo em fevereiro. No final daquele mês, após anunciar um pacote econômico ortodoxo, ninguém mais acreditava naquilo que ele prometera.

Em 2 de maio de 1988, pouco menos de um ano antes do anúncio do pacote econômico de Carlos Andrés Pérez, ocorreu em Caracas o seminário "América Latina na economia mundial". Naquela ocasião, a grande pergunta que guiou a exposição de Michael Camdessus, diretor-gerente do Fundo Monetário Internacional, foi: é possível para a América Latina crescer e pagar a dívida? Sim, mas não sem sacrifícios:

> Seria ilusório esperar que se leve a cabo a necessária reestruturação dos recursos sem que se veja afetada a

distribuição da renda e sem que ocorram diminuições transitórias no produto de alguns setores. Mas ainda mais ilusório seria procurar a recuperação de um crescimento duradouro *sem* este ajuste. Em sua tarefa difícil e, eu diria, às vezes heroica, os governos não devem permitir que uma perspectiva de muito curto prazo os pressionem e interesses particulares os impeçam de ver as perspectivas mais amplas que, através deste esforço, lhes oferece o crescimento. Mais, devem armar-se de resolução para pôr em marcha e aplicar com perseverança estes programas imprescindíveis. Vejo com grande apreço que vários governos o fazem. Isso sim acende alguma luz no final do túnel! (Camdessus, 1988, grifo no original).

Dessas palavras notamos que Camdessus tinha consciência do impacto que a agenda de mudanças econômicas proposta pelo FMI traria para os países que a aceitassem. Diante dele a postura dos governos deveria ser dura para conter as vozes dissonantes e realizar a poupança necessária à garantia do pagamento futuro da dívida e ao estabelecimento de um Estado mais *light*, dinâmico e eficiente, que deixasse a economia seguir seu caminho sem se opor. É muito provável que um ou mais técnicos que futuramente viriam a compor o gabinete de Carlos Andrés Pérez tenham tomado nota, pois, como veremos, ele seguiu à risca as instruções, ao aplicar a agenda de ajustes econômicos sem abrir mão do uso da força, que voltaria a pautar o cotidiano do país. Podemos dizer, parafraseando Camdessus, que Pérez não teve receio de apagar as luzes do túnel e gerar o caos para que um inalcançável feixe de luz no final do percurso permanecesse brilhando.

## A crítica mais radical: o *Caracazo*

O pacote econômico, batizado de *El Gran Viraje*, foi anunciado por Pérez no dia 16 de fevereiro de 1989, duas semanas após uma cerimônia de posse que, de tão luxuosa, ficou conhecida como "coroação". Em seu discurso, o presidente afirmou que as medidas que seriam aplicadas eram inadiáveis diante da crise pela qual passava a sociedade. Dizia que naquele momento seria necessário sacrifício por parte de todos os setores da população, que sofreriam os efeitos imediatos de algumas ações, como o aumento dos preços de combustíveis. No longo prazo, porém, o presidente prometia a volta ao crescimento (Pérez, 1989). O pacote, que era uma exigência do FMI para conceder um empréstimo de US$ 4,5 bilhões ao país, tinha um conteúdo em boa parte desconhecido pela sociedade. Seus objetivos estavam resumidos numa Carta de Intenção apresentada ao FMI e que, até então, não fora revelada para o debate público:

> As políticas de médio prazo que o Governo da Venezuela desenhou têm como objetivos fundamentais: a) fortalecer a poupança interna; b) promover a entrada de capital estrangeiro; e c) diversificar a economia através de um processo de ajuste e liberalização que permita reduzir os desequilíbrios macroeconômicos, aumentar a eficiência econômica e reforçar

> a estratégia de desenvolvimento para o mercado externo. Para alcançar esses objetivos, as autoridades iniciaram um amplo programa que contempla reformas cambiais e comerciais, desde regulação financeira, redução dos controles de preços e melhorias na gestão fiscal. Espera-se que tais políticas promovam, em médio prazo, uma forte expansão no investimento do setor privado e permitam alcançar um crescimento econômico amparado em termos reais entre 4% e 5% para o setor petroleiro, logo que se conclua a fase de transição de aproximadamente dois anos (*Carta de Intención al FMI* citada em Biardeau, 1989: 142).

Mais adiante o documento detalhava as medidas macroeconômicas que seriam executadas. Em primeiro lugar, aparecia o compromisso de suspender o controle sobre o câmbio e, logo em seguida, eram apresentadas as mudanças que afetavam mais diretamente a maioria da população: a reestruturação do sistema de controle de preços, que passava a abranger 25 produtos e serviços essenciais, que incluíam alimentos, medicamentos e transporte. Na prática, o controle seria reduzido. Dessa cesta, 7 produtos (farinha de milho, arroz, massas, sardinhas, leite em pó, rações para animais e fertilizantes) teriam subsídios progressivamente eliminados até 1991. O valor do petróleo no mercado interno seria continuamente aumentado até atingir os níveis praticados no exterior. De imediato foi aplicado um reajuste de quase 100%, que afetou os preços de seus derivados e, consequentemente, aumentou os custos do transporte. Para o início de 1990 estava prevista uma nova alta de, em média, 70%. A mesma lógica era aplicada ao preço de mercadorias produzidas por empresas estatais, como o alumínio, que sofreria um aumento de 40% no mercado interno até o final de 1989. Estava prevista a privatização de empresas responsáveis pela coleta de lixo e distribuição de água. Os serviços oferecidos pelo Estado, como eletricidade e telefonia, também sofreram ajustes de 50% até o final daquele ano. Apesar desses reajustes e do inevitável aumento no preço de produtos de primeira necessidade, o governo estava disposto a exercer um rígido controle sobre os salários:

> O governo seguirá uma política salarial prudente, que contribua para fortalecer a competitividade, elevar o nível de emprego e reduzir as pressões inflacionárias. Em 1989, a política governamental foi desenhada para compensar *parcialmente* a forte queda nos níveis do salário real que se produziram durante os últimos três anos e conter o impacto dos ajustes de preços derivados das reformas cambiais e comerciais descritas (1989: 146, grifo nosso).

O alcance parcial da política salarial era nítido: o reajuste variava de 30% até 50%, conforme a renda; abrangia, sobretudo, funcionários públicos; e seria aplicado de uma só vez, no mês de março. O governo assumiu o compromisso de congelar os salários até o final de 1989 e oferecer o chamado "salário social" como contrapartida aos trabalhadores de baixa renda, ou seja, melhorar a qualidade e a abrangência dos serviços públicos básicos. Essa meta entrava em choque com a política de redução de gastos, que era a espinha dorsal do pacote, e, portanto, não poderia ser alcançada. A combinação entre reajuste e liberação de preços, diminuição dos serviços públicos fundamentais e rigidez salarial afetou, como é possível prever, a ampla maioria da população venezuelana, que já assistia, ao longo dos anos 1980, à queda de seu poder aquisitivo e ao deterioro da qualidade de vida.

Os rumores sobre o pacote foram o estopim para o caos: a especulação sobre mudanças nos preços de algumas mercadorias incentivou comerciantes a retirarem produtos de primeira necessidade de circulação. Em entrevista a mim, Ali Verenzuela, que hoje trabalha numa rádio comunitária na periferia de Caracas, relatou que era comum durante a crise que donas de casa observassem a chegada de mercadorias aos estabelecimentos comerciais e respondessem com saques sempre que notavam que estes produtos não chegavam às prateleiras. Com o passar do tempo, esse procedimento se tornou uma forma difundida de protesto. Em condições normais, os consumidores enfrentavam filas:

> Longas filas originaram ontem compras nervosas de farinha de milho pré-cozida,[36] açúcar e leite em pó nos mercados populares. A incerteza em torno dos próximos reajustes e da liberação de preços criaram tais expectativas entre os consumidores, que alguns pequenos mercados se viram obrigados a fechar ("Compras nervosas em Quinta Crespo". *El Nacional*, 22/02/1989, A1).

---

36 Essa farinha é a matéria-prima essencial para a produção da *arepa*, alimento mais consumido no país, equivalente ao nosso pão-francês.

A partir de outro relato semelhante, podemos ter uma ideia da gravidade da situação:

> Desde as quatro da manhã, um caminhão carregado com 700 caixas de leite popular chegou ao mercado de Caño Amarillo. [...] Havia duas filas que, segundo explicavam, uma era para vendedores do mesmo mercado e outra "para os demais". A de vendedores era pequena. "A dos demais" alcançava cerca de meio quilômetro. [...] A dos vendedores tinha, de fato, vendedores do mercado, mas também senhoras queixosas que afirmavam que sua filhinha ardia em febre, jovens bonitas e simpáticas, senhores que falavam com os policiais... Na fila "dos demais" estavam, de fato, os que chegaram desde muito cedo e viam que a fila não se movia por nada do mundo ("Cinco horas para comprar dois potes de leite popular". *El Nacional*, 27/02/1989, D8).

Após o anúncio do pacote a especulação aumentou, assim como a insatisfação da população. Naquela conjuntura, qualquer novo fato poderia ser o motivo para uma explosão. Foi o que ocorreu no final daquele mês: em consequência do aumento de 100% no preço do combustível, o governo autorizou o ajuste de 30% no valor das passagens do transporte coletivo. Esse número foi anunciado nos jornais de domingo, dia 26. Na manhã do dia seguinte, porém, os usuários encontraram motoristas cobrando um valor que correspondia ao dobro do anterior. Logo surgiram os primeiros conflitos entre passageiros e condutores, sobretudo nos terminais de ônibus das cidades nos arredores de Caracas, de onde muitos trabalhadores partem bem cedo para trabalhar na capital. Rapidamente, as notícias dos protestos se espalharam e a insatisfação chegou a várias cidades do país, mas, sobretudo, à capital.[37]

O terminal de *Nuevo Circo* era o ponto de chegada dos coletivos e, naquele dia, tornou-se o local de encontro de milhares de pessoas insatisfeitas. Estudantes universitários se reuniram ali e contribuíram para que o ato extrapolasse a pauta dos transportes e se voltasse para o conjunto de medidas econômicas. Camelôs, trabalhadores do terminal e passageiros se uniram. As pessoas se dirigiram à *Avenida Bolívar,* uma das mais importantes da capital e um dos símbolos dos bons tempos, onde iniciaram barricadas e saques. Em outros pontos da cidade ocorriam fatos semelhantes. Aqueles primeiros atos não encontraram oposição das forças policiais, que em alguns casos se uniam à multidão.

Em cada ponto tomado por protestos surgiam carros em chamas atravessados nas pistas. Apesar de a polícia ainda não ter iniciado a forte repressão que se veria mais tarde, algumas mortes por armas de fogo já ocorriam em alguns pontos da cidade, acredita-se que como resultado de confrontos entre comerciantes e saqueadores. A violência tornou-se generalizada no final da tarde:

---

37 Além de textos retirados de jornais e de entrevistas, reproduzo neste trecho relatos tomados de várias fontes com o intuito de reconstruir os fatos, sobretudo: Biardeau (1989); Gregório Terán (1989); López-Maya (2006: 61-84); Maringoni (2004: 109-116); PROVEA (1990); SIC (1989); Sosa A. (1989).

À medida que entardecia, seguia aumentando o número de pessoas que saíam de suas casas espontaneamente para protestar. *Um homem idoso aprovou as ações e comentou que desde os anos 60 não se via algo parecido na capital*. [...] a violência se tornou mais crítica nas últimas horas da tarde, quando ao que parece a Polícia Metropolitana recebeu instruções de reprimir com a força. [...] À noite, numerosas colunas de fumaça se levantaram na cidade, as pessoas caminhavam para suas casas (o transporte público foi suspenso e até o Metrô fechou as portas): escutavam-se disparos ao mesmo tempo em que proliferavam os saques a comércios e caminhões ("Saques e barricadas em toda a cidade". *El Nacional*, 28/02/1989, D1, grifo nosso).

Ao anoitecer as pessoas voltavam para suas casas na periferia da grande Caracas e eram acompanhadas pela violência. Os jornais deram maior ênfase ao que ocorreu na área central da capital, mas em entrevistas e conversas pessoas me relataram que nos bairros distantes do centro a violência era maior, sobretudo durante a noite, e faria parte do cotidiano durante um longo período.

O presidente Pérez não estava no palácio de Miraflores, na capital, no dia 27. Só chegaria ali na manhã do dia seguinte, terça-feira, quando os protestos tinham ganhado mais força. Em seu discurso, reafirmou a necessidade de tranquilidade; por outro lado, ordenou a saída às ruas do exército para controlar a situação e decretou toque de recolher a partir das seis da tarde. No dia seguinte, os jornais explicaram a situação:

Desde ontem, e até novo aviso, ninguém poderá transitar depois das seis da tarde; qualquer lar poderá ser alvo de buscas; a liberdade de expressão fica sujeita ao controle por parte do Estado; as pessoas não poderão se reunir nem manifestar; e poderão ser detidas as pessoas que descumpram algumas dessas obrigações, ainda que não estejam qualificadas como delitos ("Suspendidas as garantias", *El Diario de Caracas*, 01/03/1989, capa).

De um dia para o outro, uma democracia exemplar se havia convertido numa feroz ditadura. A participação do exército, despreparado para enfrentar situações como aquela, aumentou a violência. Soldados disparavam a esmo contra multidões e invadiam residências em busca de mercadorias roubadas durante os saques. Em bairros populares, atiradores do alto de prédios respondiam. Cada ponto da cidade havia se tornado inseguro. A imagem do caos causava perplexidade naqueles que viam o país como um reduto democrático:

Incêndios, tiros, saques generalizados, feridos, mortos, bombas de gás lacrimogêneo e certa tolerância da polícia – que inclusive participou dos roubos massivos – deram à capital venezuelana um aspecto de cidade em guerra que ninguém teria imaginado 22 dias atrás, quando as agências internacionais só se referiam à transmissão de poder e classificavam este vale como "centro da democracia mundial" ("Beirute em Caracas", *El Nacional*, 01/03/1989, D6).

Na quarta-feira, a situação ainda parecia fora de controle. O grande número de feridos e vítimas fatais levara os sistemas públicos de saúde ao colapso. Especulava-se, já naquele dia, que o conflito tinha vitimado 200 pessoas, deixando mais de 1000 feridas. Mas não havia mais condições de contar os mortos:

> Ontem, apesar da suspensão de garantias e do toque de recolher, registraram-se novos saques em Petare, Catia, 23 de Enero, El Cementerio, San Bernardino, San Martín, Prado de Maria, Lomas de Urdaneta, Lidice e El Guarataro. O necrotério foi declarado em emergência, pois seus espaços resultaram insuficientes para atender os casos e praticar as autópsias e identificações. Os hospitais estão declarados em emergência diante do número de feridos que ingressaram durante as últimas 72 horas. A polícia e a Guarda Nacional efetuaram numerosas buscas e localizaram mercadorias roubadas em saques. Os culpados foram passados ao governo de Caracas para sancioná-los com a *Ley de Vagos y Maleantes*.[38] O toque de recolher começou às 6 da tarde e a cidade ficou desolada. Na zona central se escutaram disparos de armas pesadas. As compras nos poucos supermercados e padarias que não foram saqueados fizeram-se sob estrito controle militar, res-

---

38 A *Ley de Vagos y Maleantes*, então ainda em vigor, autorizava a prisão de pessoas que fossem consideradas ameaças à sociedade, ainda que contra elas não existissem provas de algum delito. Amparado nesta lei, acredita-se que o Estado tenha detido e torturado muitas pessoas, inclusive após o *Caracazo*, com a intenção de encontrar culpados pela agitação popular.

tringindo a entrada dos consumidores e racionando os produtos. A situação tende a se normalizar ("200 mortos e mil feridos em três dias de distúrbios", *El Nacional*, 02/03/1989, A1).

Os jornais ao longo de toda aquela semana dedicaram-se aos fatos de violência que tomaram a capital. Diversos relatos pessoais tornavam mais nítido o estado crítico que se havia atingido: muitos se queixavam de terem sido obrigados a dormir nos chãos de seus apartamentos para escaparem de tiros que atingiam as fachadas dos prédios. Algumas pessoas relatavam a morte de familiares dentro de suas casas, vitimados por balas perdidas. Outras não encontravam informações sobre desaparecidos em hospitais ou no necrotério. O longo relato abaixo, de um jornalista de *El Nacional*, expressa qual era a situação nos bairros periféricos de Caracas:

> Desde que entrei na estação Capitólio do Metrô [região central], poucos minutos antes das cinco da tarde, comecei a considerar a possibilidade de voltar a El Nacional em virtude dos comentários nada tranquilizadores que escutei sobre a situação no 23 de Enero [bairro popular cujo nome é homenagem à queda de Pérez Jiménez]. Pouco depois veria tristemente confirmados meus temores. Desde a chegada a Agua Salud [estação de metrô na zona oeste] me dei conta de que havia entrado, sem possibilidade de regresso, em um campo de batalhas feroz, terrivelmente real, com profusão de disparos que "matam de verdade", cadáveres caídos nos corredores, calçadas e

estacionamentos. Um funcionário do Metrô conduziu o grupo de usuários por uma porta de emergência, advertindo para que nos mantivéssemos agachados e corrêssemos porque havia franco-atiradores disparando desde os edifícios do 23 de Enero (inclusive desde onde moro!) contra a estação. A princípio, a ordem foi acatada, mas ao começarem os ruídos dos tiros o pânico se apoderou de todos e a massa de gente se pôs a correr desprotegida. [...] Já protegido atrás de uma banca de revistas, abria-se diante de mim um panorama desolador: a única via de acesso ao edifício era precisamente a "terra de ninguém" entre franco-atiradores civis e militares. Passar por ali seria suicida. Por outro lado, o toque de recolher estava a minutos de começar e, ainda que não fosse assim, só poderia regressar ao jornal caminhando, o que implicava percorrer muitos quarteirões de intenso tiroteio [...]. Uma vez localizada a rota, só me restou começar a correr. Corri com desespero, sem sentir o mínimo cansaço e olhando em todas as direções onde vislumbrava o cano preto de uma arma apontada contra mim e a ponto de disparar [...]. À minha esquerda, em um estacionamento próximo, vi de relance um corpo caído. Logo me interaria de que era o de uma moça morta durante a manhã. Seu corpo não pôde ser resgatado devido aos franco-atiradores. ("Noite de terror no 23 de Enero", *El Nacional*, 03/03/1989, D3).

No mesmo dia, um pouco mais cedo, o presidente havia sobrevoado a região para ter um panorama da situação, que para ele era o resultado da pressão de forças subversivas:

> A bordo de um helicóptero, o presidente da república, Carlos Andrés Pérez, cruzou ontem ao meio-dia o céu de Caracas para observar o saldo de três dias de batalha campal que se encenaram na área metropolitana. E, como declarou antes de embarcar no helicóptero, reiterou em sua chegada, meia hora depois: o que em princípio foi um justo protesto popular pela crise econômica, transformou-se em alterações da ordem pública induzidas pelo que chamou "uma mescla de delinquência com traços fantasmagóricos de subversão". Enquanto o dizia, escutavam-se disparos desde a zona do 23 de Enero ("CAP: delinquência e subversão distorceram o protesto popular", *El Nacional*, 03/03/1989, D1).

A situação só se tornaria mais calma, pelo menos na capital, no final daquela semana. Até hoje não se sabe exatamente quantas pessoas foram vítimas da repressão naqueles dias. O governo reconheceu 277 mortes em Caracas. Balanços realizados posteriormente, baseados nas listas do necrotério, contaram 396 vítimas. Organizações sociais acreditam que este número ainda esteja longe da realidade, pois muitos corpos não passaram pelo necrotério e permanecem desaparecidos. Havia rumores de que centenas de vítimas foram secretamente sepultadas em valas comuns, como uma encontrada no Cemitério do Sul, em Caracas, com 68 corpos em sacos de lixo (Coronil, 1997: 377). A maioria das vítimas foi atingida por armas de fogo, em geral apenas um disparo, localizado na cabeça ou no tórax, indicando atos de execução (López Maya, 2006: 76).

Os acontecimentos surpreenderam a todos. No governo, Pérez deparava-se com o isolamento construído por partidos aliados e membros da AD: "Carlos Andrés Pérez teve que sair ele mesmo para se defender porque seu partido continua se mantendo reservado".[39] E o presidente não sabia como explicar o que acontecia, talvez por acreditar demais nas promessas que ele mesmo fizera durante a campanha. Primeiro, afirmou: "A explosão social 'foi uma ação dos pobres contra os ricos, e não contra o governo'",[40] num apelo ao discurso que o partido sustentara durante as últimas décadas. Essas palavras desagradaram críticos, que a interpretaram como populistas. Logo, o presidente se corrigiu:

> O presidente Carlos Andrés Pérez manifestou que o ocorrido nos últimos dias "não foi uma ação de ricos contra pobres nem de pobres contra pobres. Foi uma violência social que teve como objetivo protestar contra a especulação" ("CAP: foi um protesto contra a especulação", *El Nacional*, 06/03/1989, A1).

A carta de intenções ao FMI foi assinada a partir de uma iniciativa do presidente e alguns membros de seu governo antes mesmo de ser discutida publicamente, fato que foi explorado por diversos setores que contribuíram para o isolamento de Pérez. Uma parte da oposição assinalava que o governo havia

---

39 "O melhor defensor de seu governo segue sendo CAP", *El Diario de Caracas*, 01/03/1989, p. 5.

40 "Pérez: foi uma ação de pobres contra ricos", *El Nacional*, 04/03/1989, A1.

errado a mão no conteúdo do pacote econômico, que se tornou uma terapia de choque contra a população. Camdessus, em nome do FMI, também afastou de si qualquer responsabilidade: "Michael Camdessus assinalou que as medidas econômicas que originaram a violência na Venezuela não foram ditadas pelo Fundo".[41] Algumas pessoas buscaram explicações estranhas para a crise, como Humberto Celli, secretário geral de AD: "a marginalidade imperante que existe na Venezuela provém de outros países latino-americanos e deu aos atos uma forma e uma realização distintas à tradicional conduta que os venezuelanos têm de exigir suas reivindicações".[42] Em mais uma expressão de ambiguidade, o presidente Pérez escreveu uma carta pública a Camdessus, talvez com o intuito de dividir a culpa:

> Você [Michael Camdessus] tem razão quando afirma que as medidas que originaram a violência não foram ditadas pelo Fundo, porque o FMI não pode "ditar medidas a um país soberano". Também a tem quando diz que "no Fundo Monetário Internacional, temos tratado de ajudar às autoridades venezuelanas com assessoramento para desenhar um programa econômico". Mas estas sinceras expressões suas, que posso avaliar porque tive a grata oportunidade de conhecê-lo e dialogar com você em nosso interessante encontro de Davos – Suíça, no final do mês de janeiro, não tira a verdade da denúncia que fizemos os países em desenvolvimento do mundo inteiro, sobre as injustas condições em que se desenvolvem as relações econômicas

41  "O FMI lamenta os distúrbios", *El Nacional*, 04/03/1989, A1.

42  "A marginalidade de outros países alterou a conduta dos venezuelanos", *El Nacional*, 05/03/1989, D6.

mundiais. O Fundo Monetário é a cúpula desse sistema. Suas fórmulas não são objetáveis desde o ponto de vista técnico e seus objetivos são indubitavelmente sadios. Mas não levam em conta a realidade econômica internacional dentro da qual teriam que se aplicar. É como aplicar o remédio a um doente sem levar em conta suas condições orgânicas e sua capacidade de resistir a elas, e sem a previsão de outras medidas para assegurar sua capacidade de tolerá-las. [...] Essa é a conduta incompreensível, injustificável, das grandes nações que nos dão o exemplo de seus sistemas democráticos e de seu bem-estar, mas nos impedem de imitá-las por sua insensibilidade e incompreensão. ("CAP enviou carta ao presidente do FMI", *El Diario de Caracas*, 05/03/1989, p. 2).

Pouco se produziu nas ciências sociais do país com o intuito de compreender o que havia acontecido. López Maya acredita que a "traição a uma economia moral", ou seja, à "cultura de direitos" construída durante os bons anos da democracia, foi elemento-chave na origem dos protestos. Mas para a autora o fato central foi a crise das instituições democráticas desenhadas ao longo daquele período, que àquela altura foram incapazes de dar vazão às demandas de modo não violento (López Maya, 2006: 82-84). Em entrevista a mim, o historiador Agustín Blanco Muñoz também apontou a fraqueza institucional como central. Para ele, porém, a violência não foi algo surgido espontaneamente a partir da forma como se desenharam os fatos, mas a partir de um problema estrutural da sociedade venezuelana. Acredito que as causas do *Caracazo* devem ser buscadas para além da crise institucional ou da existência de uma violência latente, reativa, prestes a explodir. Nos anos 1980, a combinação entre a descrença nas instituições e a forte recessão econômica deu origem a uma *crise orgânica*, tal qual a defini, a partir de Gramsci, no início deste capítulo. Esse e outros eventos posteriores revelariam o equilíbrio instável que sustentava a dominação burguesa no país.

Tentei demonstrar neste capítulo que a imensa rebelião popular que sacudiu a Venezuela em 1989 só pode ser estudada se considerarmos a história da democracia e da dominação burguesa naquele país. Sem compreendermos como se construiu ali a relação entre Estado e classes sociais e, portanto, o que cada classe esperava da direção política, não podemos entender a reação generalizada da sociedade contra o Estado, cada setor com suas demandas e críticas. A insatisfação dos mais pobres e marginalizados, que não encontrava forma de expressão naquela estrutura, só poderia manifestar-se de modo violento contra o conjunto das regras, atores e instituições da *IV República*.[43] As demais críticas que se fizeram até aquele momento levavam ao mesmo ponto: reformar o Estado e restabelecer a legitimidade daqueles mesmos partidos, a esperança na democracia e no desenvolvimento. Não se imaginava que a crise era algo que atingia toda a sociedade, extrapolava os limites do Estado, e que a descrença generalizada trazia à superfície uma fissura interna que nunca tinha sido corrigida. Essa cegueira diante dos problemas estruturais levou muitos analistas

---

43 Esse adjetivo, que se tornou popular graças ao movimento bolivariano, é atribuído ao sistema político iniciado em 1830, quando a Venezuela se separou da Grande Colômbia. Para os bolivarianos, teve início ali um regime oligárquico e excludente, cujo epílogo é representado pela democracia de *Punto Fijo*. Embora muitos analistas discordem dessa classificação, acabam obrigados a utilizá-la graças à sua ampla difusão.

a subestimarem as causas e, portanto, os efeitos do *Caracazo*: se a atividade de grupos subversivos, de delinquentes estrangeiros, a especulação de comerciantes, o aumento das passagens acima do combinado, etc., eram as verdadeiras causas, todas conjunturais, a volta à paz era uma questão de tempo.

Mas o *Caracazo* quebrou o consenso e estimulou novas interpretações, mais profundas, como a do editorial da Revista SIC, ligada à ala progressista da Igreja, escrito apenas dois meses depois da onda de protestos:

> O trauma tem sua causa próxima na especulação e no desabastecimento, mas a causa profunda está na consciência de si que adquiriu o país. Não somos o que dizíamos que éramos e descobrir nosso verdadeiro rosto, o cair da máscara em pedaços, nos produziu incrível inquietação. Éramos uma sociedade classista sem luta de classes (ao menos sem que a luta chegasse a um grau problemático), porque o Estado com a renda petroleira atuava de colchão social. Não era um segredo para ninguém que o Estado estava inclinado para o lado dos de cima; mas os de baixo se consolavam pensando que de todo modo algo também lhes chegava. [...] [Em 27 de fevereiro] Apareceu o que os bispos latino-americanos reunidos em Medelín em 1968 classificaram como "colonialismo interno". Apareceu que uns venezuelanos consideram o resto da sociedade como sua colônia para explorar (SIC, 1989: 148).

Críticas como esta se tornaram mais comuns após o *Caracazo*. Até então era fácil acreditar nas aparências de que o espírito democrático se colocaria acima de qualquer necessidade material do povo venezuelano. Partidos de esquerda e organizações menores[44] foram tão surpreendidos quanto a classe dominante e os políticos no poder. Para Ana Sofía Viloria, naquela época militante de uma organização chamada Partido Socialista dos Trabalhadores, a cegueira também os havia contagiado:

> As organizações de esquerda acabaram em roupas de baixo! Não havia uma análise. Porque estávamos uns ocupados com o que se passava na Europa, a queda do socialismo soviético, e outros, diante dessa situação, paralisados, lendo e fazendo propostas pós-modernas, que são absolutamente distanciadas do que as pessoas faziam nas ruas (entrevista, 27/02/2009).

Apesar de longas discussões em todos os espaços para tentar compreender a essência daquele fenômeno explosivo, as consequências já podiam ser vistas: a sociedade havia mudado. Os protestos se tornaram algo comum no dia-a-dia do país, grupos de esquerda decidiram reorientar suas estratégias de luta e

---

44 Neste período, os dois principais partidos de esquerda no país eram o *Movimiento al Socialismo* (MAS) e *La Causa Radical* (LCR). Os dois surgiram a partir de rupturas com o PCV, no início dos anos 1970. O MAS inspirava-se na reflexão realizada entre diversos PCs europeus que davam maior importância à democracia em seus programas. Esse partido foi a terceira maior força política do país nos anos 1970 e 1980. LCR se formou no mesmo período por políticos que também eram críticos à experiência do PCV, mas não concordavam com a postura adotada pelas lideranças do MAS. O partido permaneceu relativamente marginal até o final dos anos 1980, quando substituiu o MAS no posto de principal partido da oposição (López Maya, 2006: 133-158). Essas trajetórias serão analisadas no terceiro capítulo.

aproximarem-se das demandas e atividades populares. No exército, a agitação de oficiais opositores também crescia. Os partidos e personalidades políticas do *Pacto de Punto Fijo* estudavam um modo de salvar aquele sistema. Como afirmou o historiador Ramón Velásquez sobre o significado do *Caracazo* na política do país: "naquele dia o povo saiu às ruas e não voltou mais para casa" (López Maya, 2002: 16).

# 2. O Movimento Bolivariano e a literatura sobre o populismo

O *CARACAZO* HAVIA GERADO uma mudança significativa na forma como os venezuelanos viam a si mesmos e ao Estado; era inevitável que mudassem também seu modo de agir e de expressar sua insatisfação. No início dos anos 1990 houve um crescimento da abstenção nas eleições,[1] enquanto os protestos populares apresentavam transformações quantitativas e qualitativas, gerando o que López Maya (2006: 85) chamou de "política das ruas". Do ponto de vista quantitativo, a autora demonstra que entre 1989 e 2003 ocorreram 12.889 manifestações no país,[2] sem considerar greves e paralisações. O número corresponde à surpreendente média de 2,52 protestos diários, com picos entre os anos de 1991 e 1994, período em que a oposição ao então presidente, Carlos Andrés Pérez, cresceu e culminou em

---

1   A constituição de 1961 determinava a obrigatoriedade do voto, mas não havia uma punição eficaz que estimulasse o seu cumprimento. Ainda assim, os níveis de participação sempre foram elevados. Em 1988, 18% dos eleitores não votaram nas eleições presidenciais. Em 1993, esse número saltou para 38,84% (Maringoni, 2004: 155).

2   Informações retiradas principalmente do banco de dados da associação de direitos humanos PROVEA, que desde 1989 realiza levantamentos em jornais e revistas sobre manifestações no país (López Maya, 2006: 87-88).

seu *impeachment*, e entre 1999 e 2003, nos primeiros anos do governo Chávez (López Maya, 2006: 88-89).

Outros dados importantes dizem respeito à natureza desses protestos: aqueles considerados violentos aumentaram no final dos anos 1980 e princípio dos 90, sobretudo durante o governo de Pérez, quando o Estado reprimiu, em média, uma em cada três manifestações, deixando em vários casos vítimas fatais. Esse número se reduziu ao longo dos anos 90 e, sobretudo, durante os primeiros anos do governo Chávez, quando o protesto popular ganhou maior legitimidade diante do Estado. Quanto aos motivos, também ocorreram mudanças: demandas socioeconômicas (salariais, melhorias nas condições de trabalho, etc.) sempre foram as principais causas de protestos, mas em momentos particulares questões civis ganharam maior relevância. Destacam-se os anos de 1991-1992 e, depois, 1998-1999 (López Maya, 2006: 91-95).

Ao contrário do que muitos autores supunham, o protesto popular não era uma novidade na história venezuelana: ele sempre fez parte do dia a dia da sociedade mesmo no auge da confiança no sistema político. Mas havia ocorrido uma mudança importante na forma e no conteúdo desses protestos, que agregaram pautas mais amplas direcionadas ao sistema político como um todo e, muitas vezes, se expressaram de modo violento. Para López Maya, essas características indicam a existência de uma "luta hegemônica",[3] resulta-

---

3   O sentido do termo "hegemonia" empregado por López Maya é distinto daquele que propomos aqui. A autora parece definir a "luta hegemônica" como o conflito entre "elites políticas" declinantes e emergentes.

do da crise de legitimidade das instituições da IV República e da ascensão de novos atores políticos (2006: 106).

Essa crise, que classifiquei como orgânica, avançava rapidamente após o *Caracazo*: além dos protestos populares, Pérez enfrentava oposição de antigos aliados, como membros de seu partido insatisfeitos com os rumos adotados por seu governo, sobretudo o maior espaço dado a quadros técnicos sem tradição partidária. A CTV, central sindical, e a Fedecamaras, representante dos interesses empresariais, também não iam a público para defender o presidente. A primeira, controlada pela AD, chegou a convocar uma greve geral, expondo a oposição que o presidente enfrentava nas fileiras de seu partido. Alguns setores propunham a criação de um governo de emergência que pudesse acalmar os ânimos populares. Em 1991, o crescimento econômico de 9,7% foi anunciado como uma vitória por Pérez, mas especialistas afirmavam que aquele número elevado era apenas o reflexo do baixo patamar que atingira a economia nos anos anteriores. Novamente, porém, partiria das forças armadas o mais duro ataque contra Pérez e as bases de sustentação daquele sistema político.

## Os militares voltam à cena

Em 1992, duas tentativas de golpe de Estado revelaram que a crise não ameaçava apenas o governo, mas a democracia de *Punto Fijo* como um todo. Os levantes foram liderados pelo *Movimiento*

*Bolivariano Revolucionario 200* (MBR-200).[4] O primeiro ocorreu entre os dias 3 e 4 de fevereiro daquele ano. Um grupo de militares identificado como *Comacate* (junção das primeiras sílabas de *"coroneles", "mayores", "capitanes"* e *"tenientes"*) planejou controlar pontos estratégicos da capital Caracas e inviabilizar uma resposta do governo. Também participaram rebeldes nas cidades de Maracay, Maracaibo e Valencia. O primeiro passo era aprisionar o presidente Pérez, que voltava do Fórum Econômico Mundial. Os militares foram a *La Casona*, a residência oficial, mas o plano vazou, supostamente por traição, e militares leais a Pérez o buscaram no aeroporto na noite do dia 3 e o conduziram até o Palácio de Miraflores, sede do governo. Durante a madrugada, o presidente conseguiu se deslocar até a rede de televisão *Venevisión*, que pertence ao megaempresário Gustavo Cisneros. Ali fez um pronunciamento no qual denunciava a tentativa de golpe e solicitava apoio popular. Nas ruas, durante o dia 4, os militares leais conseguiram derrotar os golpistas.

Se analisarmos a manobra militar em si, chegaremos à conclusão de que ela foi um fracasso: o MBR-200 superestimou sua força e sua capacidade de imobilizar o governo. Um episódio cômico impediu o contato com a população para informar sobre os motivos do golpe: Juan Valero Centeno, encarregado de tomar o canal de televisão estatal e transmitir uma fita produzida pelos militares, cumpriu a parte mais difícil da missão, mas não colocou a mensagem no ar porque foi enganado por funcionários do canal, que o informaram que a fita não era compatível com o equipamento disponível. Uma

---

4 Para uma exposição detalhada do planejamento e da execução dos golpes, ver Zago (1998).

combinação de fatores levou a um isolamento total do movimento e Chávez, para evitar um derramamento de sangue, negociou a rendição do grupo.

Foi através dessa negociação que o tenente-coronel conseguiu transformar a iminente derrota numa vitória: ao ser contatado pelo ministro da defesa, que lhe exigia a rendição, Chávez pediu autorização para realizar um pronunciamento em rede nacional de televisão, através do qual poderia comunicar aos militares rebelados que o golpe havia fracassado. Diante das câmeras, fez um breve discurso:

> Antes de mais nada, quero dar bom dia a todo o povo da Venezuela. Esta mensagem bolivariana é dirigida aos valentes soldados que se encontram no regimento de paraquedistas de Arágua e na Brigada Blindada de Valencia. Companheiros, lamentavelmente, por enquanto, os objetivos que nos colocamos não foram atingidos na capital. Quer dizer, nós, aqui em Caracas, não conseguimos controlar o poder. Vocês agiram muito bem, porém já é hora de refletir. Virão novas situações e o país tem de tomar um rumo definitivo a um destino melhor. Ouçam minha palavra. O comandante Chávez lhes lança essa oportunidade para que, por favor, reflitam e deponham as armas, porque, em verdade, os objetivos que traçamos em nível nacional são impossíveis de ser alcançados. Companheiros, ouçam esta mensagem solidária. Agradeço sua lealdade, agradeço sua valentia, seu desprendimento e eu, diante do país e de vocês, assumo a responsabilidade deste movimento militar bolivariano. Muito obrigado (Chávez citado por Maringoni, 2004: 144).

Durante a mensagem, que durou 1 minuto e 12 segundos, o tenente-coronel usava o uniforme militar e uma boina vermelha, enquanto falava a toda a nação e não apenas aos militares rebelados, como o "bom dia a todo povo da Venezuela" revela. A tranquilidade de Chávez enquanto transmitia aquelas palavras, de forma espontânea, também foi algo surpreendente. Mas a marca registrada daquele discurso foi o "por enquanto" *[por ahora]*, que criava a expectativa de que aquele movimento, embora derrotado, não esgotaria ali seu projeto de conquista do poder. Ao final da mensagem, Chávez assumiu a responsabilidade por aquele movimento fracassado, construindo uma imagem de confiança frente ao país revelado em pesquisas futuras.[5] Finalmente, identificou o movimento como "bolivariano", apelando à imagem popular do Libertador.

Depois daquele episódio, Chávez não apareceu em público durante um bom tempo; estava preso, como outros militares rebeldes e as lideranças do movimento: Francisco Javier Arias Cárdenas, Jesús Miguel Ortiz Contreras, Yoel Acosta Chirinos e Francisco Urdaneta Rivas. Ainda assim, era Chávez quem pautava a política nacional. No final daquele mês, a jornalista Angela Zago o visitou no quartel *San Carlos* para uma conversa, da qual também participou Arias Cárdenas. Sua intenção era conhecer aqueles militares, reunir materiais e escrever um livro sobre o MBR-200. No resultado, publicado originalmente em outubro de 1992, é possível encontrar relatos e documentos que contam muito da história do movimento,

---

5 Uma pesquisa realizada meses após o golpe revelou que 64,7% da população considerava Chávez um homem confiável (Maringoni, 2004: 144).

desde sua formação até o levante militar. Outros textos, enviados aos militares enquanto estavam na prisão, revelam a admiração que despertaram em grande parcela do povo venezuelano. Chávez, embora detido, sem dúvida encontrava-se do lado vitorioso dos acontecimentos de 4 de fevereiro.

Pérez, ainda presidente, estava do lado derrotado: decidiu suspender as garantias constitucionais com o objetivo de desmantelar qualquer nova tentativa de golpe, enquanto políticos aliados repetiam discursos acusando os golpistas de planejarem o assassinato do presidente. Políticos de oposição se pronunciaram contra a tática do governo de caracterizar aquele movimento como antidemocrático. A opinião mais marcante foi expressa por Rafael Caldera, ex-presidente do país, vinculado ao COPEI e um dos protagonistas da assinatura do *Pacto de Punto Fijo*. Em primeiro lugar, condenava a suspensão de garantias. Logo em seguida, afirmava que a estabilidade democrática historicamente construída no país fora resultado de quatro fatores: 1) a capacidade dos políticos dirigentes de colocar o bem comum acima das divergências sociais; 2) a disposição das forças armadas a se integrar ao sistema de modo profissional, deixando de lado a tradição golpista; 3) a atitude do movimento empresarial ao longo dos anos, capaz de reconhecer as demandas da classe trabalhadora; e 4) a vontade do povo venezuelano de defender a democracia e a liberdade acima de tudo. Para Caldera, nenhum desses elementos permanecia vivo na sociedade venezuelana. O mais grave, porém, era a impossibilidade de se esperar do povo algum movimento em prol da liberdade e da democracia (citado em Zago, 1998: 28):

O país está esperando outra mensagem e quero dizer [...] ao senhor presidente da república que [...] é difícil pedir ao povo que se imole pela liberdade e pela democracia, quando pensa que a liberdade e a democracia não são capazes de dar-lhe de comer e impedir a alta exorbitante do custo de vida, quando não tem sido capaz de colocar um fim definitivo à chaga terrível da corrupção que, aos olhos de todo o mundo, está consumindo a institucionalidade venezuelana (Caldera citado por Maringoni, 2004: 147).

Nessas circunstâncias, continuou, o movimento militar bolivariano, embora condenável, não poderia ser considerado um fato isolado na política do país ou mera expressão de um setor antidemocrático existente no interior do exército. O mais grave da conjuntura nacional ele resumiu numa frase que ficou conhecida: "a democracia não pode existir se os povos não comem". A atitude de Caldera, uma figura sempre vinculada à direção política do país, contribuiu para revelar a cisão que existia no interior da aliança que sustentava a democracia. Essa fratura exposta inspirou discursos de parlamentares da oposição vinculados a partidos de esquerda, como Aristóbulo Istúriz, de *La Causa Radical* (LCR), que falou pouco depois de Caldera, tratando de vincular a rebelião militar à explosão popular ocorrida três anos antes. Os dois eventos, para ele, representavam a falência do regime político venezuelano.

Na contramão das críticas ao governo, a imprensa, em geral monopolizada por grandes grupos econômicos, saiu em defesa do discurso oficial, comparando Chávez e aqueles militares a trogloditas (Maringoni, 2004: 148). Para tanto, apelou a um conceito negativo que o exército inspiraria na grande maioria do povo venezuelano graças a seu histórico de golpes e à atitude violenta da instituição diante dos protestos populares de 1989. O militar era, por natureza, inculto e violento, e, portanto, não poderia desempenhar qualquer atividade política sem ameaçar a estabilidade democrática. Opinião semelhante era compartilhada por militantes de esquerda que enfrentaram a repressão durante os anos 1960. Ao longo dos anos 1990, no entanto, houve uma aproximação entre a esquerda tradicional e o MBR-200, como veremos no próximo capítulo.

No dia 27 de novembro de 1992 um novo levante militar voltaria a ameaçar o governo. Dessa vez o foco do movimento foi uma base aérea localizada no estado Arágua, da qual saíram aviões para bombardear o Palácio de Miraflores e outros pontos estratégicos da cidade de Caracas. Um grupo de civis conseguiu tomar canais de televisão e transmitir mensagens gravadas, nas quais Chávez fazia um chamado à subversão popular. Aconteceram alguns saques a estabelecimentos comerciais e protestos de rua em diversas cidades do país. Nesta oportunidade, estima-se que 160 pessoas morreram. Para López Maya (2006: 110), os levantes militares acirraram a "luta hegemônica" que já ameaçava as forças políticas tradicionais do país desde a década anterior. Havia uma diferença entre estes episódios e a rebelião civil ocorrida em 1989: a partir de 1992, o MBR-200 e Chávez assumiriam o papel de porta-vozes da oposição, ao ocuparem um espaço ainda vazio. A carta *¿Porqué insurgimos?*, publicada em junho do mesmo ano, oferecia um programa que se converteria na tática do movimento oposicionista ao longo dos anos seguintes:

> Hoje, diante da situação de degeneração política, econômica e, sobretudo, moral que continua convulsionando e dividindo a sociedade, o Movimento Bolivariano Revolucionário (MBR-200) *exige* a convocatória de um Referendo Nacional para *revogar* o mandato do Presidente da República, dos Parlamentares que compõem o Congresso Nacional e dos integrantes da Corte Suprema de Justiça, Conselho de Judicatura, a renovação geral do Poder Judiciário, assim como a renúncia do Conselho Supremo Eleitoral, devolvendo dessa maneira a soberania a seu próprio elemento: *ao povo venezuelano* (MBR-200, 1992: 9-10, grifos no original).

Os golpes foram frustrados, porém, a essa altura, a manutenção de Pérez no poder já era algo difícil e nocivo à continuidade do regime democrático. O apoio necessário à sua permanência no cargo foi negociado com outros partidos políticos e figuras públicas reconhecidas. Foi criado um Conselho Consultivo, que teria a tarefa de analisar a gravidade da situação e propor soluções ao executivo. Chegou-se à conclusão de que os elementos centrais dessa crise tinham conotações especiais no "econômico, social e ético" (López Maya, 2006: 111). Entre as medidas propostas estavam a suspensão do aumento do preço de derivados do petróleo, o congelamento dos valores de alimentos, remédios e tarifas de serviços públicos, reformas na constituição que levassem à descentralização do poder, o combate à corrupção, etc.

Muitos itens entravam novamente em choque com o programa de Pérez e seu compromisso com agências financeiras internacionais e, assim, foram descartados ou executados parcialmente. Diante da continuidade da crise, lideranças dos partidos dirigentes decidiram sacrificar Pérez, retomando um processo de corrupção contra ele que tivera início em 1989 e que já pautava os partidos de oposição. Após a acusação do procurador-geral da república, o congresso nacional decidiu afastá-lo da presidência, em maio de 1993. Em seu discurso de despedida, Pérez defendeu seu governo e as reformas econômicas aplicadas, consideradas em sintonia com as exigências da nova ordem mundial.

Em dezembro de 1993, Rafael Caldera foi eleito presidente. Ele havia se afastado do COPEI e era apoiado por um amplo movimento de partidos que reunia dissidentes do *Pacto de Punto Fijo* e antigas forças de oposição. Sua eleição, apesar de pautada num discurso de ruptura, era sintoma da crise que se desdobrava no interior das forças tradicionais da política venezuelana. Suas medidas de governo viriam a confirmar essa vinculação. Em março de 1994, antes de cair em contradições em relação às promessas de campanha, Caldera cumpriu a compromisso de libertar os militares envolvidos nos levantes de 1992 e afastálos do exército. A partir daí, Chávez dedicou-se a percorrer o país e divulgar as ideias do movimento bolivariano.

## As raízes do MBR-200

Embora a primeira tentativa de golpe realizada pelo MBR-200 tenha sido surpreendente, ela já era planejada há muito tempo. O movimento foi fundado entre 1982 e 1983, às vésperas do bicentenário do nascimento de Simón Bolívar, por militares que haviam se graduado sob a vigência do plano educativo "Andrés Bello", criado em 1971 com o propósito de elevar os institutos de formação de oficiais das Forças Armadas ao patamar de centros de ensino universitário. De acordo com o relato de Chávez (1993a: 4), essa mudança abrira espaço para o aparecimento de jovens com uma vocação crítica à rígida hierarquia do exército, à falta de estrutura e à corrupção interna. Nas discussões sobre a carreira militar, o grupo identificou vários problemas que considerava vinculados à crise que já atingia a sociedade venezuelana como um todo. A reflexão crítica seria transformada em prática subversiva graças à convicção de que aquela geração tinha uma vocação: "somos os herdeiros das glórias do Exército Libertador" (Chávez, 1993a: 6).

Naquele primeiro momento, três nomes levavam adiante o projeto de um movimento: Jesús Urdaneta Hernández, Felipe Acosta e Hugo Chávez Frías, que nos oferece uma descrição romântica daquele que aponta como ato de fundação, ocorrido logo após a solenidade que os graduou como capitães, no dia 17 de dezembro de 1982:

> Depois de um tempo saímos para passear sob o sol brilhante do vale de Aragua os três capitães da promoção "Simón Bolívar" e no Samán de Güere[6]

---

6  Árvore que remete a uma antiga lenda indígena e também é lembrada por ter dado abrigo ao exército de Bolívar em uma de suas batalhas, em Maracay. No local foi construído um monumento ao qual Chávez faz referência nesta passagem.

encontramos o incentivo necessário para as lutas futuras, e de sua imagem de séculos tiramos o símbolo da árvore das três raízes: "Bolivariana, Robinsoniana e Zamorana" (1993a: 6).

Entre 1995 e 1998, Chávez relatou em entrevistas a Agustín Blanco Muñoz (1998: 58-59) que, nos primeiros anos, o movimento se chamou *Ejército Bolivariano 200*. Depois de uma longa discussão, o *"Revolucionário"* seria adicionado ao nome. O termo *"Ejército"* só seria substituído por *"Movimiento"* no final da década, depois do *Caracazo*, quando o grupo se empenhou em conquistar o apoio de civis e se desfazer da imagem de movimento estritamente militar. Durante os quase dez anos que separam a fundação e o primeiro levante, seus membros se dedicaram a estudar o pensamento de três personagens, cujas obras deram origem à "árvore de três raízes", citada por Chávez: Ezequiel Zamora, que lutou na Guerra Federal entre conservadores e liberais, no século XIX; Simón Rodríguez, que adotou o nome Samuel Robinson durante seu exílio na Europa; e seu aluno, Simón Bolívar. Os três personagens são típicos representantes do liberalismo político latino-americano do século XIX.

Essa peculiar doutrina do movimento chamou a atenção de Blanco Muñoz na série de entrevistas realizadas com Chávez. Em muitas páginas do grosso volume em que o diálogo foi transcrito, o historiador tenta esclarecer por que aqueles militares escolheram se inspirar nas obras desses três personagens para elaborar um programa revolucionário, deixando de lado outros tantos que marcaram a história do país ou mesmo Marx, que inspirou a geração de comunistas e social-democratas, em 1928. Para Chávez, a formação doutrinária não deveria ser buscada apenas nos livros, mas também na vida daqueles que são considerados grandes homens. Há aí um elemento romântico, presente no culto a Bolívar, tal qual relatou Carrera Damas (2008 [1970]), e que no caso do MBR-200 foi expandido a Rodríguez e Zamora: eles constituíram as três raízes não apenas porque os militares acreditavam no programa político que esses personagens defenderam, mas também pelo que representam na história nacional. Porém, as origens desse *bolivarianismo* são mais profundas.

O nacionalismo sempre fez parte do pensamento do MBR-200, o que também não era novidade na política do país. Mostrei no capítulo anterior que esse foi um item indispensável na formação doutrinária da social-democracia e do comunismo na Venezuela. Se compararmos esses movimentos distintos é possível encontrar muitos elementos em comum que parecem ter origem numa peculiar combinação entre nacionalismo, liberalismo e radicalismo. De onde viria esse nacionalismo *sui generis* das organizações revolucionárias no país e no continente? Para responder a esta questão parti, anteriormente, do raciocínio exposto por Gino Germani (1977): o nacionalismo de esquerda de comunistas e social-democratas teria origem na convicção de que a realização de um programa revolucionário passava pela superação do atraso que ainda se fazia presente nas sociedades nacionais – oligarquias, paternalismo, latifúndios, etc. Estas questões sem dúvida pautaram a política adotada pelos comunistas e social-democratas para os países considerados atrasados, no início do século XX. Mas é possível transpor esse modelo explicativo para o estudo do MBR-200?

Os militares venezuelanos viviam nos anos 1980 uma conjuntura bastante distinta daquela que estimulou a geração de 28. O país terminava de atravessar um período no qual se acreditava ter superado todos os entraves ao desenvolvimento e voltava, graças à crise, a enfrentar temas do passado, apagados da memória recente. No mesmo período, o marxismo não aparecia como a melhor fonte para um programa político-revolucionário, seja no país ou no exterior. Chávez falou sobre a relação do MBR-200 com o marxismo:

> Frequentemente as pessoas falam do fim da história, do fim da ideologia comunista. Isso não significa que o comunismo não tenha um fundamento científico como ideia e como método. Não estamos dizendo que não sirva para nada. Mas estamos convencidos de que não é a ideologia através da qual se conduzirá o futuro venezuelano. Falo do marxismo puro. E, por outro lado, vemos esta ideologia democrática neoliberal, capitalista, que conhecemos e nos levou a este desastre. São duas linhas de pensamento, e até poderíamos optar por uma terceira: a dos tecnocratas, como outra alternativa (Chávez citado em Blanco Muñoz, 1998: 69-70).

Essa declaração de Chávez resume o momento político-cultural no qual o movimento bolivariano surgiu: crise do comunismo e ascensão do neoliberalismo, nenhum dos dois representando uma alternativa aos olhos dos militares. Por outro lado, aqueles três elementos na formação ideológica da geração de 28 – o nacionalismo, o liberalismo político e o radicalismo – não poderiam ressurgir na doutrina do MBR-200 sem a crítica imposta por sucessivas decepções. Em primeiro lugar, decidiram retomar o projeto liberal de Bolívar e dos demais "próceres da independência", e, ao mesmo tempo, negar o modo como a geração de 28 se apropriou desse programa político.

Mas esse *bolivarianismo* renovado não pode ser compreendido apenas como resultado das crises que afetavam a esquerda, por um lado, e as instituições da IV República, por outro. Esses elementos foram fundamentais para que não existissem, naquele período, projetos nacionais alternativos que se opusessem ao pensamento neoliberal, mas não são suficientes para explicar o porquê de a opção bolivariana ter emergido com tanta força no interior do exército e, mais tarde, ter conquistado apoio popular suficiente para ocupar aquele vazio. Para analisar esses processos é necessário destacar o lugar que o culto a Bolívar ocupa historicamente no interior do exército e na cultura venezuelana em geral.

Como vimos brevemente no primeiro capítulo, o exército venezuelano deu seu salto organizativo crucial no início do século XX, quando a exploração do petróleo passou a fornecer as bases materiais necessárias à consolidação de importantes instituições do Estado. Esse fato colocou o monopólio da violência nas mãos do governo central e enfraqueceu grupos oligarcas regionais que se alternaram no poder durante o século XIX. Do ponto de vista ideológico, o novo exército carecia de uma doutrina, indispensável à formação de uma instituição dotada de hierarquia e disciplina, e que não poderia ser encontrada na tradição militar caudilhista, antiprofissional por natureza. Era necessário, em certo sentido, criar uma tradição, fato que foi consumado graças à lembrança das glórias do "Exército Libertador de Bolívar", com o qual a nova instituição não apresentava fortes vínculos de continuidade; ao contrário, décadas de guerras civis e instabilidade os separavam (Straka, 2005: 121).

O apelo doutrinário a Bolívar teria ao menos duas consequências importantes e duradouras sobre a formação das identidades do exército e de seus membros: em primeiro lugar, a instituição passava a estar mais forte e irreversivelmente colada ao projeto de construção da moderna nação venezuelana e, portanto, via-se contagiada pelo intenso debate em torno do conteúdo desse projeto que, como vimos, era disputado principalmente por liberais, social-democratas e comunistas. Logo, em praticamente todos os momentos de crise atravessados pelo Estado desde então, a instituição emergiu como um ator político central. O segundo resultado, atrelado a essa condição de protagonista, é a convicção de que o exército – como herdeiro da glória dos pais da pátria – tem a capacidade e o dever de refundar a república quando as forças civis não são mais capazes de sustentá-la. Deve, portanto, não apenas participar do debate político cotidiano como, em momentos extremos, assumir o controle do Estado. Esse é um raciocínio presente, em maior ou menor grau, em cada uma das correntes que se formaram no interior do exército venezuelano ao longo do século XX. O general López Contreras, que sucedeu Gomez na presidência do país em 1936, foi um dos principais responsáveis pela construção dessa tradição "pretoriana", como demonstrou Straka:

> O pretorianismo parte da convicção de que é o exército quem deve levar a pátria à grandeza. Não só e mais humildemente como López se esforçou em evidenciar: dotando-a da paz necessária para que floresçam as indústrias e defendendo suas leis e instituições, mas fazendo-as florescer diretamente, ditando-lhe, inclusive, as leis. Colocando ordem, sua ordem, ali onde o resto da sociedade, evidentemente, não pode. Tomando (usurpando?) suas funções, portanto (2005: 121).

Em eventos como a inauguração do triênio democrático da AD, em 1945, e depois em sua interrupção, em 1948, o exército – na figura da UPM – assumiu as responsabilidades que sua doutrina interna lhe atribuía. Mais tarde, quando Pérez Jiménez deu o golpe que garantiu sua permanência no poder, tudo indica que ele se movia em parte motivado pelo mesmo objetivo, o qual também seria determinante na aliança entre exército e Junta Patriótica que foi fundamental para sua queda, em 1958. Chávez, ao lembrar que o MBR-200 é herdeiro das glórias do Exército Libertador e propor, a partir daí, uma prática revolucionária, reafirma essa tradição e lhe atribui novo significado, de acordo com a conjuntura política encontrada na sociedade venezuelana do final do século XX.

O *bolivarianismo* não se restringe, porém, ao debate ideológico no interior do exército: é anterior à consolidação dessa instituição e abrange a cultura política nacional em sua totalidade, desde o século XIX. Na história venezuelana, lembrar o nome e o programa do Libertador sempre foi uma forma de ampliar o apoio para um determinado projeto político. Para Carrera Damas (2008), o "culto a Bolívar" se transformou numa "segunda religião", e é impossível passear pela história do país sem tropeçar em sua figura, que parece ressurgir com maior força nos momentos de crise. Foi assim ainda antes de sua morte, quando as guerras pela independência foram sucedidas por conflitos entre grupos que levaram ao desmembramento da Grande Colômbia. Depois, muitos políticos recorreram a Bolívar para lograrem apoio popular e alcançarem ou defenderem o poder. Tanto fazia qual o verdadeiro projeto de um determinado movimento: democratas, autoritários, liberais, conservadores e até mesmo comunistas deveriam apelar ao programa inacabado de Bolívar se quisessem sucesso na política.

No culto a Bolívar há muitos elementos daquilo que Löwy e Sayre (1995) chamam de "romantismo revolucionário". Para esses autores, uma reação romântica está vinculada aos descaminhos do projeto de sociedade moderna, mais sensíveis em países da periferia do capitalismo. Daí a relação estreita que há, em muitos casos, entre ideias românticas e projetos políticos radicais, que têm em comum a oposição aos valores da sociedade capitalista. O romantismo enquanto reação pode, porém, assumir características diversas, que vão de práticas conservadoras até a luta da esquerda armada, formas extremas também assumidas na história venezuelana. No caso do MBR-200, *"las tres raíces"* podem ser interpretadas como um apelo do movimento à Venezuela pura, romanticamente representada pelos pais da pátria.

O liberalismo político, neste caso, parece ser algo cujo conteúdo tem importância secundária: ele é assumido de modo idealizado, como o programa perfeito, mas historicamente distorcido, dos heróis nacionais. Então é possível afirmar que o *bolivarianismo* que nasce nos anos 1980 no exército e encontra apoio popular na década seguinte se sustenta, em certa medida, graças à negação de outro apelo a Bolívar, aquele realizado pela geração de 28 e que teria se corrompido ao longo do século XX. Trata-se, portanto, de retomar aquele programa inacabado e realizar a verdadeira independência nacional. Aparentemente, essa rearticulação ideológica em torno do mito faz com que a política gire em círculos. No caso, o mito bolivariano parece ser apenas a forma assumida na Venezuela pelo paradigma do progresso: a eterna espera pela revolução liberal, pela realização do projeto nacional que ponha fim às heranças coloniais. Como demonstrado no primeiro capítulo, essa utopia dá substância a movimentos políticos radicais e conservadores. Tal esperança é algo que o MBR-200 revive, mas apresenta como algo novo. Assim Chávez definiu a relação entre passado e presente para o movimento:

> Obrigatoriamente temos que fazer como o deus Jano, olhar para trás e para frente ao mesmo tempo, ou seja, como o retorno da história. E qual história? Bem, em primeiro lugar nossa história, nossa realidade. E eu creio que o mais perto de nossa realidade atual é a realidade de 200 anos atrás. Acredito que estamos em tempos do retorno da história e da ideologia que se foi perdendo (Chávez citado em Blanco Muñoz, 1998: 70).

Além de assumir o liberalismo ou a "ideologia que se foi perdendo", como historicamente fizeram outros grupos emergentes no cenário político venezuelano, notamos que essa retomada só poderia levá-los a adotar uma postura nacionalista, pois parece partir da referência à história inacabada da nação a verdadeira força desse discurso liberal.

Restava ao MBR-200 agregar ao seu programa a perspectiva revolucionária. Chávez afirmou que o "R" só integrou o nome do movimento depois de uma ampla discussão, que sem dúvida girou em torno da negatividade que o termo "revolucionário" assumiu durante a Guerra Fria e após a falência do socialismo soviético. No país, que vivera anos tranquilos de "ordem", o termo "revolução" saíra de moda. Apesar de arriscado, acrescentá-lo ao nome era algo indispensável para expressar o radicalismo contido na crítica à IV República, que, para eles, deveria ser desmontada de cima a baixo. Compreendemos que a conjuntura não favorecia a adoção da ideologia comunista por parte daqueles militares. Já para o historiador Blanco Muñoz, de formação marxista, assumir-se como um movimento revolucionário e demonstrar essa alergia ao marxismo era uma postura inaceitável.

Mas a questão não é simples, pois a relação entre grupos militares e a esquerda marxista na Venezuela é bastante complexa e de difícil análise.[7] A principal fonte para um estudo sobre o tema são depoimentos pessoais, como aqueles que encontramos num livro do general Fernando Ochoa

---

7   Além do MBR-200 era possível encontrar outras correntes de esquerda no exército venezuelano, como o *R-83* e a *Alianza Revolucionaria de Militares Activos* (ARMA), criadas por William Izarra entre 1979 e 1985.

Antich (2007: 21), que exercia o cargo de ministro da defesa de Carlos Andrés Pérez quando ocorreram as tentativas fracassadas de golpe do MBR-200, em 1992. Para ele, a relação entre a esquerda comunista e o exército é bastante antiga e se acentuou após a derrota da luta armada, nos anos 1960, quando alguns grupos radicais teriam iniciado uma tática de se infiltrar na instituição. Para tanto, teriam recorrido ao apelo que tinham entre professores responsáveis pela educação básica de jovens de origem humilde, que viam na carreira militar uma rara oportunidade de ascensão social. Este seria o caso de Hugo Chávez, que teria ingressado na carreira militar sem um vínculo direto com um partido, dada sua juventude,[8] mas influenciado por uma formação crítica desde cedo, em contato com seus pais, professores. Chávez contou a Blanco Muñoz que àquela altura seu principal estímulo para entrar no exército era a possibilidade de praticar o beisebol, esporte mais popular do país, mas a relação com o "mundo militar" mudaria suas pretensões:

> Com o passar do tempo passo a me impregnar com esse mundo militar, a ler a história militar. Vou a Barinas e regresso àquele círculo de debatedores de história, de gente inquieta, começo a sentir outra motivação. Eu me via vestido de soldado nestas caminhadas longas pelos campos de manobras e via as crianças magricelas [niños macilentos], como dizia

---

8 Chávez nasceu em 1954, na pequena cidade rural de Sabaneta, estado Barinas, no sul do país. Logo se mudou com a família para a capital estadual, também chamada Barinas, e ingressou na carreira militar em 1971, ainda adolescente.

Alí Primera.[9] E de noite, nos quartos da Academia, escrevia num diário. Lendo-me, depois de mais de vinte anos, comprovei que tinha algo por dentro. Porque, aos 18 anos, quando era um cadete, ver uma senhora numa cabana, com quatro jovenzinhos mortos de fome, me fazia sentir que devia fazer algo mais do que lhes dar aquela latinha de sardinhas e um doce da bolsa de combate que tínhamos (Chávez citado por Blanco Muñoz, 1998: 38).

Para López Maya (2008: 56-57), essa trajetória pessoal de Chávez foi compartilhada por muitos que ingressaram na carreira militar ao longo dos anos 1970. De origem humilde e em geral sem grandes pretensões políticas, aqueles jovens passavam a ter contato com uma realidade culturalmente rica, apesar da disciplina e da hierarquia a que estavam submetidos. E vivenciavam, de um ponto de vista privilegiado, as contradições da sociedade venezuelana: a riqueza, a corrupção e o desperdício no Estado entravam em contraste com a pobreza extrema da população em muitas regiões do país. Além do contato com correntes de esquerda que atuavam na instituição, essa geração discutia questões como o programa nacional-desenvolvimentista de Pérez Jiménez, o nacionalismo radical de Hugo Trejo e o papel histórico das forças armadas na política venezuelana. Essa formação crítica e a propensão à prática foram estimuladas por uma visita ao Peru, em 1974:

---

9 Famoso compositor e intérprete de canções de protesto durante os anos 1970. Era filiado ao PCV e morreu em 1985, num acidente de carro. Com a chegada de Chávez ao poder, suas canções voltaram a fazer sucesso, sendo lembradas em propagandas oficiais e em discursos do atual presidente.

Em dezembro de 74, ocorreu um encontro muito interessante, desde o ponto de vista político-militar, para nós. Já havia em muitos uma inquietude política pelo que se passava na Venezuela e na América Latina. E nesse momento nos mandaram ao Peru para a celebração dos 150 anos da Batalha de Ayacucho. Fomos 10 rapazes, entre eles Ortiz Contreras, que descanse em paz, conhecer Juan Velasco Alvarado e os militares peruanos. Até o 4 de fevereiro [de 1992] carreguei nas pastas que usei, e que agora devem estar com a DIM [Diretoria de Inteligência Militar], um livrinho azul de bolso chamado *A Revolução Nacional Peruana*, um presente pessoal do general Velasco que era presidente do Peru. Nesse encontro conversamos com militares panamenhos como Omar Torrijos e seus rapazes, com os cadetes chilenos que recentemente tinham dado o golpe contra Salvador Allende. Atuação que era rechaçada por panamenhos, peruanos, venezuelanos e colombianos. Retornamos carregados de coisas e de material. Quando nos tornamos subtenentes, poucos meses depois, já estávamos dispostos a nos empenharmos em algo, de que tínhamos ideia, mas que não sabíamos precisar (Chávez citado por Blanco Muñoz, 1998: 39).

Na ocasião, Chávez entrou em contato com dois líderes de levantes militares latino-americanos. O primeiro, Velasco Alvarado, assumira o poder no Peru, em 1968, e iniciara um governo nacionalista, ao longo do qual estatizou o setor petroleiro e deu início a um processo de reforma agrária. O segundo, Omar Torrijos, exerceu o poder direta e indiretamente no Panamá, entre 1968 e 1978, período em que também pôs em prática um programa nacionalista, cujo objetivo principal era reconquistar o controle sobre o Canal do Panamá. Chávez afirmou que essa experiência lhe apresentou um tipo diferente de militar, que se coloca ao lado do povo e defende os interesses nacionais (Blanco Muñoz, 1998: 44).

Abria-se, então, a perspectiva de criação de um movimento nacionalista, ainda sem traços estratégicos definidos, mas que deveria assumir a forma cívico-militar e se colocar ao lado do povo venezuelano. Ao longo dos anos 1970 e 80, os militares fizeram contato com organizações políticas de esquerda, como o *Partido de la Revolución Venezolana* (PRV), do ex-guerrilheiro Douglas Bravo, que surgira de uma divisão no interior do PCV e das *Fuerzas Armadas de Liberación Nacional* (FALN), nos anos 1960.[10] Houve ainda diálogos com *Liga Socialista* e *Bandera Roja* (López Maya, 2008: 56-57), cisões do MIR de inspiração maoísta que surgiram na mesma década e tinham algum peso no meio estudantil. De acordo com Javier Biardeau, sociólogo da *Universidad Central de Venezuela* (UCV), estudante no final dos anos 1980, o movimento estudantil já tinha algumas informações sobre o plano de levante militar do MBR-200 no final de 1991, graças aos ainda escassos contatos dos militares com organizações civis (entrevista, 13/03/2009).

Vemos, portanto, que a formação do MBR-200 foi longa e complexa, sob influências variadas, como o nacionalismo

---

10 Naqueles anos, Douglas Bravo lançou a tese de um "marxismo-leninismo-bolivarianismo", com o objetivo de "nacionalizar" a revolução. Muitos desses movimentos se inspiravam no debate revolucionário chinês, que afirmava a existência de um duplo imperialismo mundial, protagonizado por Estados Unidos e União Soviética (Javier Biardeau, entrevista, 13/03/2009).

bolivariano, o nacional-desenvolvimentismo, os governos militares em países como Peru e Panamá e, finalmente, as organizações da extrema esquerda, que valorizaram a tática guerrilheira ainda por muitos anos após o auge do movimento, nos anos 1960. A síntese desses elementos era reivindicada como a origem da identidade e da força do MBR-200:

> [...] as soluções para a América Latina passam pela esquerda, têm que atravessar a esquerda, mas não podem ficar no marco da esquerda, têm que ir além da esquerda. Porque dificilmente poderíamos classificar as forças armadas latino-americanas de esquerda. Pretender empurrá-las para a esquerda [...] eu creio que seria uma utopia. As forças armadas latino-americanas e muitos militares da América Latina, poderíamos catalogá-los como nacionalistas, neste tempo de desnacionalização neoliberal. Bem, deve-se passar por aí também. A *solução tem que passar pela esquerda, pelo nacionalismo, pelo patriotismo, e lograr uma grande aliança de todos esses setores* [...] O apoio dos militares é vital para dar viabilidade a um programa de transformação na América Latina [...] Muitos intelectuais de esquerda na Venezuela não compreenderam [...] No entanto, nós conseguimos estremecer a alma nacional, como dizia Neruda, conseguimos colocar Bolívar em cena, com outro sentido, com um sentido Revolucionário (Chávez citado em Biardeau, 2009: 73, grifos no original).

Para entender o porquê dessa síntese e apontar algo comum a cada uma das experiências que a originaram, é necessário, em primeiro lugar, negar parcialmente o modelo interpretativo que Gino Germani nos oferece: para ele, esse conteúdo peculiar de alguns movimentos políticos latino-americanos seria uma expressão ideológica do combate ao antagonismo entre moderno e atrasado, *realmente* presente nas sociedades em transição num determinado estágio de seu desenvolvimento. O aparecimento de alianças políticas amplas e repletas de elementos aparentemente contraditórios se daria graças à recorrência da prática e do discurso em torno da construção da nação, comum a vários desses movimentos.

Muitos autores já demonstraram que a relação entre o novo e o velho nessas sociedades não resultou necessariamente num entrave ao desenvolvimento capitalista; ao contrário, contribuiu para a formação de uma estrutura econômica que aderiu ao mercado mundial de modo peculiar, mas necessário à reprodução global do capital. Embora a tese de Germani tenha ajudado as ciências sociais latino-americanas na tarefa de compreender a realidade em que se inserem, não é mais possível sustentar que aquilo que a determina, hoje, é o fato de ser composta por "sociedades em transição". Afinal, cada uma ao seu modo, as nações latino-americanas fazem parte atualmente do "mundo civilizado", passaram por processos de urbanização abrangentes, ampliação de direitos civis e políticos, de estruturas de comunicação de massa, etc. Apelando a Gramsci, podemos dizer que a "sociedade civil" se ampliou. Mas, então, o que estimula, além do romantismo e da tradição, o recorrente retorno à questão nacional, bem como à relação entre liberalismo e radicalismo?

Acredito que a resposta a essa questão pode ser encontrada se pensarmos o modo como ocorreu essa "transição" e suas consequências, aqui no caso específico da Venezuela. Vimos que a geração de 28 assumiu para a si a tarefa de executá-la, ainda que com o passar do tempo surgissem divergências, dentro daquele movimento, quanto aos caminhos a serem seguidos. A partir de 1958, quando aqueles atores chegaram ao poder pela segunda vez após o breve ensaio de 45-48, sua direção acreditava que a transição deveria ser um processo sem grandes rupturas, que contemplasse interesses antagônicos em prol da construção da nação. Os defensores de um conteúdo mais radical para a democracia foram derrotados, voltaram-se à luta armada e acabaram alijados do debate político, dando início a anos de pragmatismo e aparente consenso. Combinada com a peculiar estrutura econômica fundada na renda petroleira, a forma adotada pela democracia venezuelana – o pacto social – foi determinante sobre o conteúdo e as consequências de sua transição: a profunda desigualdade econômica do país não foi exposta ou realmente combatida; ao contrário, ampliou-se. Ali reinou, como em outros países, a lógica de "fazer o bolo crescer" para depois dividi-lo, e foi possível sustentá-la graças ao crescimento espantoso vivido nos anos 1970 e à elevação do consumo, até que a receita rapidamente murchou, nos anos 1980, e algumas das velhas fraturas daquela sociedade vieram à superfície.

Sem dúvida a sociedade venezuelana realizou uma transição significativa entre 1958 e o início dos anos 1980, que resultou num movimento que podemos chamar de "modernização", para nos mantermos presos aos termos do debate. Essa transição se deu sob um regime democrático visto como exemplar por analistas internacionais e, por isso mesmo, atípico no continente. Porém, é impossível não traçar um paralelo entre a profunda crise que atingiu aquele país e a que encontramos nos vizinhos que viviam, no mesmo período, o processo de abertura democrática: os anos de "modernização" tinham conservado intactas algumas questões a serem superadas no caminho rumo à almejada verdadeira democracia. No Brasil, por exemplo, recorreu-se à expressão "modernização conservadora" para classificar o processo de mudanças sem grandes rupturas sob o regime militar. Talvez seja possível aplicar esse conceito ao caso venezuelano, mesmo que ali as transformações tenham se dado sob um sistema político que adotasse a forma democrática, pois os dados mais importantes, afinal, são o seu conteúdo e os seus resultados.

Para López Maya (2006: 165), o MBR-200 pretendia representar a "Venezuela profunda", ou seja, os militares estavam empenhados em encontrar, estudar, expor e combater aqueles problemas que a democracia de *Punto Fijo* não havia atacado. E, assim como outros movimentos que surgiram em países vizinhos a partir da luta pela abertura democrática, aqueles militares não rechaçavam a democracia, apenas defendiam que, na Venezuela, ela deveria ser aprofundada. Se analisarmos alguns documentos do MBR-200 publicados após as tentativas de golpe, essa intenção fica evidente:

> Nosso povo foi então superestimando a ideia de sufrágio até confundi-la com a Democracia, que acabou reduzida a um instante secreto de liberdade desperdiçada. Ora, o sufrágio é uma consequência da ideia de

*representação* e chegou a converter-se na coluna vertebral da *democracia representativa*, apresentada pelos "democratas" venezuelanos como a panaceia, como um fim em si mesmo (Chávez, 1993b: 6, grifos no original).

O problema para os membros do MBR-200 não estava na democracia em si, mas na noção de representatividade. Para eles, durante a IV República essa ideia contribuiu para criar um afastamento do povo em relação à política, que ficou dominada por "partidos populistas". A solução para este problema estaria no estímulo a formas de democracia direta, como a realização de consultas populares e plebiscitos que resultassem em maior poder de decisão para o povo. Para o movimento, o crescimento da abstenção nos processos eleitorais depois do *Caracazo* revelava que uma parcela importante da população havia rompido a ilusão da representatividade. Por isso, o MBR-200 propunha a fundação de uma nova república, a partir de um profundo processo constituinte. No programa do movimento a democracia representativa aparecia como um sistema que deu continuidade a uma política essencialmente antipopular e, consequentemente, a uma estrutura de dominação que favoreceu aos mesmos interesses do período pré-democrático. Curiosamente, Chávez utilizava o termo "populistas" para classificar os regimes políticos latino-americanos que preconizavam a "participação popular" como base de sustentação. Para os bolivarianos, a democracia deveria deixar de ser participativa e tornar-se "protagônica". Ao investigar a origem desse ideal, nova surpresa: entre citações de Bolívar, Zamora e Rodríguez, encontra-se um trecho do *Contrato Social*, de Rousseau, fato que parece reafirmar o vínculo entre o MBR-200 e o pensamento político liberal, sobretudo em sua vertente mais utópica (Chávez, 1993b: 6).

A defesa do "protagonismo popular" exigia uma definição da categoria povo. No mesmo texto, Chávez perguntou: "quando existe o povo?", ou seja, partia-se do pressuposto de que ele era uma construção histórica. Segundo o documento, a multidão se convertia em povo quando compartilhava costumes e se comunicava entre si, conformando um "espírito coletivo". Os "interesses de classe" dos grupos dominantes os obrigavam permanentemente a combater a experiência histórica que poderia levar à ameaçadora conformação de um povo. O MBR-200, ao contrário, pretendia dar continuidade ao processo de constituição popular que tivera início a partir da agitação política nacional no início dos anos 1990 (Chávez, 1993b: 2-5).

A partir desses dados, podemos voltar à relação entre nacionalismo, liberalismo e radicalismo presente na doutrina do MBR-200: o cimento que parece unir esses três elementos é justamente a categoria *povo*, que também esteve presente no projeto democrático da geração de 28, ao ponto de dar origem ao folclórico personagem "Juan Bimba", representante da pureza e do sofrimento populares. Também é possível encontrar construções idealizadas como essa em diversos outros movimentos políticos, especialmente na América Latina, em diferentes momentos de sua história. Claros exemplos dessa tendência são as experiências, citadas acima, com as quais os membros do MBR-200 tiveram contato durante sua formação, como a esquerda armada e o nacionalismo militar. A valorização do popular não poderia ser construída sem a referência aos costumes e à história *nacionais* – a nação é o tempo-espaço de sua realização[11] –, que, no caso venezuelano, necessariamente remetem ao *liberalismo* como projeto inacabado.[12] Por fim, a retomada da categoria povo, sobretudo em momentos

---

11  Para Benedict Anderson (2008 [1983]: 31-34), o nacionalismo não deve ser entendido como uma ideologia e comparado a outras, como o "liberalismo" ou o "fascismo". O autor define a nação como uma "comunidade politicamente imaginada", *limitada* no espaço e *soberana* diante de outras nações. A imaginação aparece como uma categoria importante, pois traduz o mecanismo que permite a relação entre os indivíduos, em sua maioria desconhecidos entre si, com o todo comunitário: a imaginação nacional opera através do esquecimento e co-memoração, que fornece significado a fatos históricos contingentes (2008: 38). No caso venezuelano, como bem demonstrou Carrera Damas (2008), Bolívar é o símbolo ao qual a nação remete com maior frequência na tentativa de encontrar um sentido intrínseco a cada fracasso ou sucesso histórico. A construção simbólica de Bolívar como "O Libertador" exigiu o esvaziamento de seu significado concreto e, em última instância, a perda de sua condição humana, disseminada em romances, obras biográficas e programas políticos. O livro de Gabriel García Márquez (1989) sobre os últimos dias de vida de Bolívar, embora ficcional, é genial, entre outras coisas, pela ousadia de tratar o personagem central como um mortal, transtornado pelo isolamento e pelo fracasso de seu sonho de unidade americana.

12  Nos anos 1960, no calor das derrotas políticas da esquerda latino-americana, Orlando Fals-Borda tratou do caráter inconcluso das revoluções do continente dos séculos XIX e XX: "Mas a *direção* tomada pela mudança no século XIX e a *qualidade* de suas transformações não pareceram solucionar os problemas da sociedade, especialmente aqueles relativos à mobilização ativa e à mais ampla participação das massas marginais: a esses ideais foi prestada apenas uma homenagem verbal e legal. Surgiram novos grupos dominantes, é certo, alguns dos quais tiveram um grande impacto sobre a sociedade. Mas deixaram inacabada sua tarefa, legando às gerações seguintes a tarefa da renovação social profunda" (1979: 71, grifos no original). Nessas "revoluções inacabadas" sempre é possível encontrar ideias recorrentes que lhes servem como combustível, mas acabam frustradas depois. Entre elas, bandeiras inspiradas no pensamento liberal parecem merecer um lugar de destaque.

de crise, parece dar substância a programas políticos *radicais,* que defendem a ruptura profunda – certas vezes utópica – com a ordem vigente, embora não seja possível vincular esse radicalismo apenas à esquerda ou à direita.

De acordo com Germani, a política numa "sociedade em transição" tendia a apresentar esse conjunto de peculiaridades, até certo ponto compreendidas como desvios do modo tradicional de constituição do Estado nacional burguês.[13] Creio que o modelo apresentado por este autor pode nos ser ainda útil a partir de uma ressignificação daquilo que ele considerava "transição": para ele tratava-se de uma etapa do processo de modernização da sociedade que, quando encerrado, deveria pôr fim à peculiaridade da organização política e social. Penso que seria possível mantermos o termo "transição" se o retirássemos desse contexto histórico determinado, de embate entre tradicional e moderno, no qual Germani o aprisionou, e o entendêssemos num sentido mais amplo, como sinônimo de *crise de hegemonia,* momento no qual as sociedades se colocam diante de projetos alternativos que induzem a um processo de mudança, quando a articulação de elementos nacionais e populares tende a ser mais comum.[14] Não estaríamos, portanto, revivendo o mesmo processo de transição, mas diante de um fenômeno histórico novo.

---

13 Apesar da novidade que significava interpretar a política latino-americana a partir de sua especificidade, Germani estava bastante vinculado a uma visão eurocêntrica, ligada à sociologia da modernização, o que contribuiu para sua leitura do particular como desvio.

14 Analiso o lugar do *nacional-popular* na "Revolução Bolivariana", a partir de Gramsci, no final do próximo capítulo.

Muitos movimentos – e este parece ser o caso do MBR-200 – partem do problema da construção do Estado nacional, no sentido da ampliação de direitos, que parece ser uma questão permanente da política na América Latina. Esse retorno recorrente ao tema em momentos de crise revela a frustração das expectativas criadas em torno de um projeto de nação que tem como modelo a história dos "países desenvolvidos". A carta de Carlos Andrés Pérez ao FMI, citada no final do capítulo anterior, explicita essa insatisfação diante da impossibilidade de realizar um programa que foi oferecido como a solução dos problemas dos povos latino-americanos. No caso do movimento bolivariano, busquei demonstrar que essa esperança é revivida, ainda que a partir da crítica ao passado "populista" da democracia ou ao modo como o popular foi integrado à ordem estatal conservadora. Penso que não estamos diante de um retrocesso da política naquele país, que se encontraria presa a um mito, como à primeira vista pode parecer. A atual crise, embora reflita o velho dilema da consolidação da hegemonia burguesa, se desdobra num marco histórico novo. Boa parte dos atuais críticos do *chavismo* se apoia na ideia de que o atual presidente representa a incapacidade da sociedade venezuelana de realizar sua transição à modernidade econômica e política, o que coloca novamente a "tradição populista" no centro do debate: ela aparece como uma prisão da qual as sociedades atrasadas não conseguem sair, repetindo incessantemente um movimento histórico circular.

No próximo capítulo pretendo explorar as especificidades do movimento bolivariano e da presente conjuntura que justificam a necessidade de olhar o processo atual como algo novo, específico, inserido num momento histórico diferente daquele de outros fenômenos políticos latino-americanos, como o peronismo e o varguismo, que inspiraram a elaboração da teoria sobre o populismo. Para essa reflexão, contarei a história da ampliação do MBR-200 até a criação do *Movimiento V República* (MVR), entre 1992 e 1998, com o objetivo de disputar as eleições presidenciais. Antes, ainda neste capítulo, apresento uma breve revisão crítica da literatura recente sobre o populismo, através da qual exponho alguns problemas que o uso desse conceito traz ao estudo do caso venezuelano.

## De volta ao populismo?

De acordo com a maior parte da literatura disponível sobre os últimos anos da política venezuelana, aquele país assistiu, em 1998, à eleição de mais um líder populista, como tantos outros que historicamente ocuparam a presidência de países no continente. Chávez atenderia facilmente aos requisitos necessários para pertencer a essa tradição: é uma figura carismática cujo discurso, ambíguo, é recheado de ataques ao imperialismo norte-americano e à oligarquia, de nacionalismo, de promessas de inclusão político-social e de moralismo. É possível encontrar inúmeras outras características que extrapolam o plano discursivo conforme se avança na leitura dos textos, mas essas correspondem às mais comumente lembradas pelos autores.

Para uma geração de analistas da política latino-americana, o esgotamento da ideologia desenvolvimentista e o crescimento de uma postura mais pragmática em relação à política e à economia durante os anos 1980 pareciam condenar esse conjunto de características vinculadas ao fenômeno populista ao desaparecimento.[15] A preeminência dos técnicos na administração do Estado era o principal indício de que o político profissional e carismático, que fazia constantes referências às massas em seu discurso e promovia forte interferência estatal na vida econômica, era um personagem em extinção. Sem esse tipo de liderança estaria aberto o caminho, ainda assim tortuoso, para que os países da América Latina alcançassem o tão esperado fortalecimento das instituições democráticas. Porém, ainda no início dos anos 1990, alguns autores recuperaram o conceito de populismo na tentativa de explicar a ascensão de personagens considerados *outsiders* na política de seus países, como Fernando Collor (Brasil), Alberto Fujimori (Peru) e Carlos Menem (Argentina). Como estes novos líderes carismáticos apresentavam algumas diferenças importantes em relação aos seus equivalentes do período desenvolvimentista, entre as quais se destacava a adoção de uma agenda econômica neoliberal, alguns autores preferiram utilizar a expressão "neopopulismo" para classificar seus governos.

Para Vilas (2004), o aparecimento desse termo é consequência, por um lado, de uma "elasticidade conceitual", através da qual se justifica a aplicação do mesmo conceito a fenômenos sociais distintos e, por outro lado, do reducionismo, que conduz a uma recuperação do conceito a partir de apenas

---

15 Um exemplo desse diagnóstico, então hegemônico, é o trabalho de Jorge Castañeda (1994).

um de seus elementos básicos. No caso dos estudos sobre o populismo do início dos anos 1990, o que estimulou a recuperação do termo foi o aparecimento de lideranças carismáticas, embora diversas outras características geralmente apontadas como típicas de fenômenos populistas não estivessem presentes. Um influente trabalho que seguiu este caminho foi o artigo *"Neoliberalism and the transformation of populism in Latin America: the peruvian case"*, de Kenneth Roberts (1995). Para este autor, a reconhecida indeterminação do conceito de populismo refletia os diferentes enfoques da literatura sobre o tema, que buscavam interpretar os fenômenos populistas latino-americanos a partir de pontos de vista variados – econômico, institucional, ideológico, discursivo, etc. A solução para esse dilema não seria o abandono do conceito, mas considerá-lo a partir da noção de "categoria radial",[16] o que possibilitaria assumir a existência dessas partes constituintes e tomá-las isoladamente. Esse procedimento permitiria, por exemplo, negar a premissa da incompatibilidade entre populismo e neoliberalismo, objetivo proposto por Roberts. Seu trabalho foi considerado por Vilas (2004: 140) uma referência para muitos cientistas sociais que decretaram, na virada do século XX para o XXI, a volta do populismo à política latino-americana. Esse retorno é apontado como resultado da incapacidade de consolidação ou da falência das instituições

---

16 "Uma categoria radial está ancorada em um caso prototípico que incorpora um conjunto de elementos essenciais ou propriedades. Categorias secundárias (ou subtipos) são variantes do caso prototípico que compartilham alguns (mas não todos) destes atributos definidores e não têm nenhuma conexão necessária entre si" (Roberts, 1995: 88).

democráticas nos países do continente. O mecanismo que permite esse diagnóstico foi descrito por Vilas:

> Este simplismo conceitual permite aos autores apresentar o populismo como uma opção permanente na política latino-americana independente das configurações mutáveis dos cenários históricos – vale dizer, da configuração das classes e outros atores sociais, do desenvolvimento e orientações da organização econômica e dos processos de acumulação, da estrutura internacional de poder, etc. Para pôr em atividade o que seria uma potencialidade avassaladora, bastaria uma crise de representação do sistema político institucional – partidos, eleições, separação de funções de governo... –, que se demonstraria assim ineficaz para processar as demandas colocadas por setores-chave da sociedade (Vilas, 2004: 140).[17]

Esse "reducionismo personalista" do conceito de populismo foi fundamental para seu retorno ao centro do debate sobre o desenvolvimento e a transição democrática na América Latina. A partir da eleição de Chávez, em 1998, uma boa parte da literatura recorreu àquela discussão para classificar um evento político no qual a falência das instituições e a ascensão de um líder carismático eram as características mais evidentes.

---

17 O enfoque estruturalista de Vilas o obriga a vincular o populismo a uma determinada etapa do desenvolvimento do capitalismo na América Latina. Ainda assim, o texto dá subsídio a uma consistente crítica da saída oposta, reducionista, proposta por Roberts.

O livro *Populismo autoritario: Venezuela 1999-2005*, de dois cientistas sociais venezuelanos, Arenas e Gómez Calcaño (2006), que reúne artigos escritos na tentativa de interpretar o *chavismo*, é um bom exemplo desse movimento intelectual.

Para os dois autores, Chávez reúne características do velho e do novo populismo: em primeiro lugar, o anti-imperialismo, a ênfase no desenvolvimento econômico autônomo, o discurso antioligárquico e o apelo ao povo como unidade acima das relações de classe. Da onda neopopulista, Chávez teria herdado o discurso antipolítica e a condição de *outsider*. Ficaria difícil, então, classificá-lo sob o novo ou o velho populismo, pois há características que são contraditórias e inconciliáveis entre si. Para a literatura sobre o neopopulismo, um elemento fundamental deste fenômeno era sua vinculação à execução de políticas econômicas neoliberais. Chávez, ao contrário, apresentou desde o instante em que irrompeu no cenário político nacional um discurso contra o neoliberalismo, embora sem uma definição estratégica clara. Ao assumir o poder, estimulou a intervenção estatal na economia, saída que está, também, diretamente vinculada à especificidade da economia venezuelana, sem, no entanto, fechar as portas para o grande capital internacional ou nacional.

Arenas e Gómez Calcaño destacam essas contradições: os autores apresentam dados sobre o aumento do investimento norte-americano após a vitória de Chávez e algumas características da nova política fiscal que podem ser consideradas indícios de neoliberalismo. Porém, essas duas características da política econômica de Chávez poderiam ser apresentadas de outra forma, sem qualquer prejuízo: o aumento do capital de origem norte-americana na economia do país é o resultado mais previsível do processo de retomada do crescimento vivenciado pela Venezuela nos primeiros anos de Chávez, no qual pesa, novamente, a alta do preço do petróleo.[18] Os EUA sempre foram o principal "parceiro" econômico do país e, mesmo se quisesse, Chávez não poderia mudar essa realidade em alguns anos.[19] Quanto à política fiscal, Arenas e Gómez Calcaño exploram as contradições entre medidas ortodoxas e heterodoxas, presentes no programa de Chávez (2006: 72-82), e afinal concluem que não é possível saber qual manual econômico o presidente adota.[20] Penso que o melhor procedimento seria analisar esse hibridismo a partir da conjuntura econômica e social enfrentada no início do governo, das relações de força e pressões de diversos setores sofridas por

---

18 Além da intervenção militar do EUA no Oriente Médio e da expansão econômica chinesa, essa alta do preço do petróleo pode ser parcialmente creditada à reorganização da OPEP, estimulada por Chávez, que estabeleceu cotas de produção para seus membros e propiciou maior controle sobre a variação do preço do produto no mercado internacional. A partir do final de 2009, uma grande crise econômica internacional reverteu esse processo de expansão, causando retração no preço do petróleo e tornando ainda mais agitada a política venezuelana. No final do quarto capítulo essa questão será considerada.

19 O presidente executa várias excursões nas quais realiza, pessoalmente, a propaganda do petróleo, com a intenção de diversificar os parceiros econômicos da Venezuela. Alguns países, como o Irã, são considerados membros do "eixo do mal" pelos EUA e parte da comunidade internacional. A China se consolidou como um importante parceiro, ao ampliar o consumo de petróleo e fornecer à Venezuela tecnologia necessária para a realização de obras estruturais, como ferrovias.

20 As primeiras medidas econômicas do governo Chávez serão avaliadas adiante, no quarto capítulo. Por ora, vale ressaltar a análise de Camejo (2002), que as considera ligadas ao neoestruturalismo econômico, que não deixa de ser uma resposta ao neoliberalismo.

Chávez naqueles anos e, não menos importante, a partir do programa original do movimento bolivariano para o país. Essa foi uma interpretação indicada por Maringoni (2009: 175-179) a partir de uma comparação com a experiência de governo da Unidade Popular chilena, nos anos 1970. Para o autor, os dois processos apresentam "algumas semelhanças e várias diferenças". Uma divergência corresponde à tática em relação à economia: Salvador Allende buscou, desde o início, alterar a estrutura econômica do Chile tendo em vista uma transição democrática ao socialismo, horizonte estratégico posto desde o princípio de seu mandato. Chávez adotou uma tática diferente porque, entre outros motivos, sua estratégia era outra. O socialismo não estava sequer no vocabulário dos políticos venezuelanos. O termo só apareceu em um discurso de Chávez durante o Fórum Social Mundial, em 2005. Maringoni também destacou a mudança da relação de forças no cenário internacional como um elemento indispensável à análise da política de Chávez.

Diante das especificidades e contradições da atual conjuntura venezuelana, Maringoni preferiu deixar muitas questões sem resposta ao invés de encaixá-las em amplos modelos explicativos. Com uma perspectiva diferente, Arenas e Gómez Calcaño buscaram destacar os elementos que permitiriam classificar Chávez como populista ou neopopulista. Apesar dos esforços, não chegaram a uma conclusão satisfatória:

> Na Venezuela ainda não sabemos com certeza de que se trata o fenômeno chavista e muito menos em que desembocará. Retoma muito, certamente, dos populismos

clássicos, mas não chega a assumir uma prática que permita vinculá-lo comodamente aos neopopulismos da região, ainda que tenha mostrado alguns sinais que induzem a fazê-lo (2006: 82).

Em entrevista a mim e nas páginas do livro, Gómez Calcaño assumiu sua postura crítica diante de Chávez e a influência dessa posição política sobre seus trabalhos. No entanto, o conceito de populismo também é retomado por autores que defendem o atual governo venezuelano. É o caso do cientista político argentino Ernesto Laclau:

> O caso de Chávez é o que mais se aproxima do populismo clássico pelo fato mesmo de que se tinha ali um sistema político podre, com uma base clientelista, com uma escassíssima participação de massa. Havia a típica situação pré-populista: havia demandas que ninguém podia canalizar dentro do sistema político. Chávez começa a interpelar essas massas por fora do sistema institucional tradicional. Faz essas massas participarem do sistema político pela primeira vez. Isso se produz por meio de mecanismos populistas, através da identificação com o líder. O que se dá não é um populismo do tipo autoritário, porque essa não é uma mobilização de cima. Pelo contrário, há um aspecto de auto-organização das massas, nos locais de trabalho. E nisso a participação dos técnicos cubanos foi decisiva. É um ganho efetivo. Não há dúvidas que o futuro latino-americano passa por esse tipo de projeto ("Populismo não é um conceito pejorativo". *Folha de São Paulo*, 07/05/2006).

Em um de seus livros, Laclau (2005) dedicou-se a construir um enfoque alternativo que desmascarasse o modo geralmente negativo como as ciências sociais apresentam o populismo. Para ele, esse rechaço esconderia uma "desvalorização da política *tout court*" e a defesa, em contrapartida, de que a gestão da comunidade deve se desenvolver de acordo com regras determinadas, diante das quais o populismo corresponderia a um desvio ou a um "excesso perigoso". Ainda segundo Laclau (2005: 10), esse seria o discurso da "filosofia política" desde Platão: ao assumir a atividade política numa perspectiva restrita e conservadora, ela tenderia a classificar como aberração tudo que não se encaixa no padrão de racionalidade estabelecido para aquela prática. Na teoria sobre o populismo nas ciências sociais, esse olhar enviesado teria conquistado novo fôlego sob influência dos estudos da psicologia social sobre as multidões, durante o século XIX. Tal tradição sustentava que a multidão carece de racionalidade, logo está propensa a ações imprevisíveis e violentas. O conceito de anomia é apontado como elemento comum a essa vertente da psicologia e à sociologia que se desenvolvia no mesmo período: a crise dos valores, tornada mais aguda a partir da Revolução Francesa, teria contribuído para a ruptura dos vínculos de sustentação orgânica da sociedade. Sem essas ligações, os indivíduos estariam mais suscetíveis a agirem de modo irracional através de "sugestão" ou "contágio", sobretudo quando imersos na coletividade. Essa irracionalidade poderia levar, também, à manipulação por parte de um líder. Laclau sustenta que há uma continuidade entre essa tradição e variadas vertentes do discurso sobre o populismo nas ciências sociais, entre as quais destaca a tradição funcionalista, que considera a mais acabada e influente sobre o tema. Nela, o sujeito político apareceria diluído e sua racionalidade inteiramente determinada pela totalidade social.

Com o intuito de combater essa visão negativa, classificada como "antipolítica", Laclau optou por esvaziar o conceito de determinações históricas e analisá-lo logicamente. Em seu enfoque alternativo, o populismo não aparece como fenômeno historicamente datado, algo transitório, patologia ou desvio, mas como um modo de construir o político que é, em última instância, sua lógica possível. Para chegar a essa conclusão, a linguística e a psicanálise foram as principais ferramentas utilizadas: o ato de nomear o povo, típico de qualquer prática populista, não apenas identificaria como daria substância real ao verdadeiro sujeito da política, aquele cujas demandas não podem ser atendidas pela via institucional e que, portanto, só podem ser expressas em oposição ao poder constituído.[21] Ao povo, ou ao conjunto de atores assim nomeados, se contrapõe um oponente que também deve ser batizado: a oligarquia, o imperialismo, etc. Daí a aparente dicotomia da luta política e a intensificação do conflito sob o populismo.

A exposição dos pontos cegos encontrados na teoria sobre o populismo e das consequências políticas do enfoque

---

21 Neste trabalho, Laclau sofreu grande influência de Rancière (1996), a quem dedicou algumas notas no final do livro. Para este autor, a "filosofia política" teria desempenhado historicamente a tarefa de combater a essência da política – o conflito –, consequência natural da impossibilidade de realização plena do "princípio da igualdade" que rege as comunidades democráticas. Para Rancière, o povo seria o ator natural da política: ao assumir-se enquanto "parcela dos sem parcela" revelaria os limites da comunidade e acabaria com o consenso.

negativo em que esta recai é, a meu ver, o grande mérito do trabalho de Laclau. Acredito, porém, que seu livro mais recente carece de uma revisão mais atenta da bibliografia sobre o conceito de populismo nas ciências sociais, sobretudo na América Latina, pois há outros elementos que enriqueceram a polêmica construção desse tema e contribuíram para a elaboração de discursos bastante diferenciados entre si. Dito de outra forma: é possível, mas não suficiente, explicar o sinal negativo no interior da teoria do populismo em autores como Gino Germani ou Torcuato Di Tella – que apoiam suas teses na noção de disponibilidade das massas – a partir de conceitos como anomia e sugestão, retirados da psicologia social do século XIX. Estabelecer um elo deste tipo torna-se mais difícil quando analisamos a teoria do populismo em autores de tradição marxista, para os quais a formação de identidades sociais passa pelo conceito de classe e tem o trabalho como categoria fundamental.[22]

Acredito que o elemento em comum nas duas tradições é o olhar normativo sobre o fenômeno populista, que induziu a uma leitura que destacava a ausência de algumas características: sob o olhar de alguns autores funcionalistas, o populismo seria o resultado possível da carência de valores num período de intensa mobilização das massas,

---

22 Laclau tem consciência da diferença entre seu enfoque e a tradição marxista. O autor condena o uso do conceito de classe social: ao considerar um ator social privilegiado – o proletariado – como sujeito histórico *a priori,* essa tradição teria caído no mesmo erro de desvalorizar as experiências políticas populares. A polêmica sobre o uso dos conceitos de classe social e luta de classes está no centro do extenso debate surgido entre o autor e Slavoj Zizek, a quem dedicou algumas notas críticas no final de seu livro (2005: 289-297).

que acabariam disponíveis para práticas de manipulação; já para uma vertente do marxismo, o fenômeno poderia aparecer como resultado de uma formação peculiar da classe trabalhadora, processo no qual a consciência de classe não se desenvolve em plenitude. Essas duas tradições, que hegemonizaram a reflexão sobre o populismo nas ciências sociais latino-americanas, estão longe de se apresentarem de modo puro, ou seja, houve um diálogo entre elas e, além disso, o discurso sobre a política no continente reproduziu, em grande medida, o conteúdo peculiar encontrado nas práticas de partidos e movimentos. O enfoque alternativo apresentado na obra de Laclau se insere num extenso debate teórico,[23] cujos detalhes não podem ser explorados aqui sem o risco de perdemos o foco sobre o caso venezuelano. Por outro lado, se partirmos deste caso concreto e da opinião do autor sobre ele, creio que poderemos indicar alguns dos limites que o seu enfoque impõe à análise não apenas daquela experiência, mas da prática política em geral.

Os argumentos de Laclau para justificar seu apoio ao governo Chávez refletem a postura de valorizar o "populismo", nome que o autor atribui aos movimentos políticos populares que articulam suas demandas em oposição ao poder constituído, tal qual ocorre na Venezuela. Essa definição ampla do conceito, que o próprio autor reconhece, permite classificar experiências muito diversas ou, em último caso, toda práti-

---

23  Creio que as reflexões do autor, sobretudo a partir do final dos anos 1970, se inserem no amplo movimento de revisão de paradigmas que afetou as ciências sociais no final do século XX, principalmente a tradição marxista.

ca política como populista.[24] Ao prever essa crítica, Laclau afirmou que a precisão nunca foi uma característica desse conceito e que, em seu trabalho, não se orientou por ela. Sua intenção foi, ao contrário, demonstrar que o nome populismo refere-se a uma lógica e não a um caso específico que possa ser identificado e delimitado. Ao escolher esse caminho, Laclau isentou-se de encarar a indefinição que é, reconhecidamente, um dos principais problemas do conceito. Na análise de um caso determinado, como é o governo Chávez, a aplicação de um termo tão vago pode ter o efeito adverso de esconder elementos próprios daquela experiência histórica e, portanto, reproduzir uma leitura limitada como aquela que o próprio Laclau condena. Tal fato ocorreu no trabalho de Arenas e Gómez Calcaño, exposto acima: embora os dois autores reproduzam a visão pejorativa sobre o populismo, tão combatida por Laclau, elogiam a obra deste autor, da qual dizem retirar muitas contribuições, sobretudo sobre a articulação discursiva do populismo.[25] Acredito que essa inspiração

---

24 A identidade entre política e populismo foi resumida pelo autor: "Isso significa que a política se converteu em sinônimo de populismo? Sim, no sentido no qual concebemos esta última noção. Por ser a construção do povo o ato político *par excellance* – como oposição à administração pura dentro de um marco institucional estável –, os requerimentos *sine que non* da política são a constituição de fronteiras antagônicas dentro do social e a convocatória de novos sujeitos de mudança social, o que implica, como sabemos, a produção de significantes vazios com a finalidade de unificar em cadeias equivalenciais uma multiplicidade de demandas heterogêneas. Mas estes constituem também os traços fundamentais do populismo. Não existe nenhuma intervenção política que não seja até certa ponto populista" (Laclau, 2005: 195).

25 "O enfoque teórico se apoia em trabalhos de Ernesto Laclau e Chantal Mouffe que destacam o papel das articulações discursivas na construção da hegemonia. No entanto, a análise não é somente discursiva, já que se pre-

não decorre de uma leitura equivocada do cientista político argentino, mas de uma brecha aberta pelo enfoque do próprio autor. Sua apresentação supostamente neutra e anistórica do populismo parece espelhar, ainda que de forma invertida, os limites da tradição teórica sobre o tema e reproduzir a "elasticidade do conceito" de que falou Vilas.[26]

Também parece contribuir para certa imprecisão o lugar que a categoria povo, definida como "significante vazio", ocupa na teoria de Laclau. Sem dúvida ela é central para compreendermos a ascensão do movimento bolivariano, como busquei demonstrar mais acima, e continua importante após a chegada de Chávez à presidência. Numa primeira etapa, antes de chegar ao poder, o "povo" assumiu, de fato, o lugar de protagonista no programa do MBR-200: era em seu nome que o movimento depositava as esperanças de transformação da sociedade venezuelana; logo, foi necessário construir esse sujeito e caracterizá-lo. Porém, ao conquistar o

---

tende entrelaçar os processos econômicos, sociais e políticos de ambos os momentos para estabelecer a comparação [entre práticas e discursos políticos]" (Arenas e Gómez Calcaño, 2005: 1). O trabalho de Laclau e Mouffe (1985) ao qual os autores se referem dá continuidade à perspectiva de estudos sobre o populismo a partir da análise de discurso inaugurada por Laclau (1979), e que teve grande influência entre cientistas sociais desde então. Embora a referência dos autores venezuelanos não seja a obra de Laclau discutida aqui, o recurso linguístico que eles valorizam também ocupa lugar de destaque no livro de 2005.

26 Além da influência sobre Arenas e Gómez Calcaño, Laclau é uma referência para outros autores dedicados à política venezuelana (Biardeau, 2009; Parker, 2001; Raby, 2006). Nesses textos, porém, sua teoria sobre o populismo dá suporte ao estudo de "movimentos populares revolucionários", ou seja, esses trabalhos destacam o caráter revolucionário daquele processo e se baseiam, em certa medida, nas noções de classes sociais e luta de classes.

apoio de outras organizações políticas durante os anos 1990, a formulação original do MBR-200 sofreu algumas alterações. Podemos afirmar, a partir do vocabulário usado por Laclau, que o significante "povo" se manteve, mas seu significado foi modificado. Hoje há, sem dúvida, uma dicotomia entre o "povo venezuelano", nomeado pelo presidente, e a oposição, também batizada por ele de "oligarquia". Mas essa dualidade não traduz o conjunto de forças políticas antagônicas que disputam o poder na Venezuela. Ambos os polos apresentam composição bastante heterogênea, com grupos que possuem interesses distintos. O resultado desse conflito, que se dá tanto no interior do governo quanto da oposição, não pode ser apreendido apenas através da análise do discurso e será decisivo no desenvolvimento do conjunto da luta pela hegemonia que ocorre no país, assim como acredito que tenha ocorrido em outras experiências políticas populares latino-americanas durante o século XX.[27]

Muitos autores se dedicaram a estudar a influência que a disputa entre frações no interior de alianças populares amplas

---

27 Laclau contempla a heterogeneidade social, tema ao qual dedica o quinto capítulo de seu livro (2005), mas apenas em duas dimensões: a possibilidade de que as demandas originalmente populares sejam absorvidas pelo discurso do bloco oposto, no poder; e o caso de demandas que não se articulariam no interior de nenhum dos blocos, ficando à margem do processo. Uma terceira hipótese, de heterogeneidade das demandas no interior do movimento popular ou do bloco no poder, não merece grande atenção na obra do autor. Portantiero e De Ipola publicaram um artigo (1981) no qual apresentaram uma crítica ao enfoque proposto por Laclau em outro livro (1979) e sugeriram uma leitura dos limites do populismo a partir da disputa entre uma lógica nacional-popular e outra nacional-estatal, no interior do movimento populista. No próximo capítulo farei referência a essa hipótese, que se mostra bastante útil à presente pesquisa.

exerce sobre o desenvolvimento dessas experiências. Este foi um tema recorrente em trabalhos sobre o populismo entre os anos 1960 e 80, como os de Francisco Weffort (1980) e Octávio Ianni (1971; 1975), no Brasil. Os dois autores pertenciam à tradição marxista e, naquele momento, estavam empenhados em apontar os equívocos do Partido Comunista Brasileiro no interior do "pacto populista" e as contradições que teriam levado à derrota do movimento popular, em 1964. Nos textos de ambos encontram-se sinais do diálogo com a literatura funcionalista sobre o populismo – de autores como Germani e Torcuato Di Tella –, da qual tomam emprestada a noção de "manipulação". Outra semelhança está na apresentação do fenômeno populista como típico de "sociedades em transição". Essas características em comum impõem alguns limites a estes trabalhos, que foram alvo de críticas, sobretudo a partir dos anos 1980.[28]

Apesar dessas semelhanças, Weffort e Ianni contribuíram para a formação de um olhar diferenciado sobre a política e a sociedade na América Latina. A novidade em seus trabalhos era o questionamento sobre os fatores que levaram à ruptura daquilo que Weffort chamou de "Estado de

---

28 É importante ressaltar que os trabalhos de Weffort e Ianni apresentam semelhanças, mas também diferenças importantes entre si. Em sua resenha de textos sobre o tema na América Latina, Ianni (1975) chegou a apresentar algumas críticas ao enfoque de Weffort, que daria muita ênfase à noção de manipulação, emprestada da literatura funcionalista. Em alguns trechos de trabalhos de Ianni também é possível encontrar a tensão desse diálogo. No Brasil há uma extensa bibliografia sobre os problemas do conceito de populismo. O trabalho de Gomes (1994 [1988]) é um dos mais expressivos. Ferreira (2001) organizou uma coletânea de textos que fornece um bom panorama desse debate.

compromisso" (1980: 70), no qual as instituições assumiam o papel de árbitro entre forças políticas antagônicas, garantindo um equilíbrio instável, rompido em 1964. A explicação para essa crise, que impôs uma derrota ao movimento popular e à esquerda em geral, parecia depender de uma análise das relações de força no interior do pacto populista que fosse além da dicotomia "moderno e atrasado" que havia pautado a política e as ciências sociais até então. Para Weffort e Ianni, a resposta deveria ser buscada na luta de classes: o populismo seria um fenômeno datado, correspondente a um estágio do desenvolvimento do capitalismo, e seu destino seria determinado pelo desdobramento da luta entre classes com interesses antagônicos em seu interior. Há nessa teoria uma diferença importante em relação ao trabalho de Laclau: enquanto o cientista político argentino está interessado em analisar a articulação de demandas que permite a construção discursiva do povo na origem do movimento populista, Weffort e Ianni estão preocupados com as contradições que levaram aquele pacto a se dissolver, ou seja, buscam os limites da experiência populista. Não era possível, sobretudo após a derrota sofrida em 1964, apresentar uma visão absolutamente positiva sobre aquele processo.

Mas se o populismo latino-americano correspondia, para esses autores, a um fenômeno bem determinado, indissociável do desenvolvimento tardio do capitalismo, como as reflexões que apresentaram sobre o tema há tantos anos podem nos ajudar a compreender o atual processo que atravessa a Venezuela? Acredito que o recente ressurgimento do tema "populismo" nas ciências sociais latino-americanas reflete as transformações pelas quais passou a política no continente nas últimas décadas, a partir da crise do discurso neoliberal que, como vimos, foi hegemônico nos anos 1980. Na Venezuela, em virtude da experiência democrática que o país atravessou a partir de 1958, os efeitos desse programa foram sentidos de modo mais agudo, com consequências radicais: o *Caracazo*, as tentativas de golpe, o *impeachment* de Pérez e a ascensão do MBR-200 são algumas delas. A eleição de Chávez, em 1998, foi apenas mais um evento inserido nesse processo mais amplo que, nos anos seguintes, repetiu-se em outros países do continente. Essa série de fenômenos semelhantes, em geral classificados como populistas, não pode ser mera coincidência ou repetição histórica. Sustento, diferentemente, que se inserem na construção de uma alternativa política ao neoliberalismo, embora não possuam uma definição nítida de sua estratégia. Portanto, em sintonia com um dos pressupostos mais importantes dos trabalhos de Weffort e Ianni, acredito que esses movimentos populares devem ser analisados à luz das características do capitalismo mundial, diferentes daquelas que marcaram o período em que eles escreveram e que são assimiladas de modo particular na América Latina e, em especial, na Venezuela.

As reflexões expostas aqui sobre os limites do conceito de populismo me obrigam a uma tomada de posição, que poderia se resumir a adotá-lo ou descartá-lo. Esbocei até o momento uma alternativa diferente, que tem o objetivo de ir além da mera retomada do conceito sem chegar a uma ruptura absoluta com o mesmo. Acredito que o debate que ele suscita desde suas primeiras formulações fornece elementos importantes para compreender a sociedade venezuelana: os trabalhos de Germani e Di Tella, por exemplo, se destacaram pela preocupação com a peculiaridade da política na América Latina, enquanto Weffort e Ianni demonstraram – cada um a seu modo – o vínculo entre seus elementos distintivos e as características gerais do capitalismo mundial. Parece ser necessário ir além dessas teorias, no sentido de atualizar o debate em torno da nova realidade latino-americana, de tal modo que se contemplem as especificidades nacionais e as novas características da reprodução do capital. Por outro lado, é imprescindível tomar as experiências da ascensão de Chávez e de seu governo não apenas conforme seus dados discursivos mais aparentes, mas atento ao conflito quanto aos rumos do movimento que se dá em seu interior. Assim, creio, será possível apreender, nos próximos capítulos, algumas das novidades deste fenômeno.

Se algo se repetiu na história venezuelana foi a decepção popular diante de outro programa político incapaz de atender às suas demandas. Assim como o pensamento liberal do século XIX foi idealizado e retomado em vários episódios durante o século XX, o neoliberalismo foi apresentado como a receita contra a crise dos anos 1980. Sua execução esbarrou na estrutura econômica do país e, o que parece determinante para a gravidade da crise, entrou em choque com diversos sentimentos que fazem parte da cultura venezuelana: do lado popular, a convicção de que o Estado possui responsabilidades que não podem ser alienadas; do lado da direção política tradicional, a certeza de que a abundância de petróleo poderia garantir a estabilidade, reformas sociais satisfatórias e a continuidade da democracia. A divisão que se produziu no interior dessa direção com o aparecimento do discurso antipolítica, nos anos 1980, foi decisiva para a ruína do pacto. Freddy Lepage, membro da

AD até o ano 2000, resumiu bem o sentimento dessa parcela da sociedade diante daquele discurso:

> Entre o final dos anos 70 e início dos 80, a classe empresarial e financeira concluiu que já não era suficiente propor e nomear ministros de governo; havia chegado a hora de avançar, de dar um salto qualitativo, para aceder ao poder de maneira direta, prescindindo da intermediação dos partidos políticos. [...] Neste esquema, a classe política já não fazia falta. Era necessário colocá-la de lado [...] Iniciou-se então a ação combinada de grupos econômicos, que atuavam separadamente, em função de seus próprios interesses. [...] Desnecessário dizer que este objetivo de alcançar o poder, sem necessidade de utilizar os políticos, não era uma tese estritamente venezuelana. A "antipolítica" já buscava seu espaço em várias nações latino-americanas (Lepage, 2006: 17-18).

O depoimento acima resume a decepção de parcela da direção política diante do discurso neoliberal. Havia um ressentimento pela ruptura do pacto entre capital e partidos que pautara o regime. Para Lepage, a eleição de Chávez foi uma ironia histórica: ele teria vencido na onda antipolítica e se voltaria, hoje, contra os interesses dos grupos econômicos que levantaram essa bandeira nos anos 1980. Para o autor, ele é um populista que dá continuidade à tradição de caudilhos latino-americanos.[29]

O documento *"Mais e melhor democracia"*, publicado por empresários reunidos no Grupo Roraima, atacava os diversos "ismos" que caracterizavam o sistema político venezuelano: estatismo, centralismo, partidarismo, presidencialismo e, claro, populismo:

> O nascimento do populismo na América Latina remete à época em que as classes médias tomaram o controle político de suas sociedades e se dedicaram a ativar e mobilizar setores sociais que participam politicamente pouco, com o fim de evitar o retorno de grupos alijados do poder. Em qualquer caso, "populismo" se usa para designar um estilo demagógico de fazer política, caracterizado pela formação de políticas imediatistas que buscam produzir efeitos no curto prazo, que na maioria dos casos têm efeitos negativos no longo prazo, mas são de grande visibilidade na opinião pública. O populismo se caracteriza, ainda, por uma grande ênfase retórica que exalta valores tais como o nacionalismo, a luta contra as oligarquias e a igualdade social (Grupo Roraima, 1987: 35).

29 É interessante destacar esse juízo, pois o nome populismo também foi utilizado pelo MBR-200 e pelos grupos empresariais para batizar essa classe política reformista, da qual Lepage faz parte. Parece que o termo é o adjetivo mais lembrado, também no vocabulário não acadêmico, quando se pretende desqualificar um adversário.

O MBR-200, considerado uma aberração por boa parte da literatura, foi o movimento político que obteve maior sucesso ao apresentar um programa que se mostrava como uma alternativa ao neoliberalismo para a sociedade venezuelana. Soube, também, se apropriar do discurso antipolítica reinante naquele país, embora, como mostraremos no próximo capítulo, classificá-lo como um movimento que aprofunda esse fenômeno não pareça algo correto. O conteúdo de seu programa era uma novidade que não se encaixava na tradição da esquerda, em crise e marginalizada. Ao longo dos anos 1990, porém, o movimento transformou-se, ampliou suas bases populares de sustentação e agregou forças políticas com interesses diversos. Esse crescimento foi fundamental para chegar ao poder, mas tem o potencial de gerar novas e profundas contradições que devem ser determinantes para o futuro do movimento. Nos próximos capítulos, pretendo analisar esses dois momentos: primeiro, o crescimento do MBR-200 e o seu caminho até a conquista do poder. Em seguida, os dilemas colocados por essa vitória e os desdobramentos possíveis da luta pela hegemonia no interior do atual governo e da sociedade venezuelana.

# 3. Dos quartéis a Miraflores

Ao longo do segundo capítulo, dediquei-me à análise de elementos presentes na formação do movimento bolivariano. Foi possível notar que o MBR-200 demonstra novidades e rupturas quando comparado a outras experiências históricas na política venezuelana: embora recupere e ressignifique alguns dos fenômenos mais recorrentes dessa cultura – como o *bolivarianismo*, o nacionalismo, o militarismo, etc. –, o faz de um modo particular, em sintonia com transformações radicais atravessadas por aquela sociedade desde meados dos anos 1980, quando ficou bem desenhado o processo de *crise orgânica* ao qual nos referimos anteriormente.

Os diversos aspectos dessa crise foram apresentados no final do primeiro capítulo: no final do século XX, os principais pilares de sustentação da democracia venezuelana – os partidos de *Punto Fijo* e a renda petroleira – entraram num declínio acentuado. A contestação daquele modelo, então chamado de "populista" por alguns defensores da reforma do Estado venezuelano, contribuiu para a quebra não apenas do pacto entre os partidos tradicionais e a classe dominante, relatada por Lepage (2006), mas rompeu também a confiança popular nas instituições democráticas. Seus aspectos ético-culturais se manifestaram, sobretudo, no discurso antipolítica, através do qual se desqualificava qualquer tentativa de restauração da democracia a partir de seus atores fundamentais, vinculados à AD e ao COPEI ou às entidades representativas a eles ligadas, como a CTV. Também foram importantes o sentimento de "traição a uma economia moral" (López Maya, 2006: 65) e a reação ao ataque à "cultura de direitos" (Edgardo Lander, entrevista, 06/03/2009) que parecia conferir legitimidade ao Estado venezuelano como provedor de serviços públicos fundamentais à população. O *Caracazo* representaria, neste contexto, a realização máxima do "poder disruptivo da vida cotidiana" (López Maya, 2006: 64).

Uma mudança tão profunda e com consequências tão variadas exigia uma leitura cuidadosa, que realçasse conjuntamente os seus vários aspectos. No entanto, o discurso mais comum sobre a crise ressaltava apenas sua face institucional: afirmava-se que a prática paternalista e corrupta da direção política tradicional tornara o Estado venezuelano incapaz de cumprir o papel de árbitro e dar respostas satisfatórias aos anseios populares. Daí a necessidade de reformas que restaurassem sua legitimidade. Já a crise econômica era apresentada como outro elemento conjuntural, colado à suposta politização exacerbada da economia, que no país estaria excessivamente misturada com as paixões e irracionalidades que afetavam a política estatal.

A análise realizada até aqui nos inspira outra interpretação: acredito que o salto qualitativo que encontramos neste período só pode ser o resultado de uma profunda *crise de hegemonia da classe dirigente*. Essa nomenclatura não se aplica apenas à incapacidade de manutenção do poder por parte da "elite política" da chamada IV República; mais além, expressa o fracasso na execução de um projeto de país para o qual foi conquistado o apoio popular, mediante promessas e sacrifícios.[1] A exposição histórica realizada no primeiro capítulo evidenciou a persistência do ideal modernizador como o eixo do discurso político venezuelano, batizado de diversas formas em cada uma de suas reedições: "Novo Ideal Nacional", "Grande Venezuela", "Venezuela Saudita", "Venezuela Moderna", etc. Seria este um plano falido? Acredito que sim, num sentido determinado. Não há dúvidas de que em seu nome o país passou por importantes transformações ao longo do século XX, sobretudo sob o mote do que Lander chama de "utopia democrática":

> A ideia de democracia sempre teve uma dimensão utópica. À democracia foram associados os valores e as aspirações à igualdade, liberdade, soberania, equidade, justiça, participação, solidariedade. É esta dimensão utópica, esta projeção de um possível futuro melhor, que fez da democracia uma ideia-força em nome da qual se deram historicamente as lutas sociais pela

---

1 "O processo [de crise orgânica] é diferente em cada país, embora o conteúdo seja o mesmo [...] é a crise de hegemonia da classe dirigente, que ocorre ou porque a classe dirigente fracassou em algum grande empreendimento político para o qual pediu ou impôs pela força o consenso das grandes massas (como a guerra), ou porque amplas massas (sobretudo de camponeses e de pequenos-burgueses intelectuais) passaram subitamente da passividade política para uma certa atividade e apresentam reivindicações que, em seu conjunto desorganizado, constituem uma revolução. Fala-se de 'crise de autoridade': e isso é precisamente a crise de hegemonia, ou crise do Estado em seu conjunto" (Gramsci, 2000: 60).

superação das inconsistências entre os postulados normativos da democracia e suas limitações reais. Estas lutas produziram enormes transformações nas sociedades capitalistas democráticas, incorporando novos direitos individuais mediante sucessivas ampliações e reinterpretações dos direitos teoricamente garantidos nos regimes democráticos (Lander, 2006: 195-196).

Porém, o potencial subversivo contido nesse ideal democrático sofreu constrangimentos ao longo da história. A ele foram impostos limites em nome da manutenção da ordem ou da "governabilidade", seus supostos excessos foram combatidos, o espaço da política reduzido e o vazio colonizado por interesses econômicos (Lander, 2006: 197). O caso venezuelano parece ter resultado numa "revolução passiva", que foi incapaz de cumprir todas as suas promessas, mesmo dentro dos limites da utopia democrática liberal. Daí a persistência e a legitimidade de um projeto modernizador que é considerado incompleto e traído.

Um desdobramento desse processo é o caráter restrito que tende a assumir a capacidade de direção de determinada classe sobre as outras. Para Gramsci, a supremacia de um grupo social se manifesta de dois modos: é dominação – enquanto poder, coerção, violência – mas é antes de tudo "direção intelectual e moral", ou seja, a capacidade de exercer o controle com base em certo grau de consentimento por parte das outras classes (Secco, 1996: 85-86). Foi justamente este segundo elemento que entrou em declínio na Venezuela dos anos 1980, com a derrota do programa da social-democracia, sem que o poder estatal e os mecanismos de coerção – a dominação – saíssem das mãos do mesmo grupo. O saldo catastrófico dessa dessintonia viu-se na brutal repressão ao *Caracazo*, em 1989, quando se tornou evidente o fracasso do projeto nacional que era o fundamento da crise de hegemonia da classe dirigente. Seu efeito extremo sobre os partidos e outras entidades representativas foi condená-los ao anacronismo, esvaziados de seus conteúdos sociais e impotentes diante da nova relação de forças nacional e internacional.[2] Neste capítulo pretendo explorar com maior atenção os desdobramentos dessa crise durante os anos 1990, período em que seus efeitos tornaram insustentável a manutenção no poder das forças tradicionais da política venezuelana – AD e COPEI – e abriram espaço para a ascensão do MBR-200.

## A esquerda venezuelana no final do século XX

Demonstrei anteriormente que toda a formação do MBR-200 – desde os anos 1970, passando pela elaboração dos planos insurgentes que resultaram na sua surpreendente aparição na política nacional, em 1992 – teve os quartéis venezuelanos

---

2   A ambiguidade presente nos discursos de Carlos Andrés Pérez ou sua perplexidade, sobretudo após o fracasso de seu programa de reformas, traduz o caráter anacrônico de uma direção política que sempre esteve vinculada ao programa nacional-desenvolvimentista, agora deslocado do centro do debate nacional e internacional.

como cenário privilegiado.[3] A fama repentina que o movimento adquiriu a partir da derrota das tentativas de golpe criou, talvez pela primeira vez, possibilidades reais de execução do plano de uma aliança cívico-militar que, de acordo com os relatos de Chávez, fazia parte dos objetivos de suas lideranças ao menos desde a visita ao Peru, em 1974. Uma ideia antiga, portanto, em nome da qual aqueles militares não teriam poupado esforços, como a troca do nome de "Exército" para "Movimento", no final dos anos 1980, parece revelar.

A aliança com setores civis – partidos políticos, organizações populares, etc. – era apresentada como uma condição para o sucesso: Chávez afirmou ao historiador Blanco Muñoz que a causa do fracasso de outros governos militares de conteúdo progressista na história da América Latina deveria ser buscada na incapacidade que tiveram de aglutinar em torno de si uma base de apoio popular, que ademais lhes poderia garantir a manutenção do caráter revolucionário:

> Eu me lembro de um trabalho meu de Ciências Políticas sobre o caso peruano, no qual uma das conclusões assinalava que nessa experiência progressivamente se foi perdendo, debilitando, até no vocabulário

---

3 Em sua longa entrevista a Blanco Muñoz (1998: 154), Chávez afirmou que às vésperas da insurreição o movimento contava com centenas de contatos civis, número que considerava bom em comparação a outros golpes bem sucedidos na história do país, como o de 1945. O raciocínio, porém, não leva em conta a enorme diferença entre a sociedade venezuelana dos anos 1940 e a do final do século XX, quando já é possível afirmar que as estruturas de dominação não se resumem ao aparelho estatal coercitivo. Sobre a teoria ampliada do Estado, ver Coutinho (1981: 87-102).

utilizado, o propósito revolucionário. Se alguém analisa o discurso de Juan Velasco de 68, parecia Fidel Castro, mas já nos últimos anos era o reformismo puro, como dizem, até no discurso, e ainda mais na prática. Uma das conclusões era essa, a falta de um projeto popular. Tomamos consciência disso. Muita gente nos disse [...] sobre o 4 de fevereiro [de 1992] que nós saímos de um movimento militarista. Isso é o observável, mas nós, quando fundamos o movimento, dissemos que a característica fundamental seria sempre a de um movimento cívico-militar e que deveria haver participação das forças populares da sociedade civil a respeito do planejamento e da condução inclusive da operação militar. E muito mais, tratando-se de um projeto de governo revolucionário. [...] nós fizemos reuniões durante anos e contatos com diversos grupos, desde a extrema esquerda, passando pela esquerda moderada e legal até o centro político e a direita política. Eu acredito que a luta dos 60 deixou uma fragmentação tal e um veneno que mesmo nós fomos impregnados e hoje seguimos impregnados por este produto (Blanco Muñoz, 1998: 45).

A "luta dos 60" a que ele se refere é a luta armada, praticamente terminada quando ingressou na carreira militar, no início dos anos 1970. O cenário da esquerda àquela época era caótico: sucessivas cisões ocorridas na década anterior no seio do Partido Comunista – seguidas, logo depois, por novas divisões entre as correntes recém fundadas – resultaram em organizações pequenas e isoladas e, portanto, quase tão carentes de apoio popular quanto os grupos que atuavam no interior do exército. Essa crise se iniciara com o amplo movimento de rupturas com o stalinismo e com a tática de alianças que inspirara a prática do PCV até o início dos anos 1960, quando o partido foi condenado à ilegalidade. A luta armada aparecia como alternativa sob a influência da Revolução Cubana, mas a rápida e profunda derrota que se seguiu inaugurou um novo processo de reflexão sobre suas causas:

> No caso venezuelano, dada a magnitude da derrota guerrilheira, mas também em virtude da qualidade intelectual e diversidade política de seus líderes, se desenvolveu um questionamento severo da proposta foquista, das extrapolações das experiências e do autoritarismo dos partidos comunistas. Estas noções foram identificadas como causas importantes da derrota (López Maya, 2006: 137).

Essa crise profunda sem dúvida prejudicou as ambições do movimento bolivariano de sair dos quartéis, pois o diálogo com organizações de esquerda não contribuiu significativamente para encurtar a distância entre os militares e o povo. De um modo geral, a conjuntura nacional era adversa à construção de movimentos radicais, pois a democracia de *Punto Fijo* detinha um amplo apoio popular, mais acentuado a partir das eleições de 1973, quando mais de 80% dos votos válidos ficaram divididos entre AD e COPEI (ver tabela 4). Assim, o MBR-200 seguiu seu curso como grupo clandestino dentro do exército com escassos e frágeis contatos civis. Essa trajetória reafirma o caráter orgânico da crise da democracia venezuelana, da qual o movimento bolivariano foi mais um produto: quando teve início a perda de espaço por parte de AD e COPEI, nos anos 1980, não ocorreu a emergência de uma grande força alternativa capaz de recuperar a confiança no sistema representativo. Àquela altura a esquerda ainda estava derrotada e dividida, condições que se mostrariam determinantes na conformação do arco de alianças do MBR-200 ao longo dos anos 1990.

No início daquela década, duas organizações de esquerda se apresentavam com algum peso eleitoral na Venezuela: o *Movimiento al Socialismo* (MAS) e *La Causa Radical* – mais conhecida como *La Causa R* (LCR) –, duas cisões do PCV que surgiram nos anos 1970 e sobreviveram baseadas em táticas diferentes. O MAS, que tinha como principal liderança o ex-guerrilheiro Teodoro Petkoff, apareceu como uma novidade na política nacional. Além de criticar a experiência armada e o modelo comunista de organização que reinara até então, dava grande importância à democracia em sua busca pelo socialismo. Ellner, que analisou a trajetória pioneira do MAS na esquerda venezuelana, destaca que:

> Na época de sua fundação, alguns comentaristas políticos afirmaram que o partido era uma réplica dos partidos Eurocomunistas, com sua ênfase na democracia e na independência em relação a Moscou, e por sua defesa de vias individuais para o socialismo em cada país. Líderes do MAS negaram que o partido seja baseado no modelo Eurocomunista ou em qualquer outro (Ellner, 1988: 1).

Teodoro Petkoff confirmou que o MAS se inspirava no comunismo europeu: "O MAS é um partido que, na época em que nasceu, na Europa encontrou uma afinidade muito estreita com o velho Partido Comunista Italiano que, como se sabe, é um partido muito pouco ortodoxo" (entrevista, 26/03/2009). Para Ellner, os membros do MAS ainda se consideravam vinculados à "Nova Esquerda" mundial, cujas maiores expressões eram as lutas de 1968. Grande parcela de seus membros era recrutada junto ao movimento estudantil universitário, principal frente de atuação da militância do partido. Ali foi possível ocupar um espaço onde a AD era pouco expressiva desde o momento em que sua juventude decidiu fundar o MIR e aderir à luta armada, no início dos anos 1960. O MAS inovava também em suas práticas e gerava bastante polêmica entre outras organizações de esquerda, como quando optou por não apoiar o boicote chamado por outros grupos às eleições estudantis realizadas na *Universidad Central de Venezuela* (UCV), em 1971, enquanto a instituição encontrava-se sob ocupação militar. Naquela oportunidade, ao garantir o monopólio do processo entre as forças de esquerda, o partido plantou a semente de seu sucesso no meio estudantil. Outro alvo de crítica foi a decisão de sua frente sindical pela disputa da CTV, dominada pela AD e considerada aliada do governo e das entidades patronais (Ellner, 1988: 5-6).

Nas eleições presidenciais de 1973 e 1978, o candidato do MAS foi José Vicente Rangel, visto como personagem suprapartidário e bem relacionado com outras organizações e movimentos. Nas duas oportunidades ele conquistou a terceira posição, com 4,26% e 5,18% dos votos,[4] respectivamente, logo atrás dos postulantes de AD e COPEI. Em 1983, Petkoff transformou-se no candidato do MAS, fato que Ellner aponta como uma mudança na tática do partido, que teria passado a privilegiar sua organização interna e se distanciado de outros movimentos e organizações de esquerda (Ellner, 1988: 5). Petkoff conquistou 4,17% dos votos naquele ano, pouco mais do que Rangel (3,34%), que se candidatou com o apoio do PCV e do *Movimiento Electoral del Pueblo* (MEP), além de outras organizações menores.[5] Em 1988, quando se lançou novamente à presidência à frente da aliança MAS-MIR, Petkoff viu sua candidatura reduzida a 2,71% dos votos.

A LCR teve uma trajetória diferente. Desde o início dos anos 1970 orientou-se pela construção do trabalho militante em três frentes: o movimento estudantil da UCV, os trabalhadores da estatal *Siderúrgica del Orinoco* (SIDOR) e os moradores do bairro Catia, em Caracas. Para Alfredo Maneiro, líder do partido e ex-guerrilheiro, a fundação de uma organização revolucionária deveria ser o resultado do acúmulo de lutas populares. Essa convicção, que estava na origem da tática de construir a organização pela base, contribuiu para que a LCR obtivesse pouca expressão eleitoral ao longo dos primeiros anos de atividade. As diversas frentes se desenvolveram de

---

4   Esses e outros dados citados neste trabalho foram coletados junto ao Conselho Nacional Eleitoral da Venezuela.

5   Entre elas estava a *Liga Socialista* (LS), uma dissidência do MIR que surgiu no final dos anos 1960 e que ainda realizou ações armadas na década seguinte, sob o nome *Organización de Revolucionarios*. Setores majoritários do MIR se aproximaram do MAS no início dos anos 1980, num processo que culminou na fusão das duas organizações, pouco depois.

forma praticamente independente, ligadas, sobretudo, pela circulação do jornal *Causa R.*

Polêmicas internas e a morte precoce de Maneiro, em 1982, criaram obstáculos às pretensões do partido. O trabalho na UCV já havia entrado em declínio em 1976, quando uma divergência a respeito da formação política dos jovens militantes, não considerada prioridade por Maneiro, gerou o afastamento do grupo responsável pela edição do jornal *PRAG*, em torno do qual se aglutinava a maioria dos estudantes relacionados com o partido. O maior problema viria depois: para as eleições presidenciais de 1983, Maneiro apresentou ao partido a tese de que havia um bloqueio na política nacional, dada a incapacidade tanto de AD quanto de COPEI de entusiasmarem seus eleitores tradicionais. Propôs, então, que a LCR lançasse uma candidatura de centro capaz de atrair esse setor, mais cauteloso diante de um candidato abertamente de esquerda. O nome do jornalista Jorge Olavarría foi o escolhido, de acordo com tais critérios. A morte de Maneiro, em novembro de 1982, favoreceu o aparecimento de divisões na LCR: Olavarría pretendeu ocupar o espaço vago na direção do partido, objetivo negado pelos membros mais antigos. Em resposta, Olavarría retirou sua candidatura e a LCR viu-se às vésperas das eleições em busca de outro nome. Enquanto alguns membros sustentavam o apoio à candidatura de Rafael Caldera, do COPEI, outros defendiam uma candidatura própria. O resultado foi uma nova divisão, agora mais séria, pois resultou no afastamento da organização popular de Caracas, então batizada de *Pro Catia*, cujas lideranças apoiavam o nome de Caldera.

Restava à LCR a experiência desenvolvida junto aos trabalhadores da SIDOR, na região sul do país, que já havia gerado surpreendentes resultados.[6] Ali, os membros do partido encontraram operários oriundos de várias regiões, atraídos pela oportunidade de emprego na estatal. Mas o local não comportava aquela explosão demográfica e criava condições de vida mais difíceis do que as apresentadas em outros centros industriais da Venezuela, fato que, segundo membros da LCR, viria a favorecer a atividade política na região. Portanto, o controle do sindicato da categoria, historicamente nas mãos da CTV, era o grande objetivo do partido. Em 1972, Pablo Medina se empregou na siderúrgica e deu início à publicação *El Matancero*, que atraiu um número crescente de trabalhadores. Em 1979, o cuidadoso esforço resultou na vitória da chapa do movimento nas eleições do *Sindicato Único de los Trabajadores de la Indústria Siderúrgica y Similares* (SUTISS), fato que, de acordo com López Maya, inaugurou o "novo sindicalismo" venezuelano. Em 1988, o movimento *Sindicalismo Alternativo* reunia cerca de 40 sindicatos no país e atraía entidades dissidentes do sindicalismo "oficial", liderado pela AD. O recém-fundado *Sindicato Unitario del Magisterio* (SUMA), liderado por Aristóbulo Istúriz, foi um dos mais importantes setores a se aproximarem do partido, no final

---

6  A história da empresa reflete os altos e baixos da economia venezuelana na segunda metade do século XX. Fundada em 1964, num contexto de auge da proposta nacional-desenvolvimentista, a SIDOR dava continuidade à produção siderúrgica iniciada naquela região na década anterior, por iniciativa de Pérez Jiménez. Ao longo dos anos 70, a empresa se expandiu, colada ao crescimento do Estado sobre bases petroleiras. Nos anos 80, com a chegada da crise, sua capacidade produtiva foi reduzida. Em 1997, 70% de suas ações foram vendidas a um consórcio internacional. Em 2008, o governo Chávez nacionalizou a SIDOR e homenageou Alfredo Maneiro, dando à empresa o seu nome.

dos anos 1980, pois lhe agregava uma base de apoio popular em Caracas, onde a organização ainda tinha pouca inserção. A essa altura, a LCR já desbancara o MAS no posto de terceira força política nacional.[7]

Consideradas as duas organizações de maior destaque da esquerda venezuelana em sua fase pós-guerrilheira, MAS e LCR viveram trajetórias distintas. É sintomático, porém, que ambas apresentem crises internas como elementos constantes. Embora os partidos de esquerda tenham marcado presença nas eleições presidenciais venezuelanas desde 1958, na maioria dos casos conquistaram baixa votação. Para alguns especialistas, essa fraqueza era causada pela polarização das intenções de voto entre AD e COPEI que, sobretudo a partir de 1973, teria levado ao fenômeno do "voto útil", ou seja, à divisão da grande maioria dos votos entre os dois partidos que tinham reais chances de vitória. Mas a marginalidade da esquerda não pode ser considerada descolada das inúmeras divisões que sofreu a partir da derrota da luta armada, cujo resultado foi o aparecimento de grupos cada vez menores e com dificuldades de diálogo entre si. As sucessivas correções propostas a partir de cada fracasso eleitoral continuavam a gerar problemas e divisões quando, já no início dos anos 1990, a crise foi intensificada pelo fim da experiência soviética.

---

7 Apesar de Andrés Velásquez, ex-metalúrgico, ter recebido apenas 0,09% e 0,37% dos votos para presidente nas eleições de 1983 e 1988, respectivamente, o partido apresentava alguns resultados expressivos em pleitos regionais: em 1984, foi a segunda opção nas eleições municipais do Estado Bolívar, onde se encontra a SIDOR. Em 1988, o partido elegeu três deputados e, no ano seguinte, Velásquez foi eleito governador em Bolívar (López Maya, 2006: 148-149).

A situação era ainda pior entre as várias organizações menores, que em geral apresentavam uma aversão comum aos processos eleitorais, ainda que este fosse um sentimento incapaz de uni-las. A maioria desses pequenos grupos dava pouca ou nenhuma atenção ao sistema representativo, tanto por opção estratégica quanto por incapacidade de sucesso. Muitas correntes concentravam suas atuações em frentes isoladas, como sindicatos, bairros populares e universidades.[8] Essa perspectiva fragmentada também ecoava entre alguns intelectuais, que viam com entusiasmo a emergência de novos movimentos que apresentavam suas demandas através de ações coletivas e autônomas. O aumento no número de protestos populares nos anos 1990 criava questionamentos a respeito de suas origens, sobre quem os incentivava ou dirigia. Parecia haver um desprendimento entre as manifestações e quaisquer entidades representativas de maior importância:

> A natureza e as formas específicas do protesto popular que se generalizam nesta década guardam uma relação muito estreita com o processo de deslegitimação das organizações sindicais e gremiais ocorrida desde o fim dos anos 80, com o consequente processo de desinstitucionalização do sistema de partidos. O vazio deixado pelo debilitamento das instituições de representação e mediação impulsionou o aparecimento de atores emergentes, alguns existentes, mas de baixo perfil nas décadas

---

8 Sobre elas praticamente não há material. A principal fonte de informação são os relatos de alguns dos seus militantes, como os que me foram concedidos em entrevistas por Ana Sofía Viloria, Javier Biardeau e Roland Denis.

anteriores, outros novos, outros que no passado estiveram sujeitos às diretrizes e recursos dos partidos do sistema político (López Maya, 2002: 20).

Entre os protagonistas desses protestos destacavam-se estudantes, vendedores ambulantes, aposentados, pensionistas, trabalhadores do setor público, moradores de bairros pobres e condutores do transporte coletivo, setores considerados os mais afetados pela mudança de rumos do Estado venezuelano no final dos anos 1980. Em certa medida, essas manifestações repetiam – numa intensidade menor – as características do *Caracazo*, tanto em relação a seus atores quanto aos métodos empregados: fechamento de ruas, saques, queima de pneus e confrontos com as forças policiais (López Maya, 2002). A elas era atribuído um elevado grau de "espontaneísmo" que, acredito, deve ser relativizado. Estudantes universitários ligados a várias organizações, por exemplo, desempenharam um papel importante desde as primeiras horas do *Caracazo* e em protestos anteriores e posteriores (Roland Denis, entrevista, 01/04/2009). Ainda assim, pode-se dizer que essas vanguardas foram surpreendidas com o volume que os protestos populares assumiram a partir daqueles anos. A maior parcela dos atos era protagonizada por setores sem qualquer vínculo partidário e causou espanto tanto no governo quanto entre os grupos de esquerda, que não souberam explicar de onde nascia um movimento de proporções tão grandes quanto incontroláveis.

HUGO CHÁVEZ EM SEU LABIRINTO

| Tabela 8: Eleições Presidenciais (1993) Quatro candidatos mais votados | | | |
|---|---|---|---|
| **Candidato** | **Partidos** | **Votos Válidos** | **%** |
| Rafael Caldera | Convergencia | 3.859.180 | **17,03** |
| | MAS | 595.042 | **10,59** |
| | URD | 32.916 | **0,59** |
| | MEP | 27.788 | **0,49** |
| | MIN | 19.386 | **0,35** |
| | PCV | 19.330 | **0,34** |
| | Outros (11) | 59.731 | **1,06** |
| | **Total** | **1.710.722** | **30,46** |
| Claudio Fermín | AD | 1.304.849 | **23,23** |
| | Outros (8) | 20.438 | **0,37** |
| | **Total** | **1.325.287** | **23,60** |
| Oswaldo Alvarez Paz | COPEI | 1.241.645 | **22,11** |
| | Outros (5) | 34.861 | **0,63** |
| | **Total** | **1.276.506** | **22,73** |
| **Andrés Velásquez** | **LCR** | **1.232.653** | **21,95** |
| Total de votos válidos: 5.616.699 | | | |
| Abstenção: 3.859.579 (39,84%) | | | |

Fonte: Consejo Nacional Electoral (CNE)

O distanciamento entre essas iniciativas e a maioria das organizações de esquerda refletia-se nas eleições. Apenas a LCR havia conseguido alguns bons resultados, graças ao longo trabalho realizado junto à estatal SIDOR e ao "novo sindicalismo": além da eleição de Andrés Velásquez no Estado Bolívar, em 1988, o partido conquistou a prefeitura do município Libertador, o maior de Caracas, em 1992, representado por Aristóbulo Istúriz. Nas eleições presidenciais de 1993, Velásquez receberia 21,95% dos votos, na quarta posição, contra 30,46% de Rafael Caldera, que rompera com o COPEI e fundara o movimento *Convergencia*, para ser eleito com o apoio de URD, PCV, MAS e MEP. No entanto, o número mais expressivo naquela ocasião foi o da abstenção: 39,84%, contra 18,08% das eleições de 1988.

A vitória de Caldera e o crescimento impressionante do abstencionismo expunham com maior nitidez a abrangência da crise da democracia pactuada, mas também revelavam a ausência de um projeto estratégico alternativo: MAS e LCR, maiores organizações da esquerda, tinham pouca ligação com a "política das ruas", ou seja, com os inúmeros protestos que já haviam se tornado a principal expressão do conflito político no país. O mesmo pode ser dito em relação ao movimento *Convergencia*, fundado em junho de 1993, praticamente às vésperas das eleições, e formado majoritariamente por dissidentes do COPEI atraídos pela postura crítica que Caldera assumira diante do governo de Carlos Andrés Pérez. O novo presidente era uma figura identificada com o período áureo da social-democracia venezuelana e conseguia reunir em torno de si setores que não assimilaram a mudança da agenda econômica e seus impactos sociais, o que tornava mais explícita a divisão do bloco no poder. Não havia, porém, um programa alternativo no longo prazo: assim como a última campanha presidencial de Pérez, o discurso de Caldera apelava mais ao passado grandioso do país do que a medidas concretas de enfrentamento da crise.

O movimento *Convergencia*, que logo depois se transformou em partido de governo, mostrou-se incapaz de ocupar o

HUGO CHÁVEZ EM SEU LABIRINTO

espaço deixado pelos partidos tradicionais e apresentou números ruins já nas eleições regionais de 1995 (López Maya, 2006: 165). Na mesma ocasião, a LCR – que até então vivia uma trajetória ascendente – também mostrou maus resultados, o que gerou nova crise interna. Em 1997, dissidentes do partido fundaram o *Patria Para Todos* (PPT). O MAS, que apoiara a eleição de Caldera, foi intensamente afetado pelo desgaste do governo, já que Petkoff foi um dos ministros responsáveis pela elaboração do plano econômico ortodoxo apresentado pelo presidente, a *Agenda Venezuela*.

Nenhum dos partidos emergentes naqueles anos parecia resistir à inquietação popular, havia um abismo enorme entre a agitação das ruas e os principais atores da democracia venezuelana. Era quase natural que todo novo movimento se esforçasse para se diferenciar do que viera antes de si. O caso do MBR-200 não foi diferente: para Chávez, os militares possuíam uma estratégia de poder e uma visão de conjunto dos problemas da sociedade, algo que não via nos grupos de esquerda com os quais dialogava:

> Eu tenho contato com quase todos eles, salvo exceções. E não se vê ali, de verdade, um raciocínio global, estratégico, mas sim grandes dúvidas. Então, acredito que essa esquerda foi ficando pelo caminho e hoje não tem projeto. Então, quando você fazia referência a esses projetos de esquerda, inclusive mencionava Bandera Roja, o nosso caso é outro. Vimos navegando com um projeto estratégico há uns 15 anos (Blanco Muñoz, 1998: 427).

A posição do MBR-200 diante dessa esquerda é compreensível: enquanto o movimento ganhava espaço, aquelas organizações se resumiam a forças quase insignificantes, meras coadjuvantes da luta que se realizava nas ruas, ou, no caso de MAS e LCR, muito "ligadas ao poder". Apesar de terem percorrido trajetórias diferentes, parece correta a leitura de que esses dois partidos convergiram, nos anos 1990, para uma política de alianças em defesa de um sistema político sem legitimidade, que consistia no principal alvo dos militares bolivarianos.

A estratégia inicial adotada pelo MBR-200 buscou escapar dessas duas armadilhas, capazes de conduzi-lo ao fracasso tão rapidamente quanto havia conquistado a fama. Sua sobrevida dependia da capacidade de se ligar de algum modo à "política das ruas", que se desenvolvia à margem das eleições e dos partidos. Outros movimentos também tinham consciência dessa necessidade. O *Convergencia*, por exemplo, tentou, sem sucesso, se diferenciar das organizações tradicionais através de uma estrutura interna horizontal, que lhe possibilitasse conquistar apoio dos eleitores insatisfeitos com os partidos e garantir uma permanência menos efêmera na política nacional.

Diante dessa tarefa, o movimento bolivariano contava com alguns elementos novos. Além do radicalismo, incontestável após as tentativas de golpe e fundamental para sua imagem pública, o MBR-200 soube lidar com amplos setores da sociedade, cujos poderes eram ainda pouco exaltados, e que estariam por trás dos protestos de rua e do crescimento da abstenção nas eleições. A esse conjunto de forças – cuja heterogeneidade será analisada adiante – foi atribuído o nome de "povo". Neste batismo, o nada desprezível carisma de sua principal liderança, Hugo Chávez, foi importantíssimo. Mas os motivos de seu sucesso não se encerram aí: do ponto de vista programático, o movimento conseguiu apresentar à sociedade uma proposta alternativa de governo que, embora refletisse uma visão às vezes nostálgica e restauradora do papel do Estado venezuelano, criava uma distância importante em relação à agenda neoliberal, que ocupava o outro polo do debate.

## O povo, o líder e a política

Ainda marginal na política venezuelana, o MBR-200 compartilhava muitas bandeiras com as pequenas organizações de esquerda. Uma das ideias em comum era a aversão à democracia representativa, que se refletia numa postura intransigente diante das eleições. Em agosto de 1995, Chávez chegou a afirmar a Blanco Muñoz que se ele se lançasse como candidato a qualquer cargo político sem que tivessem ocorrido mudanças significativas na conjuntura, permitia que o fuzilassem (Blanco Muñoz, 1998: 291). Essa posição era coerente com a trajetória do movimento, que já priorizava a refundação do Estado venezuelano no documento redigido logo após a primeira tentativa de golpe, em junho de 1992. Depois de uma reflexão inspirada em Locke e Montesquieu sobre o papel do Estado e dos governantes, aos quais atribuíam a responsabilidade pela perseguição do "bem-estar social coletivo da Nação", os militares questionavam:

Mas que relação possui a Constituição com a realidade nacional? Que importância tem o cumprimento dos preceitos assinalados para os governantes dessa pseudo-democracia? Certamente não somos os primeiros venezuelanos que respondemos: nenhuma! No entanto somos representantes de uma nova geração, livre de todo laço de cumplicidade, capaz e disposta a sacrificar a vida, liberdade, família e patrimônio em prol do dever incontornável de restituir o império da lei à Pátria (MBR-200, 1992: 3).

Na sequência do documento, os militares denunciavam o desrespeito à soberania popular por parte dos partidos políticos tradicionais, que teriam transformado o poder legislativo num espaço cativo do presidente e reduzido as eleições a uma "farsa grotesca". Portanto, concluíam que aquele Estado carecia de legitimidade e a democracia havia se convertido numa verdadeira tirania. Entre os efeitos dessa degeneração, o texto aponta o desrespeito recorrente a artigos da carta constitucional vigente, como o primeiro, que declarava a Venezuela como uma nação "livre e independente de toda dominação ou proteção de potência estrangeira", que seria contrariado pelo endividamento externo e a adoção de convênios com o FMI e o Banco Mundial. Ou o artigo 115, que estabelecia o direito à manifestação, violado durante a repressão violenta ao *Caracazo* e aos protestos que se tornaram mais constantes desde então. Portanto, a ação insurrecional planejada durante anos era compreendida como um dever e um atalho para destituir a tirania, convocar uma constituinte e restituir o Estado de direito (MBR-200, 1992).

Mas aquele meio havia fracassado e, ainda presos, Chávez e os demais líderes do MBR-200 passavam a executar um novo plano, adequado às brechas que enxergavam do lado do inimigo: "se nós não podíamos desenvolver a ação militar, e tivemos que parar aquilo ali, pelo menos a ação política se desenvolve. Há toda uma evolução que não se deterá" (Blanco Muñoz, 1998: 261-262). Desde a prisão, num documento publicado às vésperas das eleições presidenciais de 1993, a direção do MBR-200 afirmava que o evento representava o "choque entre distintos matizes dos mesmos interesses dominantes", do qual se abstinha, já que as forças políticas tradicionais não haviam aceitado a convocatória de uma Assembleia Constituinte após os episódios de 1992, necessária para modificar "o quadro de privilégios irritantes do qual seguem gozando as forças tradicionais da politicagem" (MBR-200, 1993: 1). Porém essa posição já não era consenso entre as lideranças do movimento, que passavam a notar o crescente apoio que recebiam dos venezuelanos: em 1995, Francisco Arias Cárdenas foi eleito governador do Estado Zulia pela LCR, à revelia de Chávez, para quem o ex-companheiro não teria chances de executar grandes mudanças sem se aliar ao sistema (Blanco Muñoz: 309-311).

O fenômeno abstencionista que marcou as eleições de 1993 era independente da campanha bolivariana: a atitude dos eleitores era mais um sintoma da descrença nas instituições democráticas, que já se expressara no aumento da quantidade de protestos populares. Quando os líderes do MBR-200 deixaram a prisão e percorreram o país em defesa da abstenção, durante as eleições regionais de 1995, essa atitude não foi capaz de elevar o patamar historicamente atingido por esse índice. Portanto, seria incorreto afirmar que o movimento bolivariano deu origem àquele fenômeno; ao contrário, parece apenas reproduzir um sentimento já bastante difundido na sociedade venezuelana. De qualquer modo, as afinidades viriam a beneficiar o crescimento da organização.

Vimos que o MAS e a LCR adotavam uma atitude favorável à participação nas eleições, o que lhes rendia algumas vantagens, mas também os vinculava a um sistema desacreditado e em declínio. O abstencionismo radical era uma proposta sustentada apenas por grupos de esquerda menores, que atuavam majoritariamente em sindicatos ou entre estudantes universitários e eram incapazes de realizar qualquer campanha de largo alcance em defesa do boicote à agenda eleitoral. O MBR-200 era o único grupo de maior expressão capaz e disposto a colar sua imagem a esse sentimento generalizado de rechaço ao sistema, que muitos classificaram como a "antipolítica". Porém, embora muito difundido desde então, esse adjetivo parece impreciso. A afirmação de que a vitória de Chávez ou o crescimento dos protestos populares são meros efeitos da crise da política, que se tornou comum em artigos de opinião nos jornais venezuelanos, transmite uma visão estreita do significado do termo "política", que a resume ao sistema de partidos, às eleições e às instituições. Portanto, o declínio da democracia representativa na Venezuela – seus partidos, sindicatos, aparelhos do Estado, etc. – é facilmente interpretado como a antipolítica.

Proponho aqui um olhar diferente sobre esse processo: os protestos de rua e a vitória de Chávez podem ser apresentados, ao contrário, como manifestações autênticas e possíveis da política na Venezuela. A diferença fundamental entre esta e aquela interpretação mais difundida é que, neste caso, a *política* é entendida num sentido mais amplo. Aqui ela também abrange o conflito e o dissenso, além da paz pactuada e do consenso, que são os pressupostos dos argumentos que vinculam tudo o que extrapola o limite das instituições democráticas venezuelanas à antipolítica. Nesta alternativa que apresentamos, as crises passam a merecer um lugar de destaque: são elas que abrem as possibilidades reais de mudanças nas sociedades, ao exigirem rearranjos de forças e estimularem concessões por parte das classes dominantes. Estes são, sem dúvida, alguns desdobramentos da chamada "crise da democracia" na Venezuela: o declínio das instituições e o crescimento dos protestos populares criaram um espaço novo e não viciado para o desenvolvimento do conflito, do qual surgiram demandas fundamentais de setores marginalizados da política no país. A crise, que aqui chamamos de orgânica, revelou ainda os limites históricos do *Pacto de Punto Fijo*, de suas instituições e, mais além, da capacidade de direção de determinada classe naquele país.

Diante da profundidade das questões colocadas pela "política das ruas" na Venezuela e das ameaças que elas criaram às estruturas de dominação daquela sociedade, é possível afirmar, a partir de Gramsci, que essa prática centrada no conflito e no dissenso se assemelha à "grande política", que o autor distingue da "pequena política":

> A *grande política* compreende as questões ligadas à fundação de novos Estados, à luta pela destruição, pela defesa, pela conservação de determinadas estruturas orgânicas econômico-sociais. A *pequena política*

compreende as questões parciais e cotidianas que se apresentam no interior de uma estrutura já estabelecida em decorrência de lutas pela predominância entre as diversas frações de uma classe política. Portanto, é grande política tentar excluir a grande política do âmbito interno da vida estatal e reduzir tudo à pequena política [...] Ao contrário, é coisa de diletantes pôr as questões de modo tal que cada elemento de pequena política deva necessariamente tornar-se questão de grande política, de reorganização radical do Estado (Gramsci, 2000: 21-22, grifos nossos).

O termo "antipolítica", enfim, é problemático e impreciso, pois resulta de uma concepção estreita e anistórica da política, que no caso venezuelano foi usada para construir um discurso que naturalizava instituições que se encontravam em declínio. A "política das ruas" na Venezuela, fortalecida a partir do *Caracazo*, redefiniu o espaço do conflito. Então, como propôs o sociólogo Javier Biardeau (entrevista, 13/03/2009), é importantíssimo separar a antipolítica do antipartidarismo, o qual se encontrava realmente presente não apenas entre os atores protagonistas dos protestos populares ou no seio do movimento bolivariano, mas também entre as organizações e os personagens tradicionais da política venezuelana, que buscavam restabelecer a legitimidade do Estado. Não por acaso, a maioria das forças políticas emergentes neste período preferiam ser identificadas como movimentos, e não como partidos. Esse antipartidarismo não entra em choque com a interpretação proposta neste trabalho a partir da noção de crise orgânica; ao contrário:

HUGO CHÁVEZ EM SEU LABIRINTO

ele reafirma justamente a incapacidade de desenvolvimento de soluções para a crise no interior da ordem estabelecida sem mudanças importantes na relação de forças ou concessões problemáticas por parte das classes dominantes.

A proposta de recomeçar a república do zero, a partir da constituinte, estreitava o contato do MBR-200 com esse sentimento generalizado e sem dúvida foi importante para o seu crescimento. Aos olhos dos setores que haviam perdido a crença nas instituições democráticas, mas não na política em si, o discurso dos bolivarianos aparecia como uma novidade realmente radical. Esse sentimento era reforçado inclusive pela atitude golpista que o movimento adotou num primeiro momento, que expunha de forma irrefutável sua independência em relação ao poder constituído. Essas afinidades faziam do movimento bolivariano a força em maior sintonia com o que podemos chamar grosseiramente de "vontade popular", que abrangia também a classe média, bastante contaminada pelo ceticismo diante dos políticos em geral. Apesar dessa sintonia, qualquer próximo passo dependia da conquista do poder, objetivo não alcançado através das tentativas de golpe. Restava a via eleitoral e um desafio no curto prazo para o movimento: como mudar sua postura, participar das eleições e ainda garantir certo distanciamento em relação àquele sistema que tanto criticava?

Até então, o abstencionismo justificava-se pela crença na soberania popular, ausente diante da real situação da democracia representativa venezuelana. Chávez acreditava que para transformar esse cenário era necessário conquistar o apoio popular, o que não poderia ocorrer através de uma "mensagem demagógica, populista ou eleitoreira". Tratava-se de golpear constantemente o inimigo, num processo lento. "Mas esse é o caminho, a chave do êxito, o povo". De acordo com esse plano, o MBR-200 se empenhava na criação dos chamados *Círculos Bolivarianos*, pensados como células organizativas fundamentais da nova fase civil da organização. A meta era partir de assembleias locais – radicadas em bairros populares, comunidades, etc. – que deveriam estimular a criação de novas células, que posteriormente se reuniriam numa assembleia nacional. A proposta refletia o objetivo de romper com as estruturas verticalizadas dos partidos tradicionais, embora Chávez reconhecesse que o MBR-200 nasceu centralizado, com uma direção nacional que se encontrava presa após os levantes fracassados de 1992 (Blanco Muñoz, 1998: 293-299). López Maya resumiu os aspectos organizacionais mais importantes do movimento, que contava com fortes princípios moralistas:

> Ingressava-se na organização através de um "compromisso bolivariano", mediante o qual se prometia ser "honesto, trabalhador, humilde e solidário". Os militantes se agrupavam nos "círculos bolivarianos", os quais, segundo os entrevistados, existiam em todo o país. Os círculos eram coordenados pela coordenação bolivariana do município [...] e havia coordenadores regionais em todos os estados; havia ainda uma coordenação nacional e a Direção Nacional. Os militantes do MBR-200 se reuniam para a leitura e discussão política e ideológica. Na contracorrente da formação militar de seus dirigentes mais antigos, e reconhecendo a dificuldade que implicava para eles, a organização buscava ser horizontal em tudo, e apagar de

seu seio as hierarquias militares. Convocavam-se com frequência assembleias (municipais, estaduais e nacionais) para ouvir opiniões de diversa índole, sobretudo para nutrir a elaboração do "Projeto Nacional Simón Bolívar". Os entrevistados coincidiram em assinalar que o MBR-200 era uma organização de massas (López Maya, 2006: 170).

Chávez contou que a mudança de postura diante das eleições partiu de uma assembleia nacional do movimento e contou com amplo apoio dos delegados presentes. O evento foi realizado em dezembro de 1996, de acordo com seus líderes não antes de um longo debate interno. Essa aprovação foi sucedida por uma espécie de consulta popular nacional, que contou com o respaldo de "estudantes universitários, psicólogos, sociólogos, amigos, mas não [integrantes] do movimento". Nessa pesquisa, cerca de 65% dos entrevistados se manifestaram a favor da participação nas eleições, e quase 50% declararam que votariam em Chávez. Por fim, numa nova assembleia, em 19 de abril de 1997, ocorreu a decisão definitiva a favor da participação eleitoral.[9]

Uma justificativa para a nova postura era que o abstencionismo nunca teria sido adotado pelo MBR-200 como um princípio, mas como uma tática, uma resposta à conjuntura, o que estaria expresso no lema da campanha de 1995: "*Por enquanto*

---

9  A data escolhida para essa importante decisão coincide, não por acaso, com a comemoração do aniversário da independência do país. A inscrição oficial da candidatura de Chávez foi realizada no dia 24 de julho de 1998, data do aniversário do nascimento de Bolívar. Esses atos revelam a importância do simbolismo nacionalista para o MBR-200 (López Maya, 2006: 236-237).

por nenhum. Constituinte já!". Mas a nova tática deveria refletir, também, uma transformação na conjuntura, ou ao menos na leitura que o MBR-200 fazia dela. Ainda de acordo com Chávez, essa leitura indicava uma mudança na correlação de forças, tendo em vista as duas vias de acesso ao poder: a insurreição armada e as eleições. Após as tentativas de golpe, o inimigo havia se fortalecido na primeira frente, se empenhado em sufocar os setores rebeldes das forças armadas e ampliado a repressão aos protestos populares. Em contrapartida, "no cenário eleitoral, sem dúvida alguma, o inimigo, e me permita a expressão militar levada ao político, está em uma guerra". Tratava-se, nas palavras de Chávez, de uma "análise concreta de uma situação concreta" (citado por Blanco Muñoz, 1998: 403-411). A decisão do MBR-200 mereceu destaque na imprensa nacional:

> O Movimento Bolivariano 200 decidiu lançar a candidatura do tenente-coronel (reserva) Hugo Chávez Frías para as eleições presidenciais de 1998. O MBR-200 chegou a essa resolução durante a assembleia extraordinária realizada no fim de semana, em Valencia, Carabobo, da qual participaram cerca de 500 dirigentes desse movimento político. O ex-comandante Chávez [...] destacou que essa decisão surge como resposta à aceitação de sua candidatura entre vários setores da população, segundo pesquisas, e depois de analisar a situação da pluripolaridade mundial, que abre espaço para projetos nacionais. "É um movimento de corte nacional, mas com visão integracionista em nível latino-americano" ("Chávez lançou candidatura para eleições de 1998". *El Universal*, 22/04/1997).

O mesmo texto enumerava outras decisões tomadas na mesma assembleia, como a conservação do nome da organização, de seu perfil não partidário e de suas linhas táticas e estratégicas, apesar da necessidade de criar um aparelho político-eleitoral em torno de sua principal liderança, sob o mote "Todos com Chávez". Esse aparelho passava a ser o *Movimiento V República* (MVR),[10] concebido como uma organização eleitoral que não teria a finalidade de substituir o MBR-200.

Embora bem fundamentado e justificado até aqui, este novo passo do movimento deve ter levado em conta outro elemento importante: uma pesquisa de 1995, citada por López Maya (2006: 171), indicava que a simpatia pelo MBR-200 não ultrapassava os 4% dos entrevistados. Por outro lado, uma consulta sugeria que 78% eram favoráveis a um governo de "mão de ferro", o que conferia respaldo a um candidato ex-militar. Em 1994, outro questionário havia revelado que Chávez contava com a aceitação de 55% da amostra e uma rejeição de 26%. Esses números demonstravam que, apesar das iniciativas em prol de uma organização horizontal e inovadora do movimento, este possuía uma popularidade muito inferior à apresentada por Chávez. Essa constatação nos obriga a refletir sobre o peso que seu carisma teve sobre o sucesso do MBR-200.

As tentativas de explicar o "fenômeno Chávez" foram variadas e incluíram análises inusitadas, que ponderavam o efeito que sua aparência – composta por uma mescla de traços

---

10 Uma lei eleitoral impedia a referência a Simón Bolívar na designação de organizações partidárias. Esse obstáculo foi contornado pelo movimento bolivariano ao adotar um nome cuja abreviação, MVR, tem pronuncia muito semelhante à de MBR na língua espanhola.

indígenas e boa saúde física – gerava entre os espectadores que assistiram ao seu breve discurso, em 4 de fevereiro de 1992. Uma das conclusões indicava que Chávez condensava o estereótipo do macho que desperta admiração entre os homens e fantasias eróticas entre as mulheres, algo semelhante ao efeito que outros caudilhos geravam nas massas. Logo, o conteúdo de sua mensagem passava a ter pouca importância; o que contava era sua presença. Outros especialistas pensavam de modo diferente e decidiram realizar uma análise semiológica da declaração de rendição de Chávez. O destaque, então, ficou por conta do famoso "por enquanto" e da postura diante das câmeras do ex-comandante, que transmitia uma confiança inesperada para alguém que se encontrava derrotado. Chávez também teria apresentado uma habilidade de comunicação surpreendente, ao escolher bem as palavras e seu destinatário: "o povo da Venezuela" (Zago, 1992: 147-148). Corretas ou não, essas teorias deixam escapar características históricas e sociais que nos interessam aqui, e transformam o "fenômeno Chávez" em algo carente de conteúdo político, deslocado da conjuntura em que se desenvolveu. Para nós, o mais importante é investigar o que diferenciava o líder do MBR-200 de outros personagens com vocação popular que surgiam constantemente na televisão, alguns dos quais seriam seus adversários nas eleições de 1998.

Para López Maya (2006: 234), o carisma de Chávez era o resultado da combinação de vários elementos: sua origem popular, revelada pelos traços físicos; a capacidade de manejar símbolos culturais que fazem referência aos valores nacionais; a construção de um discurso de inclusão dos setores sociais excluídos e de combate às "elites políticas";

a projeção de uma imagem independente em relação à "política tradicional"; o fato de ser um militar, jovem, representante de uma nova geração, dotado de um estilo pedagógico e informal de se dirigir à população. Tudo isso, claro, colado àquela conjuntura crítica.

A preocupação com o papel do líder também foi expressa por Chávez, que tinha uma teoria sobre as causas de sua popularidade e sua importância para o processo político que comandava. Questionado por Blanco Muñoz se o que estava a se desenvolver no país era a "história do povo" ou a "história de caudilhos", ele respondeu:

> [...] aqui chamar alguém de caudilho é jogá-lo no lixo da história, como um estigma. E pouco importa se há ou houve caudilhos necessários para o processo de incorporação de um povo a uma luta determinada em algum momento. Tudo o que se diz sobre caudilhismo é negativo. E eu creio que isso tenha sido um produto que importamos do modelo democrático burguês, isso da eliminação dos líderes e da igualação das lutas que não chegaram a nenhuma parte (Blanco Muñoz, 1998: 103).

Mais adiante, Chávez destacava a necessidade de um líder para realizar a ponte com as forças populares e conduzi-las num rumo certo, tendo em vista um objetivo político:

> A ausência de apoio das massas, digamos, a não participação das forças populares, obedece a muitos fatores.

Tanto no 04F [4 de fevereiro de 1992] quanto no 27N [27 de novembro de 1992] houve setores militares que tratamos de que isso ocorresse. Fizemos alguns movimentos, e alguns contatos que eu creio importantes para incorporar setores populares. Agora, se nós analisamos o desenvolvimento do movimento popular nos últimos 20 anos, nos damos conta de que está fragmentado, atomizado, com falta de liderança, de líderes que realmente arrastem uma massa e a possam organizar. Quer dizer, a massa descontrolada, como em 27F89 [*Caracazo*], que foi um processo violento, sem objetivo, sem condução, dificilmente pode chegar a concretizar e conquistar um objetivo político. Eu acredito que este é um dos fatores que se perdeu no processo de luta dos anos 60 ou 70, a falta de liderança potencial, e que a sociedade civil venezuelana perdeu nesse processo o melhor de seus possíveis líderes (Blanco Muñoz, 1998: 336).

Embora em muitos momentos dessa entrevista Chávez tenha enfatizado a necessidade de independência do movimento em relação aos seus líderes, em outras passagens ele destaca sua posição como algo natural e mesmo necessário para o sucesso da organização. Para ele, os partidos tradicionais – tanto no governo quanto na oposição – sofriam da carência de líderes e eram incapazes de estabelecer uma ponte com a vontade popular. Sua interpretação vai ao encontro de elementos da formação doutrinária do MBR-200 apresentados no segundo capítulo, como o romantismo e a vocação para resgatar a nação que os militares se autoatribuíam, sentimentos que são anteriores à formação do movimento bolivariano e recorrentes na história do país.

Se o carisma de Hugo Chávez foi um ingrediente fundamental no processo de aproximação entre o movimento bolivariano e a "política das ruas", creio que para tal tarefa ele não bastava em si. A vitória expressiva nas eleições de 1998 – cenário em que concorriam outros candidatos que apresentavam apelo popular – foi determinada também por outros fatores. Entre eles, destaca-se a postura radical do MBR-200 contra o conjunto do sistema de partidos, em sintonia com o amplo sentimento antipartidista analisado anteriormente. Mas os bolivarianos possuíam também propostas – ainda pouco definidas, mas aprofundadas ao longo dos anos 1990 – que lhes garantiram um lugar privilegiado no debate sobre o futuro do país, cada vez mais polarizado entre duas agendas que sugeriam alternativas à crise, mas que eram antagônicas entre si.

## Um país entre duas agendas

Enquanto o movimento bolivariano se expandia, o presidente Caldera se desdobrava para contornar a crise econômica. Logo no início do mandato seu governo viu-se obrigado a intervir no sistema financeiro e desvalorizar a moeda nacional, o Bolívar, para tentar reverter a intensa fuga de capitais. Em 1995, a inflação chegou a inéditos 103%. No ano seguinte, após ensaios de mudança nos rumos da economia, o governo sucumbiu às contradições de seu discurso e à crise financeira, e recorreu ao auxílio do FMI, rompendo uma das promessas de campanha. O resultado foi o anúncio da *Agenda Venezuela*, novo pacote de medidas incentivado pelo então ministro de planejamento, Teodoro Petkoff. O plano, bastante semelhante ao *El Gran Viraje*, de Carlos Andrés Pérez, previa a privatização de empresas estatais, o aumento do preço de derivados do petróleo, a liberação das tarifas dos serviços públicos e das taxas de câmbio, o aumento dos juros e impostos, o fim do controle sobre o valor da maioria dos produtos da cesta básica, a criação de um fundo de ajuda ao sistema bancário, o início do debate sobre reformas no sistema previdenciário e um conjunto de programas sociais emergenciais e focalizados, voltados aos setores mais vulneráveis da população (López Maya, 2006: 29).

Outra marca do governo Caldera foi o aprofundamento da chamada *Apertura Petrolera*, iniciada em 1989. O plano resultou na concessão da exploração do produto a várias empresas estrangeiras, o que reduziu os lucros petroleiros auferidos pelo Estado. Na prática, passava-se a obedecer mais à estratégia de aumento da produção – justificada pelo objetivo de ampliar a participação no mercado internacional – e afastava-se, assim, do controle executado pela OPEP, o que contribuía para a queda do preço do barril no mercado internacional, acentuada a partir de 1997. De acordo com Mommer, a trajetória da estatal venezuelana de petróleos – PDVSA – pode ser classificada como um fenômeno subversivo antagônico ao liderado pelo MBR-200:

> Há alguns paralelismos notáveis entre o desenvolvimento de ambos os movimentos subversivos. Chávez fundou seu movimento ao redor de 1982, os executivos da PDVSA embarcaram na estratégia de internacionalização em 1983 [...] Todos os executivos da PDVSA, como Chávez e seus seguidores, estavam convencidos de que o regime político vigente naquele momento já não tinha conserto. Aos olhos dos dois grupos conspiradores, o desperdício da renda petroleira desempenhou um papel crucial neste contínuo declínio. Tanto os militares como a PDVSA assumiram uma atitude moralizante e culparam a corrupção pela crise. Os militares sonharam em salvar o país; os executivos da PDVSA só em salvar a indústria petroleira das mãos do país (Mommer, s/d: 1-2).

A caracterização de Mommer é precisa: o destino da PDVSA – "um Estado dentro do Estado" – se tornava cada vez mais alheio aos interesses do governo venezuelano e mais vinculado aos planos da geração tecnocrata que surgira no país nos anos 1980. Esse grupo era o formulador de uma agenda para a Venezuela considerada em sintonia com o mercado global. O presidente da estatal durante o governo Caldera era o empresário Luis Giusti, conhecido pela elaboração de estratégias no setor energético para o governo de George W. Bush e pelo trabalho junto a grandes grupos econômicos, como o *Royal Dutch Shell*, o *Carlyle* e o *Stanford*. Não por acaso, Giusti – o representante mais bem sucedido daquela agenda – seria sondado por LCR, MAS, COPEI e AD para uma possível candidatura "não-partidária" nas eleições de 1998, proposta que não avançou sob o efeito da queda dos preços do petróleo (Maringoni, 2004: 157-161).[11]

Do lado oposto, o MBR-200 também elaborava sua agenda com o objetivo de se contrapor à IV República e à saída proposta pelos empresários venezuelanos. Era necessário avançar em relação aos primeiros documentos lançados pelo movimento, que focavam quase exclusivamente na proposta da Assembleia Nacional Constituinte, mas apresentavam poucas estratégias para um possível governo.[12] Ainda na prisão, os líderes do movimento começaram o contato com alguns intelectuais, como o economista Jorge Giordani,[13] professor da UCV, que se tornaria o braço direito de Chávez para assuntos econômicos. A partir de 1994, os dois intensificaram o trabalho e se concentraram na elaboração de um documento que sintetizasse a proposta

---

11 A disputa sobre o controle do petróleo, ponto nevrálgico do antagonismo entre essas duas agendas, foi analisada na dissertação de mestrado de Vicente Ribeiro (2009).

12 O grande objetivo estratégico parecia mesmo ser a fundação do chamado "Estado Federal Zamorano", dividido entre cinco poderes: Executivo, Legislativo, Judiciário, Eleitoral e Moral. Para uma análise breve desses documentos, ver López Maya (2006: 169). Essas ideias, ainda muito inspiradas em autores liberais, não foram completamente abandonadas posteriormente. A nova carta constitucional, de 1999, substitui o Poder Moral pelo Poder Cidadão.

13 "O professor Jorge Giordani [...] é um dos homens que esteve ali há anos trabalhando em nossos mapas estratégicos, muito calado, tranquilo, de acordo com seu trabalho acadêmico. Não são políticos, nem dirigentes de massas, mas são pensadores que acreditamos que sobreviveram, graças a Deus e a eles mesmos, ao seu empenho, ao seu vigor e seus estudos permanentes de revisão a essa armadilha do pensamento único" (Chávez citado por Blanco Muñoz, 1998: 620).

dos bolivarianos para o país. O resultado – a *Agenda Alternativa Bolivariana* – foi apresentado em julho de 1996.

A apresentação do texto se inicia com uma análise do declínio da democracia pactuada, numa seção chamada "Pacto de Punto Fijo: o fim". Ali é feita uma crítica ao "Modelo Adecopeyano" de governar, cujo resultado seria uma "verdadeira catástrofe moral, econômica, política e social". Também são condenadas as soluções parciais e ajustes inspirados no projeto político neoliberal que, desde o final dos anos 1980, apareciam como remédio para a crise. O documento apontava a convergência entre esses dois processos:

> Claro que aquele velho modelo e estes novos planos se inscrevem dentro de todo um projeto político transnacional que, em aliança com poderosos setores nacionais, intensifica sua ofensiva em todo o continente com um discurso fetichista de livre mercado, liberdade individual e concorrência, atrás do qual se esconde a pretensão de recuperar e consolidar "por séculos e séculos" a hegemonia de um modelo de acumulação, ameaçado há varias décadas por uma descendente taxa de utilização e benefício (Chávez *et alli*, 2007 [1996]: 9).

Após essa breve definição da crise na Venezuela, a alternativa bolivariana é apresentada como uma opção "para sair do labirinto" do neoliberalismo:

> A AAB, Agenda Alternativa Bolivariana, rompe com o fundamento neoliberal, se revela contra ele; derruba

os estreitos e negros muros da visão unilateral, frag-
mentária e reducionista, para olhar em redor e perceber a realidade em toda sua magnitude, através de um
enfoque humanístico, integral, holístico e ecológico
(Chávez *et alli*, 2007 [1996]: 12).

Esse olhar holístico sobre a crise era apontado como o
motivo para a adoção da bandeira da constituinte. Acreditava-
se que qualquer medida de reforma pontual, como a proposta para o Estado no âmbito da COPRE, não deveria ter
sucesso, pois não havia o que "amadurecer" na democracia
representativa. Aquele era um sistema político "apodreci-
do", ao qual só restava "a desintegração". A única alternativa era executar o "processo necessário de reconstituição ou
refundação do Poder Nacional em todas as suas vertentes,
baseado na legitimidade e na soberania" (Chávez *et alli*, 2007
[1996]: 13). E, só então, pôr em prática medidas de combate aos desequilíbrios "macrossociais" e "macroeconômicos",
mas com ênfase nos primeiros. A apresentação termina com
um chamado à unidade latino-americana, citando Bolívar:
"para nós, a Pátria é a América".

A parte propositiva do documento começa pelo reconhecimento de dois "eixos problemáticos" na sociedade venezuelana: a pobreza, revelada pela violência, a carência de serviços
sociais e a má distribuição da renda; e a desnacionalização,
representada pela dívida externa, a abertura petroleira e as
privatizações. A partir daí, o texto avança na definição de oito
"objetivos gerais": 1) o papel do Estado; 2) a política petroleira; 3) a gestão do aparato produtivo; 4) educação, cultura,

ciência e tecnologia; 5) dívida externa; 6) equilíbrios macroeconômicos; 7) equilíbrios macrossociais; e 8) dinamização da produção. Cada ponto é abordado de forma relativamente rápida e bastante didática ao longo da cartilha, e o resultado está longe de merecer o título de programa político. O objetivo principal, explicitado na apresentação, era lançar as bases para um documento mais profundo, o "Projeto de Transição Bolivariano", de médio prazo, e depois o "Projeto Nacional Simón Bolívar", de longo prazo. Ainda assim, o texto já antecipava muitas das medidas que seriam tomadas pelo governo Chávez a partir de 1999.

O primeiro ponto discutido é de fundamental importância para o restante do documento: o Estado é definido como um agente indispensável à garantia da execução de planos táticos e estratégicos elementares, como o provimento de serviços públicos e a garantia da soberania nacional; e complementares, como a criação e estímulo a mercados inexistentes ou o investimento em áreas importantes, como comunicação, ciência e tecnologia. Trata-se de um Estado "proprietário, promotor e regulador", cujo sucesso depende da "reestruturação e transformação" do aparato velho, não no sentido de "reduzir seu tamanho", mas de condicioná-lo a cumprir as tarefas adequadas ao novo destino da nação (Chávez *et alli*, 2007 [1996]: 19-20).

Logo em seguida aparece outra questão central: reconhece-se que ao petróleo é atribuída "a base produtiva fundamental da acumulação" na Venezuela, e que assim deveria continuar sendo ao menos durante as primeiras décadas do novo modelo. Porém o texto ressalta as contradições que essa dependência havia gerado no desenvolvimento econômico do país, o que exigia reformas imediatas nas relações do Estado com a PDVSA, que resultariam em maior interferência nas estratégias da empresa. Contra a abertura, era proposta a "internalização petroleira", baseada na propriedade e controle da exploração nas mãos do Estado, e na utilização de tecnologia nacional. Era sugerida uma revisão nos planos de expansão de produção diante da incerteza do mercado internacional. Essa reestruturação deveria gerar uma economia, que seria revertida para a execução de programas da agenda bolivariana (Chávez *et alli*, 2007 [1996]: 21-24).

O modelo socioeconômico, abordado no terceiro item, é definido como "humanista e autogestionário" e dividido de acordo com cinco setores industriais: o primeiro, de empresas básicas estratégicas, dos ramos petroleiro, de exploração mineral e militar, sob responsabilidade do Estado. O segundo, de bens de consumo essenciais, como a agroindústria e a construção, definido como de propriedade mista, assim como o terceiro, que abrange educação e saúde. O quarto, financeiro, é apresentado como misto, mas sob regulação estatal. E, por fim, a grande indústria, fundamentalmente privada, preenche o quinto setor (Chávez *et alli*, 2007 [1996]: 24).

A cultura, a educação e o setor de ciência e tecnologia são tratados como partes de um "Sistema Educativo Nacional" a ser construído para além da escola básica, tendo como eixo o "Plano Simón Rodríguez", centrado numa proposta humanística, financiada fundamentalmente pelo Estado, mas sob a responsabilidade e o controle de todo o corpo social, e orientada ao conhecimento da América Latina, para facilitar a tarefa de recuperar "a soberania e a independência" do continente. Estava prevista, também, a ampliação da educação técnica e do ensino universitário como ferramentas para subsidiar o desenvolvimento econômico (Chávez *et alli*, 2007 [1996]: 24-30).

Na seção sobre a situação da dívida, o texto apresenta cinco opções de renegociação do valor total, calculado em quase 27 bilhões de dólares no final de 1995, antes do lançamento do pacote de Caldera. As medidas adotadas até então, que se orientavam pelo estabelecimento de novos acordos com o FMI, eram apontadas como desastrosas, pois apenas ampliavam o montante da dívida. Os termos desses novos contratos eram considerados ameaças à soberania nacional (Chávez *et alli*, 2007 [1996]: 30-32).

Na parte dedicada aos "equilíbrios macroeconômicos" são antecipadas algumas ações, como o controle cambiário, pensado como um mecanismo para garantir a ampliação das reservas internacionais e o poder de importação de produtos fundamentais. A política fiscal seria fundamentada na adoção de impostos progressivos e na redução de gastos públicos, a partir da reestruturação do Estado prevista no primeiro item. Por fim, a política monetária é concebida de forma dinâmica, ajustável à conjuntura, mas a partir do pressuposto de uma taxa de juros que favoreça o desenvolvimento econômico e reduza a especulação financeira (Chávez *et alli*, 2007 [1996]: 32-36).

A apresentação dos planos em relação aos "equilíbrios macrossociais" começa com uma diferenciação em relação aos programas sociais tanto de Carlos Andrés Pérez quanto de Rafael Caldera:

Enquanto os planos neoliberais se fundamentam naquela máxima inumana de que "a melhor política social é uma boa política econômica", a AAB parte do princípio de que a melhor política social é a que satisfaz as necessidades da população. Assim temos que, no chamado "Gran Viraje", a política social era praticamente inexistente, pois se supunha uma consequência da política econômica. Na "Agenda Venezuela", a política social é compensatória, pois os 14 "programas sociais" estão destinados a minorar o impacto do choque sobre os mais necessitados. Na AAB, a política social é macro, pela magnitude dos objetivos, e é prioritária porque antecede à política econômica, é causa e não efeito (Chávez et alli, 2007 [1996]: 36).

Em seguida são apontadas as frentes prioritárias do plano: emprego, seguridade social, saúde, habitação, distribuição da renda, sistema de integração social e segurança pública. Em cada uma, o Estado aparece como protagonista. O documento termina com a apresentação do "Modelo Produtivo Intermediário", compreendido como um plano de desenvolvimento endógeno. Alguns setores são considerados "agentes dinamizadores" do programa, como a indústria da construção, a agroindústria, a pequena e a média indústria e o turismo. Para que essas atividades atuem de forma dinâmica, o Estado se compromete a revitalizar o "núcleo endógeno básico", voltado à produção de ferro, alumínio e aço; gerar um "impulso criador dinamizador", nas áreas de eletro-mecânica, metal-mecânica, química básica, infraestrutura energética, de transporte e comunicações; dinamização da rede produtiva

HUGO CHÁVEZ EM SEU LABIRINTO

intermediária, que consiste em grandes plantas industriais, empresas de médio e grande porte, centros de capacitação profissional e de planejamento governamental; e a "consolidação de um núcleo endógeno de dinamização tecnológica", como meio para garantir a inserção qualitativa no mercado internacional (Chávez *et alli*, 2007 [1996]: 38-40).

A AAB foi o primeiro documento do MBR-200 a apresentar as linhas gerais de um possível governo bolivariano. A maioria das medidas estava pautada pela centralidade do Estado e pela garantia da soberania nacional nos setores básicos e estratégicos. Essas características marcavam uma nítida distinção em relação à agenda de reformas aplicada pelos últimos governos nacionais e contribuía para a identidade do MBR-200 como um movimento antineoliberal. Fortalecidas nos discursos de Chávez, essas ideias contribuíram para deslocar o centro do debate político venezuelano, até então preso à meta de aprofundar as medidas de "racionalização" do Estado e reduzir sua interferência sobre a economia, sobretudo sobre a PDVSA. A AAB ocupou um espaço vazio, polarizou o debate e se tornou o centro das atenções, atraindo o inimigo para seu campo de batalha. A proposta da constituinte, por exemplo, virou quase um consenso entre as forças políticas nacionais.

Em 1998, quando Chávez lançou seu plano de governo, algumas concepções antes desconhecidas foram apresentadas. Embora o novo documento consistisse, basicamente, no desenvolvimento das ideias sobre o papel do Estado como dinamizador e regulador do novo modelo econômico, agora o mercado recebia maior importância, sendo considerado um aliado para o período de transição econômica e social imaginado pelo futuro governo. Para Camejo (2002), essa proposta expressava a

215

combinação de uma perspectiva antineoliberal, por um lado, com uma visão contrária ao simples retorno da ideologia desenvolvimentista, bastante debatida durante a elaboração do programa e considerada incompatível com a nova fase do capitalismo. A abertura ao capital estrangeiro, inclusive nos setores fundamentais da indústria nacional, era justificada pela necessidade de elevar o patamar da produção a níveis competitivos no mercado externo e pela inexistência de capital privado nacional capaz de estimular esse plano em parceria com o Estado. Não é difícil imaginar que tais ideias geraram polêmicas no interior do MBR-200 e passaram a ser intensamente debatidas pela oposição.

A partir de 1996, com o lançamento da AAB, a polarização na política venezuelana apenas se aprofundou. De um lado, o plano de curar as mazelas do Estado mediante sua despolitização e racionalização, de acordo com critérios de mercado bem estabelecidos. De outro, a expectativa de recuperar o compromisso do Estado diante das necessidades básicas da população. A primeira alternativa usufruía de numerosos e variados meios para expressar-se. A segunda contava com a "política das ruas" e, mais tarde, com a proposta bolivariana e o carisma de Chávez. O resultado dessa disputa, que encerraria um ciclo na política venezuelana, seria conhecido nas eleições de 1998.

## A vitória nas urnas

Às vésperas das eleições presidenciais de 1998 o fracasso do governo Caldera era incontestável: em novembro, uma pesquisa indicava que 74% dos entrevistados consideravam sua gestão ruim ou péssima (Maringoni, 2004: 161-162). Outros números justificavam essa situação: a inflação acumulada de seu governo chegava a 800%; em junho de 1997, 44,76% dos lares venezuelanos viviam em situação de pobreza e 18,89% em pobreza extrema; o desemprego durante seu mandato se manteve em torno da média de 10%; a mortalidade por desnutrição havia dobrado, chegando a 993 a cada 100.000 habitantes; 70% dos estudantes que ingressavam na educação primária não chegavam a concluir a nona série; a taxa de mortalidade infantil era 2,5 vezes mais alta entre os mais pobres do que a média nacional; havia uma diferença de 12 anos entre a expectativa de vida do setor de mais baixa renda e a do estrato mais rico; e 30% da população não tinha acesso a serviços de saúde (López Maya, 2006: 215-216).

Esse cenário devastador levou o partido de Caldera a não lançar candidato à sua sucessão, o que, somado à falência do bipartidarismo, favorecia o surgimento de novos atores na política venezuelana. Para López Maya, diante da profunda crise social os maiores beneficiados pela conjuntura eram candidatos com aberta vocação popular:

> Os atores emergentes de vocação popular, entendidos como aqueles que em seus programas políticos e discursos incorporam como eixo central de sua razão de ser a luta pelas reivindicações dos setores mais frágeis da sociedade, além de contar com um contexto socioeconômico e político-institucional que os favorecia, ao longo da campanha souberam enfrentar com êxito as estratégias e ações, tanto das forças tradicionais

do bipartidarismo, como de outros atores emergentes (López Maya, 2006: 218).

A análise da autora se concentra sobre a trajetória da aliança de partidos em torno da candidatura de Chávez, que recebeu o nome de *Polo Patriótico* (PP). O principal aliado do MVR neste bloco era o *Pátria Para Todos* (PPT), que surgiu de uma divisão da LCR em 1997, quando Andrés Velásquez e outras lideranças decidiram expulsar alguns dirigentes e abrir espaço para a adoção de uma postura mais moderada. O PPT, que reunia algumas figuras conhecidas da esquerda, como Aristóbulo Istúriz e Alí Rodríguez, apresentava um programa em convergência com as principais ideias do MVR, com destaque ao nacionalismo, ao antineoliberalismo e ao apoio à criação de uma Assembleia Constituinte. A conjuntura eleitoral no final dos anos 1990 favoreceu a reaproximação entre essas duas correntes, que mantinham contato – ainda como fração da LCR e MBR-200 – desde antes dos fracassados levantes militares de 1992, que contribuíram para o distanciamento posterior (López Maya, 2006: 220). Numa entrevista realizada no início de 1998, Chávez resumia sua relação com o PPT e criticava a postura da LCR:

> A decisão da LCR não me surpreende. A gente que se foi com Andrés Velásquez foi a que se entregou. No que resta de La Causa não há nenhum vestígio do projeto original de Alfredo Maneiro. As pessoas que se foram com Velásquez se renderam ao panorama,

> se foram para a corrente neoliberal, pragmática, e as pessoas que mantêm a bandeira original de Maneiro estão no PPT. Enquanto o PPT se mantém na linha antineoliberal, nacionalista, de resgatar este país, a LCR se converteu num defensor deste sistema apodrecido ("A constituinte justifica minha candidatura", *El Universal*, 01/02/1998).

O "fenômeno Chávez", que havia contribuído para a divisão da LCR, também gerou uma crise dentro do MAS. O apoio à sua candidatura era visto com entusiasmo pela maioria dos filiados a esse partido, mas rechaçada pela sua "direção histórica", que incluía os ex-guerrilheiros Teodoro Petkoff e Pompeyo Márquez. A decisão favorável ao *Polo Patriótico*, tomada em 1998, gerou intensos debates entre esses dois blocos. Chávez antecipou que os "históricos" estavam deslocados da realidade do MAS e que, como seus apelidos revelavam, "estavam resumidos à história". Portanto, o esforço para reverter a posição da maioria do partido não teria sucesso (Blanco Muñoz, 1998: 565). Estava certo: o debate resultou no afastamento de antigas lideranças, que se tornariam nomes de destaque da futura oposição. Polêmicas à parte, o MAS seria fundamental na vitória do PP como a segunda força mais votada da coligação, depois do MVR, com 9% (ver tabela 9).

O arco de alianças formado pelo PP também abrangia outras organizações de esquerda, como o PCV e o MEP, que se somaram à campanha de Caldera em 1993. Na ocasião, o então candidato se referiu aos seus apoiadores como *"chiripas"*, um termo pejorativo aplicado a pequenos insetos, como baratas, e logo se difundiu o apelido de *"chiripero"* para se referir ao bloco *Convergencia*. Setores da imprensa exploraram essa semelhança e tentaram caracterizar a candidatura de Chávez como mais uma saída messiânica e populista.[14] O elemento comum entre as duas edições do *"chiripero"* parece ser a incapacidade das organizações de esquerda venezuelanas mais tradicionais de se apresentarem como uma alternativa independente à crise do sistema bipartidário, algumas por estarem muito vinculadas a ele, como o MAS e a LCR, outras por estarem muito marginalizadas e, portanto, carentes de qualquer apoio popular.

A conjuntura era favorável ao sucesso da candidatura de Chávez, mas o caminho até a vitória ainda era complicado. Como foi demonstrado, o país encontrava-se dividido entre duas agendas, ambas opostas à continuidade do bipartidarismo de *Punto Fijo*. Porém, após o fracasso do governo Caldera, tanto a AD quanto o COPEI apostaram na possibilidade de voltarem ao poder. A primeira, que havia se revelado a maior força da democracia desde 1958 e ainda confiava em seu histórico apelo popular, decidiu lançar um candidato próprio, Luis Alfaro Ucero, antigo militante do partido. O COPEI optou por outro caminho, decidido após intensos conflitos internos entre

---

14 Um exemplo é o artigo de Francisco Olivares: "Nomes como o de Luis Miquilena, José Vicente Rangel, os irmãos García Ponce, o recém falecido J.R. Nuñez Tenorio, Omar Mezza Ramírez e numerosas organizações encabeçadas pelo MAS, MEP, PCV e uma longa lista de siglas, formaram parte de uma história comum de frentes populares ou de esquerda que desde 1973 ganhou forma com o lançamento de José Vicente Rangel. É a mesma gente que há 20 anos tem estado à espera de um líder (ou um messias). Caldera representou uma primeira tentativa" ("O chiripero se reagrupa em torno de Chávez", *El Universal*, 18/10/1998).

os favoráveis ao lançamento de uma candidatura própria e os adeptos do apoio à ex-Miss Universo Irene Sáez.[15] A primeira opção era defendida por Eduardo Fernández, pré-candidato à presidência. Contra os "eduardistas" estavam lideranças importantes do COPEI, como o ex-presidente Luís Herrera Campíns.[16] Numa convenção extraordinária realizada nos dias 13 e 14 de maio, 62,77% dos delegados do partido decidiram se somar à candidatura de Irene Sáez, que chegou a conquistar bons resultados em algumas pesquisas de intenção de voto, não por acaso antes de receber o apoio público do COPEI.

Mas os números indicavam que o maior adversário de Chávez era o empresário Henrique Salas Römer, candidato pelo recém-fundado partido *Proyecto Venezuela* (PRVZL). Além de ter exercido o cargo de governador do estado Carabobo [1990-1996], para o qual foi eleito com o apoio do COPEI e do MAS, Salas Römer era lembrado pela sua defesa da descentralização e da reforma do Estado venezuelano, campanha da qual foi personagem importante desde os anos 1980. Tal trajetória reforçava uma imagem de crítico à democracia de *Punto Fijo*, assim como seu discurso em prol da eficiência dos serviços públicos, em sintonia com o vocabulário empresarial e com sua imagem de bom administrador. Tudo isso fazia de Salas Römer o candidato da outra agenda venezuelana, aquela que – também rebelada contra o bipartidarismo

---

15  Sáez era prefeita do município Chacao, em Caracas, um dos mais ricos do país.

16  Sobre esse debate, ver: "Criticam resultados de reunião Sáez-COPEI", *El Universal*, 23/04/1998.

– polarizava o debate nacional contra a proposta bolivariana, considerada autocrática e populista.

Com as pesquisas às vésperas das eleições a indicarem grande vantagem de Chávez, a oposição ao *Polo Patriótico* se intensificou.[17] Eram recorrentes os esforços no sentido de vincular a imagem de seu candidato ao golpismo e à violência, o que encontrava respaldo no teor de seu discurso. Em comícios, Chávez não media palavras para desqualificar os partidos tradicionais do país: afirmava que "varreria a AD da face da terra", ou que as cabeças de "adecos" e "copeyanos" seriam "fritas em óleo".[18] Embora servisse de combustível à oposição, essa postura gerava entusiasmo entre seus apoiadores, que buscavam uma força claramente contrária aos partidos tradicionais. Estes, por sua vez, encontravam-se perdidos diante do sucesso de Chávez. A AD chegou a divulgar uma propaganda eleitoral em que populares *chavistas* cercavam uma grande

---

17 Uma pesquisa realizada por *Datanalisis*, divulgada em 28/08/1998, indicava Chávez com 46% das intenções de voto; Salas Römer com 27%; Sáez com 10% e Alfaro Ucero com 5%. A mesma pesquisa deixava evidente o peso do sentimento antipartidos nas opções dos venezuelanos: após quatro décadas de monopólio de AD e COPEI, 40% do eleitorado se considerava independente em relação a qualquer organização; e Alfaro Ucero, candidato mais identificado com a tradição partidária, não aparecia como segunda opção favorita entre os eleitores de nenhum dos três postulantes que se encontravam à sua frente nas pesquisas ("Opção de Chávez se mantém em 46%", *El Universal*, 28/08/1998).

18 "Os adecos não têm o que inventar. Estão chiando mais do que um caminhão de porcos, eu só lhes digo que para cada porco chega seu sábado. O último que inventaram foi isso da suposta fritura, o que é totalmente falso, na verdade nossos braços estão abertos a todo aquele militante das bases adecas e copeyanas, porque eles também têm direito a viver com dignidade" ("Chávez nega que deseje fazer 'fritura'", *El Universal*, 04/10/1998).

panela cheia de óleo, gritando que fritariam todo o país, pois todos "somos adecos". A campanha foi mal vista por boa parte do eleitorado e retirada do ar (López Maya, 2006: 222).

A tensão era reforçada pelos rumores de golpe em caso de vitória de Chávez, intensificados pela atitude de lideranças militares que se negaram a se reunir com representantes do PP, tal qual faziam com outros candidatos. Outro agravante foi a declaração do general Rubén Rojas Pérez, genro de Caldera, de que as Forças Armadas não poderiam reconhecer um presidente golpista. Esses rumores obrigaram o presidente a apelar à defesa do "espírito de disciplina" e da "subordinação aos princípios" em discurso diante da Guarda Nacional, a dois dias da eleição ("Caldera garante entrega de governo", *El Universal*, 05/12/1998).

Apesar dos variados ataques, a candidatura de Chávez permanecia estável, o que levou a uma mudança de última hora na estratégia da oposição. Ao longo do mês de novembro se intensificaram os diálogos entre várias organizações – sobretudo AD e COPEI – que buscavam uma alternativa *antichavista* com força eleitoral. No dia 17 daquele mês, os jornais divulgavam a notícia de que Irene Sáez estava disposta a retirar sua candidatura em nome de uma "aliança democrática". A AD, por outro lado, dava vários sinais de intransigência, ao afirmar que qualquer acordo deveria ter "a maior força política nacional" como eixo, ou seja, a própria AD:

> Em termos categóricos, o secretário geral [da AD], Lewis Pérez Daboín, disse que é uma realidade que seu partido conta com um milhão e duzentos mil

votos "duros" e com esse caudal, Luis Alfaro Ucero chegará até o fim com suas aspirações presidenciais, de modo que todos os que desejem podem somar-se a esta opção, porque "o que está em jogo é a democracia", e acrescentou: na AD "estamos dispostos a defender a liberdade, não importa o custo que tenha" ("AD exige ser o eixo do entendimento", *El Universal*, 17/11/1998).

Não obstante as tentativas dos partidos tradicionais de conquistarem vantagens a partir de sua fama pregressa, a realidade os obrigava a reduzirem suas ambições. A iminente vitória de Chávez – que sempre se posicionou contrário a qualquer tipo de concessão àquelas organizações – teria consequências catastróficas para elas. Em contrapartida, o discurso de Salas Römer – menos violento e mais próximo de uma concepção pactuada de governo – mantinha abertas algumas vias de acesso ao poder tanto para a AD quanto para o COPEI. No dia 25 de novembro, sem grandes opções, os governadores recém-eleitos pela AD pediram à comissão de estratégia do partido que repensasse o apoio a Alfaro Ucero, que não aceitou abandonar a disputa. No dia 28, as lideranças do partido orientaram sua militância a votar por Salas Römer e decidiram pela expulsão de Alfaro Ucero, que manteve sua candidatura independente. Dois dias depois o COPEI fez o mesmo: retirou sua aposta em Irene Sáez, que também continuou na disputa, e declarou apoio a Salas Römer, conformando assim o *Polo Democrático*. Era a primeira vez desde o início da democracia pactuada que os dois principais partidos do país se uniam em torno da mesma candidatura, um nome que não pertencia à direção de nenhum deles. O cálculo das duas organizações indicava que a soma entre seus votos e os conquistados por Salas Römer poderia ser suficiente para derrotar Chávez. A conta parecia inocente, mas era justificada pelos resultados das eleições regionais para deputados, senadores e governadores, realizadas no dia 8 de novembro. Na ocasião a AD se reafirmou como a maior força parlamentar do país, seguida por MVR e COPEI, além de conquistar o governo de vários Estados. Se os resultados demonstravam a grande força eleitoral que a AD ainda possuía em todo o país, também revelava o rápido crescimento do MVR, num evento em que contava apenas indiretamente com os efeitos do "fenômeno Chávez".

Os cálculos otimistas do *Polo Democrático* foram frustrados: no dia 6 de dezembro Chávez foi eleito presidente com expressivos 56,2%, contra 39,97% de Salas Römer. Alguns especialistas afirmaram que a atitude desesperada da oposição causou impacto negativo sobre o eleitorado, o que prejudicou até mesmo a imagem do até então independente Salas Römer (López Maya, 2006: 225). No dia seguinte às eleições, o jornal *El Universal* reconhecia que as intensas críticas a Chávez revelavam que ele havia protagonizado o processo:

> Chávez foi o candidato presidencial mais examinado durante a campanha eleitoral. Acusado de protecionista, suas propostas de governo – especialmente na área econômica – foram as mais discutidas pelos

seus opositores, pautados pelo giro discursivo que o candidato realizou no início deste ano. No entanto, a convocatória de uma assembleia constituinte é a mais polêmica de suas linhas de governo. Tanto que as longas e exaustivas discussões públicas provocaram um consenso, pelo menos sobre a necessidade de convocar esta assembleia, enquanto as definições de como deverá se realizar são ainda debatidas entre diversos especialistas. Também o classificaram de extremista, adjetivo que subiu de tom na medida em que se conformava o Polo Patriótico, no qual quase entrou também o radical Bandera Roja. Mas Chávez conseguiu suavizar sua aliança e criar suficiente piso institucional com o apoio do MAS, oficializado em junho passado. A busca por aproximar-se da institucionalidade se repetiu há duas semanas, quando Irene Sáez o incluiu em suas conversas pela governabilidade, o que analistas classificaram como um reconhecimento tácito nesse sentido, feito ao ex-comandante ("Hugo Chávez presidente", *El Universal*, 07/12/1998).

O contexto da vitória de Chávez parece muito mais influenciado pela desconstrução daquilo que se passou a chamar de IV República do que pelo crescimento de um grande movimento de massas com uma nítida estratégia de transformação social. A sociedade transmitia um mal-estar generalizado e uma forte vontade de mudança que, como indicou o resultado das eleições, poderiam ser canalizados pelo discurso empresarial de Salas Römer. O desequilíbrio na polarizada balança da política venezuelana havia ficado por conta da força do discurso de Chávez, que, em alguns momentos, como no encerramento da campanha, transmitia uma imagem profundamente religiosa:

## Tabela 9: Eleições Presidenciais (1998)
### Três candidatos mais votados

| Candidato | Partidos | Votos Válidos | % |
|---|---|---|---|
| Hugo Chávez Frías | MVR | 2.625.839 | **40,17** |
| | MAS | 588.643 | **9,00** |
| | PPT | 142.859 | **2,19** |
| | PCV | 81.979 | **1,25** |
| | Outros (5) | 234.365 | **3,59** |
| | **Total** | **3.673.685** | **56,20** |
| Henrique Salas Römer | PRVZL | 1.879.457 | **28,75** |
| | AD | 591.362 | **9,05** |
| | COPEI | 140.792 | **2,15** |
| | PQAC | 1.550 | **0,02** |
| | **Total** | **2.613.161** | **39,97** |
| Irene Sáez Conde | IRENE | 127.849 | **1,96** |
| | FD | 24.085 | **0,37** |
| | LALLAVE | 19.634 | **0,30** |
| | PQAC | 13.000 | **0,20** |
| | **Total** | **184.568** | **2,82** |
| Total de votos válidos: 6.537.304 | | | |
| Abstenção: 4.024.729 (36,55%) | | | |

Fonte: Consejo Nacional Electoral (CNE)

Aqui há duas opções, nada mais: o continuísmo e a corrupção, ou a salvação da Venezuela. Diante de vocês, venezuelanos, há dois caminhos, nada mais. E como diz a Bíblia, que é muito sábia, a Palavra de Deus, não se pode estar bem com Deus e com o diabo, ou se está com Deus ou com o diabo. Cada um que escolha seu caminho.

Aqueles que querem que a Venezuela siga afundando no atraso, na miséria, aqueles que querem que sigam aplicando na Venezuela os pacotes do neoliberalismo selvagem, que o que fazem é produzir desemprego, fome, miséria, aqueles que querem que a Venezuela termine de afundar-se, então votem pelos corruptos, que estão todos unidos em torno do candidato da corrupção, que não é outro senão o senhor Salas Römer (...) Agora, os que querem que a Venezuela saia desse labirinto tenebroso, os que querem ver o nascimento de uma nova república, os que querem ver a Assembleia Nacional Constituinte para transformar a Venezuela em uma verdadeira democracia popular, uma verdadeira democracia participativa, os que querem que na Venezuela reine a justiça, os que querem que a Venezuela dê um salto adiante em direção ao próximo século, todos os que querem salvar a Venezuela, sigam-me, como disse Jesus um dia. Vamos juntos salvar a pátria. E como disse Jesus, deixem que os mortos enterrem seus mortos. E venham conosco à vida, ao futuro, à esperança, à ressurreição de um povo, a uma pátria nova (Chávez citado por Parker, 2001: 31).

O programa do novo governo inspirava bastante polêmica e, apesar do anúncio de várias medidas tanto na *Agenda Alternativa Bolivariana* quanto no Plano de Governo, era impossível prever seus efeitos numa sociedade mergulhada em crise tão profunda. As únicas certezas eram a convocação de um referendo sobre a realização da constituinte e a reversão da política de abertura petroleira, pontos já bastante polêmicos. Sem uma base de apoio bem estruturada e uma estratégia definida, as decisões passariam a estar cada vez mais concentradas nas mãos de Chávez. Era difícil acreditar que o movimento bolivariano conseguiria permanecer muito tempo no poder.

## Um movimento nacional-popular?

Para o sociólogo Javier Biardeau, que também destaca o caráter orgânico da crise na Venezuela, períodos como este abrem a possibilidade para a emergência de discursos "nacional-populares-revolucionários":

> A formação histórica venezuelana experimentou, desde os anos 80, sintomas de instabilidade que não podiam ser ligados exclusivamente a crises parciais de caráter econômico, social, político ou ético-cultural, mas sim a um complexo estruturador de uma *"crise orgânica"* com traços profundos em seu *sistema hegemônico e de dominação social*; ou seja, ao esgotamento e desagregação de todo um *bloco histórico*. Esta crise orgânica é condição para a possibilidade de geração de discursos nacional-populares-revolucionários (Biardeau, 2009: 66, grifos no original).

O termo "nacional-popular" pode ser encontrado em muitos trabalhos nas ciências sociais latino-americanas do século XX. Em alguns deles aparece como alternativa ao conceito de populismo, embora traduza ideias semelhantes. Este não é o sentido que emprego aqui. Como nesta pesquisa me apoio em diversas categorias do pensamento de Gramsci, acredito que o uso do termo exige uma breve discussão sobre seu sentido na obra desse autor, bem como uma exposição de sua relação com outros conceitos que utilizamos, como "hegemonia" e "crise orgânica".

De acordo com Portantiero (1988: 48), o nacional-popular em Gramsci "aparece aludindo a duas dimensões: as formas culturais (especialmente a literatura) e o que em suas anotações sobre Maquiavel ele chama de 'vontade coletiva'". Porém, ainda que tal distinção seja possível, os dois sentidos não podem ser absolutamente dissociados sem o prejuízo da formulação original, como demonstrou Baratta:

> A centralidade desse conceito [povo] e a sua relação com a "nação" originam um dos temas mais controvertidos e delicados do pensamento de Gramsci, mas também o âmbito onde talvez melhor apareça o caráter profundamente interdisciplinar deste pensamento, o entrelaçamento *objetivo* de argumentações socioeconômicas e políticas juntamente com considerações culturais e literárias (Baratta, 2004: 51, grifo no original).

Ainda de acordo com Baratta, essa relação nem sempre foi bem interpretada, o que teria resultado num "Gramsci mitizado", por vezes acusado de populismo. Nessas leituras, a presumida dupla acepção do nacional-popular traduziria uma distinção entre cultura e política em desacordo com a proposta original do autor italiano: o conceito passaria a se restringir cada vez mais aos estudos literários – mormente àqueles debruçados sobre o período do *Risorgimento* italiano – e, portanto, em divórcio com o debate a respeito da construção da hegemonia das classes subalternas, tarefa que para Gramsci só poderia se realizar em sentido político-cultural. Seria perdida, também, a dialética nacional-internacional: ao alcançar seu objetivo e assumir uma "função nacional", a classe teria possibilidade de superar a "nacionalização" de sua ótica – procedimento necessário no momento de sua formação – e então apreender a relação entre o universo da nação e o cenário internacional. Por fim, Baratta acredita que essas leituras equivocadas estão coladas à prática mais moderada da "nova esquerda" europeia, que interpretava o elemento nacional-popular apenas como "democrático-progressista", carente do potencial revolucionário atribuído por Gramsci (Baratta, 2004: 50-60).

Mas esse esclarecimento não encerra a questão. Na obra de Gramsci, o debate sobre o "nacional-popular" aparece mesclado ao conjunto de temas derivados do conceito de hegemonia. Se pensarmos nela como o resultado de um processo,[19] o nacional-popular pode ser apontado como o elemento capaz de conduzi-lo ao limite, tal como ocorreu na França: o "jacobinismo" – exemplo de movimento nacional-popular para Gramsci – teria sido fundamental para a consolidação do Estado moderno francês graças ao modo radical como combateu os valores do antigo regime. "Gramsci acentua, seguidas vezes, que não basta criticar o anterior, é preciso destruir suas condições de existência" (Dias, 1996: 16). A ausência de um movimento como

---

19 "Hegemonia não é um dado ou uma aquisição, mas um processo, uma realidade em movimento. Compreendemos sua espessura principalmente nas épocas de transição, nos momentos de virada, de rupturas (mesmo 'transformistas'), de contraposição. A hegemonia é uma *prática*, antes de ser uma *teoria* ou uma concepção do mundo" (Baratta, 2004: 218, grifos no original).

este, de ruptura profunda e capaz de conduzir uma "reforma intelectual e moral", teria sido determinante sobre o processo de unificação italiano, um caso típico de "revolução passiva", em que o distanciamento do nacional em relação ao popular teria contribuído para uma consolidação também truncada da hegemonia burguesa (cf. Secco, 1996).

Os exemplos concretos de movimentos nacional-populares apresentados por Gramsci – como a Reforma Protestante ou o jacobinismo – tiveram sua sorte decidida no decorrer do conflito intenso em que estavam inseridos, passando por transformações que acabariam por levá-los a encerrarem seus ciclos, com sucessos e fracassos. Eles detinham um potencial revolucionário graças às suas bases populares, ou seja, ao sentido pluralista que contrapunham ao organicismo conservador e restrito das relações de dominação contra as quais atuavam. O elemento popular foi, em cada um desses casos, fundamental para a construção de uma "vontade coletiva" capaz de elaborar uma nova racionalidade.

Ainda de acordo com Gramsci, essa construção, capaz de conferir a uma classe a direção sobre as demais – ou seja, a hegemonia –, pressupõe um procedimento pedagógico particular, no interior do movimento: sua experiência prático-intelectual deve contribuir para seu autoconhecimento, pressuposto para sua liberação. No decorrer dessa ação, o novo grupo pode adquirir as ferramentas necessárias para se desvincular da velha ordem e combatê-la ao ponto de, no limite, "destruir suas condições de existência". A possível re-significação do real que essa agitação proporciona obriga as "demais classes a pensar-se nessa história que não é delas" (Dias, 1996: 34).

A exploração do discurso bolivariano revela que sua crítica à IV República retoma muitas questões recorrentes da política venezuelana: ela se nutre de elementos nacionais ou nacionalistas que, como vimos, estão colados àquela tradição. Porém, a meta de afastar AD e COPEI do poder e reconstruir a república obrigou o MBR-200 a apelar ao popular em seu programa e apontar os limites da democracia representativa, assumindo para si a tarefa de aprofundá-la, o que significava, em seus termos, colocar o poder nas mãos do povo. Este "povo" que aparece nas páginas de seus documentos tem um sentido bastante amplo e por vezes contraditório, mas se mostra adequado para interpelar as classes subalternas venezuelanas, setores mais afetados pela agenda de reformas posta em prática pelo Estado nos anos 1980 e que viriam a conformar a base de apoio do movimento.[20]

Essa recuperação dos elementos nacionais numa conjuntura crítica também não é inédita na história do país. Elena Plaza (1999), em seu trabalho sobre o 23 de Janeiro de 1958, havia encontrado uma situação semelhante, em que os partidos que viriam a conformar o *Pacto de Punto Fijo* conseguiram direcionar as forças de um movimento nacional-popular para o estabelecimento da democracia. A ditadura de Pérez Jiménez, apesar do papel modernizador que havia desempenhado, não detinha mais o apoio sequer da burguesia nacional, então

---

20 Quando Gramsci usa o termo "povo" em seus trabalhos ele se refere às classes ou grupos subalternos, um setor mais amplo que o proletariado, e o faz conscientemente, como na análise realizada sobre a *Questão Meridional* na sociedade italiana. Ali, a construção de uma "vontade coletiva" capaz de dar início a um movimento contra-hegemônico exigia a composição de uma aliança dos setores subalternos em oposição à dominação não apenas da burguesia industrial do norte, mas também de seus aliados do sul, os latifundiários. A reunião dos grupos subalternos era uma condição para a hegemonia do proletariado.

convencida de que era necessário assumir um papel mais ativo nas decisões econômicas e afastá-las das mãos de um Estado corrupto e autocrático. Em nome da queda da ditadura foi formada uma aliança ampla, que reunia a burguesia nacional, setores populares, partidos de esquerda, a Igreja e os militares. A Junta Patriótica – inicialmente concebida pelo PCV para depois superá-lo e, por fim, extirpá-lo – era a grande referência desse movimento. Para Plaza, a vitória de 23 de Janeiro deu início a um conflito entre três alternativas de organização do novo período: a democracia burguesa, o militarismo e a revolução, das quais se impôs a primeira opção. O resultado, porém, não estava determinado desde o início:

> A etapa histórica iniciada em 23 de Janeiro, em princípio, abarcava possibilidades de desenvolvimentos históricos diferentes da alternativa democrático-representativa. Que entre todas elas, uma tenha chegado a se converter na mais factível, e logo a real, dependeu da complexidade do processo, das condições econômica e políticas, e, em grande medida, das próprias orientações dos partidos políticos. Tais alternativas eram fundamentalmente três: o retorno ao militarismo direitista, o aprofundamento revolucionário do processo representado pelo Partido Comunista e outros grupos (posteriormente o MIR) e a democracia representativa expressada nos partidos reformistas de centro, AD, COPEI e URD (Plaza, 1999: 216).

Constrangido pelas concessões e pactos sociais considerados necessários para sustentá-lo, o novo Estado democrático foi tanto ruptura quanto restauração em relação à ditadura. Isso porque restabelecia as condições de reprodução da sociedade sem as limitações e crises impostas por um bloco no poder em decadência, sem legitimidade nacional e internacional, ao mesmo tempo em que proporcionava algumas mudanças progressistas em diversas áreas.

O destino daquele movimento, com nítidos traços nacional-populares, foi influenciado pela conjuntura internacional, pautada pela Guerra Fria e a Revolução Cubana, e pela situação interna, expressa na crise do poder militarista. Os partidos reformistas garantiram o sucesso da alternativa democrático-representativa ao marginalizar o setor revolucionário e assim pacificar a oposição de direita e a maior parcela das forças armadas. Esse procedimento avançaria ao longo dos anos 1960 e exigiria medidas de força por parte do Estado. Mas também foi determinante a elaboração de um programa que apelava à construção da moderna nação venezuelana, ao crescimento econômico e à ampliação da cidadania, motes que garantiram apoio popular ao novo bloco no poder (Plaza, 1999: 211-230).

Apesar da distância histórica e das evidentes diferenças entre cada experiência, acredito que o movimento bolivariano retoma algumas características daquele processo. A crise da democracia de *Punto Fijo* abriu possibilidades para a queda de AD e COPEI e para a ascensão de novos atores, mas a realização dessas alternativas não se daria de modo automático. Medidas enérgicas e isoladas, como as tentativas de golpe de 1992, também tinham pouca possibilidade de sucesso. A eleição de Caldera, em 1993, demonstrava que um rearranjo de forças no interior do bloco no poder era capaz de garantir um período de sobrevida à democracia pactuada. Daí a necessidade de que o MBR-200 mudasse seu caráter ao longo dos anos 1990 e buscasse apoio popular para seu programa, além de se aproximar de partidos de oposição para formar um arco de alianças maior.

Mas há ao menos uma diferença importante entre aquela experiência que inaugurou e a que encerrou o período de vigência do *Pacto de Punto Fijo*: nesta última, o movimento popular parecia menos organizado do que na primeira e, portanto, mais dependente do carisma e do discurso de Chávez, que se mostraram decisivos para garantir a unidade popular em torno da agenda antineoliberal. Essa situação refletia o grau de desconstrução do espaço público e de estreitamento do debate político, a partir do esgotamento das entidades representativas e da enorme fragmentação dos movimentos sociais. Logo, em que medida é possível afirmar que a vitória de Chávez se deveu ao desenvolvimento de um movimento nacional-popular? Não seria o contrário, ou seja, esse movimento não existiria apenas no discurso do MBR-200?

A resposta não é precisa, embora seja determinante para entender aquele processo. Afirmar que o sucesso de Chávez foi um resultado inevitável da insatisfação popular diante da democracia no país parece incorreto, assim como a hipótese contrária, segundo a qual o ex-comandante criou um movimento a partir de seu discurso populista. Há vários elementos que indicam que, dadas as condições históricas da crise venezuelana, o movimento popular e o MBR-200 não poderiam sobreviver um sem o outro e, a partir de certo momento, as trajetórias dos dois se uniram de tal forma que ficou difícil distingui-las. A chegada de Chávez ao poder, em 1999, deu início a um período inédito, repleto de tarefas originais, em que o debate dentro do movimento a respeito dos próximos passos da "Revolução Bolivariana" se intensificou. Acredito que para a análise desse cenário as comparações com o movimento de 23 de Janeiro de 1958 são mais uma vez úteis: como naquela ocasião, a conquista do Estado não parece ter encerrado o conflito, mas apenas reorganizado o debate em torno de novas questões. Diante dessa situação, faz-se necessária uma reflexão sobre a relação entre os movimentos nacional-populares e o Estado.

Num artigo escrito no início dos anos 1980, Portantiero e De Ipola (1981) abordaram esse tema. O texto realizava um diálogo com trabalhos que contrapunham as alternativas socialista e populista na política latino-americana pautados na referência ao chamado "socialismo real".[21] A preocupação dos autores foi avaliar a trajetória de movimentos nacional-populares no continente a partir de um caso histórico concreto – o peronismo –, e refletir a respeito de um de seus possíveis desdobramentos, que batizaram de "populismos realmente existentes", e suas consequências sobre a luta de classes. No artigo, o nacional-popular é apresentado como uma força que surge de um processo de desagregação do movimento popular em relação a um Estado em crise. Nesse contexto, a disputa pelo sentido da "Nação" se torna central:

---

21 "O objetivo destas notas é considerar a relação entre populismo(s) e socialismo tratando de superar um enfoque no qual este último só é visto em suas formas 'realmente existentes' e os populismos em sua *forma discursiva*, sem introduzir uma análise de suas manifestações históricas (Portantiero; De Ipola, 1981: 8, grifo nosso). A crítica dos autores está voltada, sobretudo, aos trabalhos de Laclau e de outros autores neles inspirados.

No primeiro dos polos do conflito, o Estado – como forma "universal" de uma dominação particular – opera como articulação do "nacional" que, por sua vez, é definido como o sentido da acumulação e da reprodução da sociedade. Esta ideia do nacional como sentido encontra no Estado sua própria materialidade como conteúdo histórico. É a partir dessa vinculação entre Nação e Estado que a dominação no capitalismo adquire sua legitimidade, na medida em que ela engloba e supera – "ilusoriamente" diria Marx – as parcialidades do corpo social fragmentado (Portantiero; De Ipola, 1981: 9-10).

O processo de ruptura dessa articulação, que os autores vinculam à produção da contra-hegemonia, tende a aprofundar o declínio do bloco no poder. O centro desse conflito seria a redefinição do sentido de valores – como nacionalidade, liberdade e igualdade –, que normalmente são absorvidos pelo discurso oficial e têm sua dimensão popular subtraída. Apesar de conter esse "espírito de cisão", o nacional-popular não é um espaço livre dos hábitos e tradições do poder: "toda dominação se interioriza de alguma maneira nos dominados, que acumulam em si resíduos históricos da opressão". Os autores destacam, ainda, o fato de que o popular não é uma "coletividade homogênea de cultura", como alertou Gramsci, mas forma um todo contraditório, cujo conteúdo se produz como "expressão de um conflito secular, *interno*, que abarca em conjunto 'intelectuais' e 'povo', entre tendências à ruptura e tendências à integração" (Portantiero; De Ipola, 1981: 10-11).

O problema se recoloca num momento crucial desses processos: a conquista do poder estatal. A partir deste ponto, teria início um conflito agudo em seu interior a respeito de seu futuro. Do mesmo modo que o movimento popular havia operado a desestatização do nacional para afastar um bloco do poder, a vitória inauguraria uma nova tentativa de síntese, em que a apropriação da vontade coletiva aparece como condição para garantir a legitimidade do novo bloco. Portantiero e De Ipola não concordam com as teses que atribuem essa reorganização à vontade exclusiva das lideranças do movimento, que manipulariam a vontade popular ou a trairiam. Para os autores, em alguns casos históricos concretos seria possível apontar um "transformismo progressista", que teria proporcionado ganhos importantes para as classes subalternas e rearranjos significativos entre as classes dominantes.[22] Não negam, porém, que o resultado mais significativo é a interrupção do processo de hegemonia das primeiras, com a exclusão do popular do poder, dando origem a uma nova síntese nacional-estatal.

O movimento bolivariano teve sua origem determinada por uma conjuntura diversa daquela de 1958. No cenário internacional, a Guerra Fria não era mais um paradigma desde pelo menos o início dos 1990, quando a derrota soviética passou a pautar a maioria das organizações de esquerda. No país, a democracia liberal havia perdido seu apelo junto aos setores populares, afetados pela "avalanche neoliberal". "Nem à esquerda nem à direita" era o que afirmavam os bolivarianos. Porém, para Biardeau, o nacionalismo revolucionário presente no discurso do MBR-200 tinha mais símbolos retirados da tradição da esquerda, o que demarcava seu lugar na política nacional:

---

22  No próximo capítulo pretendo analisar algumas dessas mudanças na sociedade venezuelana.

[...] ao definir um caráter *antiexplorador* e *anti-imperialista do projeto hegemônico*, Chávez sentava as bases geradoras de procedimentos de exclusão de outras formações de discurso, aquelas que negam a existência de fenômenos como a "exploração" e o "imperialismo". Precisamente, ainda que não se identifique de antemão nem com a "esquerda" nem com a "direita", o *amálgama ideológico* apresentava uma *afinidade seletiva* em relação a crenças, valores e ideias que tradicionalmente se encontram no espectro ideológico da *esquerda revolucionária* (Biardeau, 2009: 75, grifos no original).

A apreensão e o julgamento do conteúdo de determinado movimento político devem ocorrer a partir da análise da dinâmica histórica na qual ele se insere como produto e produtor. As questões que pautaram o processo venezuelano ao longo de sua trajetória estiveram submetidas a uma conjuntura específica e variaram sob influência das relações de força nacionais e internacionais, outro elemento da realidade social em constante mutação. Daí espera-se que qualquer interpretação a respeito de seu significado deverá estar sujeita a contestações. Nosso caso não é diferente: a classificação esboçada aqui terá um caráter ainda mais limitado enquanto a luta em curso na sociedade venezuelana não cessar. Essa constatação, longe de decretar a inviabilidade de qualquer leitura, impõe a necessidade da análise atenta de sua história.

Apesar das ressalvas aqui apresentadas, acredito que a classificação de movimento nacional-popular é a que melhor se aplica à força que resultou da convergência entre o discurso do MBR-200 e os setores populares insatisfeitos com a realidade venezuelana. Não obstante sua heterogeneidade e fragmentação – características ligadas à conjuntura em que se desenvolveu – esse movimento desempenhou um importante papel na superação da democracia de *Punto Fijo*. Seu ciclo, porém, não se encerrou ali, o que justifica a importância que a reflexão sugerida por Portantiero e De Ipola assume neste trabalho, sobretudo quando entramos no debate sobre os desdobramentos da fase "estatal" do movimento, realizado no próximo capítulo. Acredito – e tentarei demonstrar a seguir – que os possíveis avanços e recuos da chamada "Revolução Bolivariana" dependem de diversas variáveis, mas também passam pelo conflito entre um movimento popular dinâmico e uma tendência restauradora, centrada no Estado, que disputam o sentido daquela experiência.

# 4. A luta de classes na Venezuela do século XXI

A PARTIR DE 1999, com a chegada de Hugo Chávez à presidência da Venezuela, tiveram início dois importantes processos ligados entre si, mas distinguíveis analiticamente: num primeiro plano, o conflito entre o governo e a oposição, marcado por um discurso violento e que é assunto recorrente nas notícias sobre o país; mais além, as disputas e naturais mudanças que ocorreram nas estratégias tanto dos setores ligados à chamada "Revolução Bolivariana" quanto de seus opositores, ignoradas ou pouco discutidas nas análises sobre a política daquele país. Ainda que esses dois planos da conjuntura venezuelana estejam sobrepostos e se determinem mutuamente, as leituras mais comuns tendem a subestimar ou negar a existência do segundo e a privilegiar a narração de um cotidiano considerado viciado, no qual governo e oposição apenas dariam voz a uma polarização política concebida e ampliada pelo discurso de um presidente populista.

De acordo com essa visão, não há nada ali além de *chavistas* e *antichavistas*. A sociedade aparece cindida em duas fatias antagônicas, internamente homogêneas, mas incapazes de qualquer tipo de diálogo entre si. Uma hipótese reforçada a cada dia – na guerra de informações travada entre meios públicos e privados de comunicação –, e de tempos em tempos, nos referendos e eleições – 15 nos primeiros dez anos de governo – que sempre acabam reduzidos a um termômetro da popularidade do presidente. Essa percepção traduz uma polarização realmente existente naquela sociedade e, portanto, merecerá minha atenção. Mas o objetivo maior desse capítulo é investigar o conflito que se dá naquele segundo plano, onde cada um dos polos define suas identidades e estratégias de acordo com objetivos que parecem extrapolar o discurso cotidiano. A reconstrução desse processo revela que as partes – chamadas no discurso presidencial de "povo" e "oligarquia" – são compostas por frações, cujos interesses podemos definir como classistas: a disputa pelo Estado na qual estão envolvidas reproduz, com algumas particularidades, a divisão da sociedade venezuelana e a permanente luta entre as classes pela hegemonia.

Essa ideia – que consiste num pressuposto para a elaboração desse capítulo – nos coloca num debate polêmico no seio das ciências sociais que, ao menos nos últimos 40 anos, têm se questionado mais intensamente sobre a centralidade da categoria "classe" nos estudos sobre conflitos sociais. Desde os anos 1970, a construção de uma alternativa ao uso do conceito tem sido o fio condutor da obra de Laclau, por exemplo, analisada no final do segundo capítulo, quando indiquei alguns problemas que derivam da valorização excessiva do conceito de "povo" presente em seu último trabalho (Laclau, 2005). O artigo de Portantiero e De Ipola (1981), citado no final do terceiro capítulo, consiste numa resposta possível às propostas de valorizar as chamadas experiências "populistas" – ou seja, pautadas no "povo" como ator fundamental – em oposição àquelas que, ao longo da história, buscaram se construir a partir da noção de classes sociais e, mais especificamente, de classe trabalhadora.

Adotar a luta de classes como ponto de partida não nos impede de refletir a respeito dos constrangimentos impostos à organização da classe trabalhadora – ou da "classe-que-vive-do-trabalho"[1] – após 40 anos de mudanças no mundo do capital. Esse é um exercício que realizo no final deste capítulo, quando analiso alguns obstáculos atuais no processo de construção da hegemonia das classes subalternas na Venezuela, país que revela características semelhantes às encontradas em outras sociedades latino-americanas no final do século XX. Não se trata, porém, de igualar esses quadros particulares, e às vezes bastante distintos entre si, sob os efeitos do chamado "desmanche neoliberal".[2] A intenção dessa discussão é revelar que, apesar das variadas faces assumidas por esse fenômeno, ele parece ser elemento indispensável na composição do cenário da política latino-americana nos últimos 30 anos.

## Um país dividido

A primeira medida do governo Chávez se mostrou coerente com as promessas de campanha: no dia 11 de dezembro de 1998, ao ser reconhecido como novo presidente eleito, ele

---

1 O termo, empregado por Antunes (2000), traduz a dificuldade de se definir a classe trabalhadora a partir de antigos pressupostos.

2 A expressão, atribuída a Roberto Schwarz (Oliveira; Rizek, 2007: 7), parece perfeita para descrever as consequências das reformas neoliberais sobre as sociedades latino-americanas.

pediu ao Congresso Nacional que convocasse um referendo sobre a realização de uma Assembleia Constituinte e alertou: "Se nós não fizermos o que temos que fazer [...] o poder constituinte passará por cima de nós também".[3] No dia 2 de fevereiro do ano seguinte, durante sua posse, Chávez se adiantou ao legislativo – do qual, afirmou, estava "poupando o trabalho"[4] – e assinou o decreto que convocava o referendo, que ocorreria no próximo dia 25 de abril. Naquele mesmo discurso, porém, o novo presidente apresentou o apelo para que o poder legislativo aprovasse uma Lei Habilitante que lhe garantisse a capacidade extraordinária de tomar decisões rapidamente e acelerar o processo de transformações urgentes, que não poderiam esperar a nova constituição. Esse dispositivo, utilizado pelo presidente mais tarde, foi o estopim para a intensa agitação política ocorrida entre 2001 e 2004, que veremos a seguir.

Em abril, o processo constituinte foi referendado pelos eleitores e, já no dia 25 de julho, foram escolhidos os representantes populares na assembleia. Na ocasião, o *Polo Patriótico* conquistou 119 das 131 cadeiras disponíveis. A carta foi elaborada com extrema rapidez, graças à ampla maioria que o governo conquistara, mas também em virtude da pressão constante de Chávez, que teve participação ativa nos debates. A nova constituição[5] – que, por sugestão do presidente, mudou o nome do país para *República Bolivariana de Venezuela* – foi aprovada por 71% dos eleitores em outro referendo popular, realizado no dia 15 de dezembro.

---

3   "'Peço ao congresso que convoque o referendo'", *El Universal*, 12/12/1998.

4   "Chávez adiantou convocatória de referendo", *El Universal*, 03/02/1999.

5   Disponível em <http://www.tsj.gov.ve/legislacion/constitucion1999.htm>. Consultado em 21/01/2010.

Além de questões simbólicas, o texto trazia novidades importantes na organização do Estado, como a criação do Poder Cidadão, responsável por fiscalizar o respeito ao conteúdo da nova carta, sobretudo na área de direitos humanos, campo em que eram reconhecidos vários convênios internacionais. Em sintonia com bandeiras levantadas pelo movimento bolivariano, foram criadas diversas possibilidades de participação ampliada da população na política nacional, através de referendos sobre decisões importantes ou para a revogação do mandato de autoridades eleitas, recurso ao qual a oposição recorreria em 2004 contra Chávez. Havia, também, alguns pontos polêmicos, entre os quais se destacam: a ampliação do direito ao voto aos militares ativos; o aumento do período presidencial de cinco para seis anos, com direito à reeleição para mais um mandato; o fim do financiamento público dos partidos, que era uma exigência da "sociedade civil"; o reconhecimento do dispositivo da Lei Habilitante[6] que, semelhante à medida provisória brasileira, ampliava o poder do executivo; e a redução do legislativo a apenas uma câmara. Empresários e economistas também criticavam a redução da autonomia do Banco Central e a ampliação de outros mecanismos de intervenção estatal na economia (López Maya, 2006: 333-336).

A aprovação da nova constituição levou à realização de eleições gerais concebidas com o intuito de que os eleitos estivessem submetidos à nova ordem jurídica. Em julho de 2000,

---

6 "São leis habilitantes as sancionadas pela Assembleia Nacional pelas três quintas partes de seus integrantes, com a finalidade de estabelecer as diretrizes, propósitos e marcos das matérias que se delegam ao Presidente ou Presidenta da República, com poder e valor de lei. As leis habilitantes devem fixar o prazo de seu exercício" (CRBV, artigo 203).

de uma só vez, foram escolhidos presidente, governadores, deputados da nova Assembleia Nacional, os representantes nos conselhos legislativos estaduais e os prefeitos das 335 cidades do país. A disputa pela presidência foi relativamente tranquila e despertou pouco interesse nos eleitores, que somaram 43,69% de abstenção (ver tabela 10). O principal adversário de Chávez foi seu ex-companheiro de MBR-200, Francisco Arias Cárdenas, que defendia a continuidade do processo de mudanças, mas condenava a postura radical e violenta do presidente em relação à oposição. Chávez conseguiu reeditar o *Polo Patriótico*, mas já com algumas cisões: o MVR decidiu lançar candidatos próprios em vários estados, o que gerou insatisfação no MAS e, sobretudo, no PPT, que chegou a retirar o apoio à candidatura presidencial (López Maya, 2006: 244).

As "megaeleições" serviram para redesenhar o mapa político da Venezuela: o MVR se tornava a maior força do país, enquanto os tradicionais AD e COPEI se reduziam a organizações marginais. Os dois partidos foram abandonados pela maioria de seus antigos dirigentes, que perceberam – alguns mais cedo do que outros – que aquelas eram estruturas ultrapassadas, verdadeiros "cascos vazios" (López Maya, 2006: 332-333). Filiada a novas organizações, essa antiga direção se veria obrigada a se adaptar à condição de oposição, ou seja, redefinir táticas e estratégias longe do poder. Porém, o tempo para essa adaptação era curto, pois a relação com o governo, que nunca foi tranquila, se tornou insustentável no final de 2001. Em novembro daquele ano, Chávez anunciou um pacote legislativo que ficou conhecido como "segunda Lei Habilitante", composto por 49 leis nas áreas econômica e social que, segundo o presidente, estavam vol-

HUGO CHÁVEZ EM SEU LABIRINTO

tadas a acelerar o processo de mudanças.[7] Entre elas, três foram
mais duramente atacadas pela oposição: a Lei de Terras, a Lei de
Hidrocarburos e a Lei de Pesca.

| Tabela 10: Eleições Presidenciais (2000) Três candidatos mais votados | | | |
|---|---|---|---|
| Candidato | Partidos | Votos Válidos | % |
| Hugo Chávez Frías | MVR | 3.025.224 | 48,11 |
| | MAS | 547.192 | 8,70 |
| | PCV | 57.118 | 0,91 |
| | PPT | 0 | 0,00 |
| | Outros (6) | 128.239 | 2,04 |
| | Total | 3.757.773 | 59,76 |
| Francisco Arias Cárdenas | LCR | 1.191.379 | 18,95 |
| | FJAC* | 872.229 | 13,87 |
| | Izquierda | 148.120 | 2,36 |
| | MIN | 67.094 | 1,07 |
| | MDD | 64.055 | 1,02 |
| | BR | 16.582 | 0,26 |
| | Total | 2.359.459 | 37,52 |
| Claudio Fermín | Encuentro | 171.346 | 2,72 |
| Total de votos válidos: 6.288.578 | | | |
| Abstenção: 5.120.464 (43,69%) | | | |

* A sigla corresponde às primeiras letras do nome do candidato, Francisco
Javier Árias Cárdenas.
Fonte: Consejo Nacional Electoral (CNE)

_____

7   "Hugo Chávez anunciou segunda Lei Habilitante", *El Universal*, 14/11/2001.

FLÁVIO DA SILVA MENDES

A Lei de Terras e Desenvolvimento Agrário tinha o objetivo de promover mudanças sociais e econômicas na distribuição e no uso da terra. Do ponto de vista social foram criados mecanismos de fiscalização sobre o latifúndio improdutivo ou com títulos de propriedade irregulares, sob controle do novo Instituto Nacional de Terras, que ainda teria um papel destacado na regulamentação do setor e na execução de um plano de reforma agrária. O texto também tinha importância econômica, pois incentivava as grandes propriedades a produzirem e, assim, a reduzir a dependência nacional de produtos estrangeiros, meta que se inseria no tema da "soberania alimentar". Para a oposição, a nova lei representava um atentado à propriedade privada. O núcleo da discórdia era o fato do decreto considerar "de utilidade pública ou interesse social" as terras com vocação produtiva e, portanto, torná-las passíveis de expropriação.[8]

A Lei de Pesca e Aquicultura tinha normas parecidas e, portanto, também gerava polêmicas. O documento estava igualmente voltado a estimular o desenvolvimento da "soberania alimentar" e, para tanto, regulamentava as atividades de "pesca artesanal" e "pesca industrial". A primeira é defendida pelo texto, postura justificada pelo grande número de trabalhadores que dependem diretamente dela para sobreviver e

---

8  O conceito já estava presente na constituição: "Só por causa de utilidade pública ou interesse social, mediante sentença firme e pagamento oportuno de justa indenização, poderá ser declarada a expropriação de qualquer classe de bens" (CRBV, artigo 115). Andrés Alayo (entrevista, 22/03/2009), membro da *Frente Nacional Campesino Ezequiel Zamora*, elogiou os avanços na reforma agrária que resultaram da Lei de Terras, mas criticou alguns pontos, como a noção de interesse social que, segundo ele, desempenhou um papel importante na expropriação das terras, mas criava dificuldades na socialização da propriedade, que acabou muito vinculada ao Estado.

pelo baixo dano que causa ao meio ambiente. A segunda, ao contrário, é apontada como responsável pelo desaparecimento de algumas espécies de animais marítimos da costa venezuelana. Diante dessa constatação, o decreto amplia a área reservada à prática da pesca artesanal e aumenta a fiscalização do setor, sob responsabilidade do novo Instituto Nacional de Pesca e Aquicultura. Empresários criticaram duramente a lei que, segundo eles, impediria o desenvolvimento da atividade ao favorecer a prática artesanal (Maringoni, 2004: 76).

Por fim, a também polêmica Lei de Hidrocarburos estabelecia algumas mudanças na relação entre o Estado e a PDVSA, muitas das quais já estavam assinaladas na *Agenda Alternativa Bolivariana*. O principal objetivo era reverter o processo de distanciamento entre a estratégia empresarial e os interesses nacionais, que se iniciara nos anos 1980, e reafirmar o petróleo como um produto submetido ao Estado e, portanto, ao bem-estar do "povo venezuelano". A meta era fortalecer o controle exercido pelo Ministério de Energia e Minas sobre a produção, mudança que resultaria numa ampliação dos ganhos fiscais sobre a renda petroleira. Embora as medidas não se distanciassem muito da estratégia de "semear o petróleo" que marcou a exploração do produto no país ao longo do século XX, na conjuntura em que reapareceram elas foram atacadas como um retrocesso. Para os empresários ligados ao setor petroleiro, aumentar a intervenção do Estado apenas impediria o avanço tecnológico da produção, o que, ao lado da elevação dos impostos, reduziria a competitividade da empresa no mercado internacional. Em suma: a lei traduzia, como nenhuma outra iniciativa até então, os interesses antagônicos que derivavam da estratégia nacional bolivariana, de um lado, e do plano neoliberal dos empresários venezuelanos, por outro. Como avaliou Mommer, ambos estavam em busca do controle da política petroleira:

> Uma grande parte da classe profissional venezuelana apoia o argumento da PDVSA, de que volumes maiores são mais importantes do que a defesa dos preços. Completamente confundidos com respeito à política petroleira e sob influência de uma política eficaz de relações públicas da PDVSA, estes não estão dispostos a desafiar a lógica neoliberal. Buscam um ambiente de trabalho decente e profissional numa companhia moderna (preferivelmente privada) e, portanto, um salário satisfatório, tudo o que a IV República não pôde oferecer-lhes mais; creem que a situação na V República não seja diferente. Assim, estão convencidos de que a privatização da PDVSA melhoraria suas perspectivas. Ao nível popular, porém, a situação se mostra diferente. Os setores desfavorecidos da população temem sua exclusão, que ficariam para trás se a nação chegasse a reprivatizar a indústria petroleira. Em outras palavras, a política petroleira tem estado presa ao processo de polarização que tem caracterizado o país desde o começo de 2002 (Mommer, s/d: 17).

A oposição passou imediatamente a atacar o pacote presidencial e a assumir uma postura radical contra o governo: ou as leis eram revogadas ou não haveria mais diálogo. Foi criada a *Coordinadora Democrática de Acción Cívica*, ou apenas *Coordinadora Democrática* (CD), que se tornou o ponto de encontro de grande parte dos setores insatisfeitos com Chávez.

HUGO CHÁVEZ EM SEU LABIRINTO

Além de empresários e técnicos ligados ao serviço público e à PDVSA, dela faziam parte antigas lideranças políticas afastadas do poder, trabalhadores vinculados à CTV e a imprensa. O grupo se autodenominou "sociedade civil". O adjetivo não era novo. Para Lander, a ideia de uma sociedade civil independente e contraposta ao Estado passou a desempenhar papel importante no discurso dos novos movimentos sociais que surgiram no país a partir da crise do Estado. O antipartidarismo, compartilhado pelo MBR-200, era uma de suas faces:

> Tal como ocorre nas transições dos países do Leste Europeu para a democracia liberal, e nas latino-americanas de governos militares e autoritários a regimes democráticos, a ideia de *sociedade civil* esteve – pelo menos durante um período – no centro desse processo de ressignificação do imaginário da democracia. A noção de sociedade civil resultou numa poderosa arma de crítica utilizada tanto pela direita política, quanto pelos movimentos sociais contra o sistema Estado-partidos (Lander, 2006: 152-153).

A novidade, agora, estava no fato de este adjetivo servir para expressar a diferença entre um setor da sociedade que se considerava "civilizado", contrário a Chávez, e as grandes massas que o apoiavam (Lander citado em Maringoni, 2004: 77). Essa posição preconceituosa se tornou mais comum nas páginas dos jornais e nas redes de televisão controladas pela oposição, principalmente após 10 de dezembro de 2001, quando ocorreu a primeira paralisação empresarial, convocada pela Fedecamaras e comemorada

253

no dia seguinte como uma vitória do "civismo".[9] A partir de então, a imprensa – através de reportagens e artigos – passou a enfatizar o diagnóstico de um governo perdido, isolado, carente de apoio popular e legitimidade que, todavia, não dava um passo atrás quanto às suas pretensões. Do outro lado, a "sociedade civil" consciente e exitosa avançava na tarefa de recuperar o país. Esse cenário evoluiu depressa para uma situação insustentável: "recuperar o país" se tornou logo sinônimo de afastar o presidente do poder, com grupos pedindo abertamente sua renúncia. A cobertura favorável da imprensa reforçava o sentimento de que essa vitória estava próxima. Nos primeiros meses de 2002, os boatos sobre uma insurreição militar se intensificaram, enquanto a oposição demonstrava tolerância diante de um possível golpe. A principal voz da CD era Pedro Carmona Estanga, presidente da Fedecamaras. A tática mais comum adotada pelos dois lados foi medir forças nas ruas, através de grandes marchas realizadas a cada data nacional importante, como o aniversário da queda de Pérez Jiménez ou nos 10 anos da primeira tentativa fracassada de golpe do MBR-200[10] (López Maya, 2006: 266).

---

9   "95% de adesão e êxito do civismo", *El Universal*, 11/12/2001.

10  No dia seguinte a essa comemoração, um artigo de Roberto Giusti, no diário *El Universal*, exemplificava a visão de boa parte da oposição sobre Chávez e seus seguidores. Ao referir-se ao ato, realizado no monumento aos próceres da independência, em Caracas, Giusti afirmava que seus espaços "foram utilizados como dormitório coletivo, magna latrina pública, forno patriótico (espetinhos, linguiças, chouriços, miúdos), bar bolivariano, teatro de amadores, discoteca, centro comercial e gigantesca lixeira pública". O presidente era apresentado como "a estrela máxima do circo, atrevido encantador de serpentes, palhaço inimitável, trapezista do triplo salto mortal, sensacional ilusionista, o homem-bala, a bomba da Venezuela, o único, o inimitável Hugo Chávez" ("O Circo de Chávez apresenta...", *El Universal*, 05/02/2002).

A postura intransigente era comum aos dois lados. Em fevereiro, Chávez afastou a direção da PDVSA e nomeou uma nova, composta por nomes de sua confiança. A atitude, apesar de legal, gerou enorme insatisfação entre os altos gerentes da empresa e parte dos trabalhadores, que logo iniciaram uma greve com o apoio de empresários e da CTV. Num manifesto divulgado pela imprensa, os gerentes criticavam a "descapitalização intelectual pelo êxodo de pessoal gerencial e técnico qualificado, progressiva politização e desrespeito ao sistema meritocrático, com a consequente perda de autoestima e moral do pessoal". No mesmo documento, rechaçavam os "esquemas politizantes e ineficientes", com um apelo para que o governo "restabeleça as práticas gerenciais que permitiram à PDVSA ser uma empresa eficiente e geradora dos lucros necessários para o desenvolvimento do país, reconhecida e respeitada mundialmente".[11]

Àquela altura os jornais divulgavam notas diárias sobre a insatisfação do governo norte-americano frente às atitudes de Chávez. Uma das mais importantes opiniões foi expressa pelo então secretário de Estado de Bush, Colin Powell: "Não estamos contentes com comentários que [Chávez] fez sobre a campanha contra o terrorismo; ele não nos apoiou tanto quanto poderia, e escolhe alguns dos lugares mais estranhos para visitar". A Casa Branca também vinculava o governo venezuelano à guerrilha colombiana e ao narcotráfico.[12] Na mesma semana, os jornais deram ampla divulgação ao relatório de George Tenet, então diretor da Central de Inteligência norte-americana, que afirmava: "Estou

---

11  "Juramentada direção da PDVSA", *El Universal*, 28/02/2002.

12  "EUA expressa desacordo com política de Chávez", *El Universal*, 06/02/2002.

particularmente preocupado com a Venezuela, nosso terceiro maior fornecedor de petróleo".[13] Essa declaração serviu para reforçar um ponto já conhecido: o petróleo estava, mais uma vez, no centro da luta política no país. E não se tratava apenas de uma disputa interna, travada entre gerentes neoliberais e um governo nacionalista; a questão interessava, também, aos Estados Unidos, que dependiam da liberalização do mercado petroleiro internacional para garantir o acesso facilitado a essa importante fonte de energia. Num contexto de início da "Guerra contra o Terror", a interferência fiscal da Venezuela sobre a produção petroleira e sua adesão à política de cotas de produção, defendida pela OPEP, contrariavam a estratégia norte-americana para o setor.

Sob essas determinações nacionais e internacionais, o conflito entre Estado e PDVSA avançou até o começo de abril. No dia 9 daquele mês teve início uma paralisação convocada pela CTV em apoio aos funcionários da empresa, que já se encontravam em greve. O movimento se estendeu até o dia 11, quando foi decretada uma greve geral indefinida. A marcha realizada naquele dia, em Caracas, evoluiu para um golpe de Estado que afastou Chávez do poder por dois dias.[14] Neste intervalo Pedro Carmona Estanga, da

---

13 "A CIA vê crescer a insatisfação", *El Universal*, 07/02/2002.

14 Uma descrição detalhada do golpe pode ser encontrada em López Maya (2006: 258-279). Para a autora, evidências posteriores sugerem que havia um plano compartilhado por civis e militares para derrubar o presidente. Acredita-se que franco-atiradores localizados no alto de prédios tenham estimulado o conflito entre governistas e a oposição que serviu de justificativa para o levante militar. O papel dos meios de comunicação ao lado da oposição também merece atenção. O fato de maior destaque foi a divulgação de um vídeo onde homens armados, apontados como *chavistas*, disparavam de cima de uma ponte, supostamente

Fedecamaras, assumiu a presidência e logo revogou as 49 leis polêmicas de seu "antecessor", além de anunciar a dissolução da Assembleia Nacional e a destituição dos membros da Suprema Corte, medidas fortes que foram apontadas como causas de divisões no bloco que apoiava o golpe. De acordo com os defensores de Carmona, Chávez, que se encontrava preso, havia renunciado. Seu retorno a Miraflores, no dia 13, ocorreu graças a uma surpreendente reação popular nas portas do Palácio, que contrariou os reiterados diagnósticos de isolamento do governo presentes na imprensa venezuelana desde o final de 2001. Também foi fundamental a atuação de militares leais ao presidente eleito.

Após atingir seu ponto máximo, o conflito não diminuiu: atos da oposição e do governo continuaram a tomar as ruas das cidades do país durante aquele ano, com alguns choques violentos. Também se repetiram as paralisações cívicas convocadas pela CD.[15] Em agosto, militares rebeldes ocuparam uma praça na capital e declararam-na "território liberado". A desocupação estava condicionada à renúncia de Chávez. A

---

contra *antichavistas*. Mas há outros exemplos: o diário *El Nacional* publicou uma edição extra na tarde do dia 11, com o título "A batalha final será em Miraflores", enquanto a rede de televisão *Venevisión* mantinha a mensagem "nenhum passo atrás" no rodapé da tela durante a cobertura dos fatos. Essas e outras práticas anteriores e posteriores ao golpe justificam o intenso conflito entre governo e imprensa desde então.

15  Após a derrota do golpe de abril, algumas divisões no interior da CD ficaram mais claras. Carmona era vinculado a um grupo de empresários aliados a setores militares que continuavam a insistir numa via insurrecional para derrubar Chávez. Setores mais moderados acreditavam que a renúncia negociada do presidente era a solução mais adequada para a crise. Ver "A renúncia negociada é a saída", *El Universal*, 10/12/2002.

tensão era tão grande que chegou a ocorrer um tiroteio entre a Polícia Metropolitana de Caracas, controlada pela oposição, e a Guarda Nacional, ligada ao presidente, em novembro. Pouco depois, no dia 2 de dezembro, teve início a paralisação das atividades petroleiras, episódio que ficou conhecido como *"paro-sabotaje petrolero"*. A oposição afirmava que a greve seguiria até a queda de Chávez. Em resposta, Alí Rodriguez Araque, presidente da estatal, afirmou que a paralisação era criminosa e convocou a população a sair às ruas, cercar as instalações da empresa e pressionar os gerentes para que retornassem ao trabalho. A divisão da sociedade se tornou evidente:

> Durante esta aguda confrontação política muitos comércios fecharam, supermercados e bancos trabalharam em meio turno, os colégios privados e parte dos públicos paralisaram suas atividades. Os venezuelanos, ainda que não contassem com gasolina para o transporte (esta se esgotou em dezembro), se mantinham nas ruas com marchas e contramarchas que terminavam em violência ou mesmo morte. A CD aboliu as festas de natal como símbolo do sacrifício necessário para se alcançar a "vitória final", e as cidades, especialmente Caracas, eram segregadas espacialmente entre zonas *esquálidas*[16] (antichavistas) e *chavistas*. Ao chamado da CD, havia panelaços estrondosos todas as noites em setores de classe média e alta. Também todas as noites, os meios privados de comunicação entravam em rede para cobrir o informe diário dado pelos líderes da CD em relação às ações do dia, seus resultados

---

16 O adjetivo é usado por defensores do governo para se referir à oposição.

HUGO CHÁVEZ EM SEU LABIRINTO

e as estratégias que desenvolveriam no dia seguinte.
Em 23 de janeiro de 2003, já com claros sinais de uma
derrota da oposição, as forças do governo chamaram
uma marcha que foi multitudinária, enquanto setores
de classes médias e altas se escondiam atrás das grades
de suas casas e praticavam "planos de contingência"
esperando o que líderes irresponsáveis da oposição
chamavam de "assalto das hordas *chavistas*" contra
urbanizações dos setores de maiores rendas (López
Maya, 2006: 273, grifos no original).

Tabela 11: Pobreza e Pobreza Extrema (1981-2008)
Porcentagem da população

| Ano | Pobreza | Pobreza Extrema |
|---|---|---|
| 1981 | 25,0 | 8,6 |
| 1986 | 32,2 | 11,1 |
| 1990 | 39,8 | 14,4 |
| 1992 | 37,0 | - |
| 1994 | 48,7 | 19,2 |
| 1997 | 48,0 | 20,5 |
| 1999 | 49,4 | 21,7 |
| 2002 | 48,6 | 22,2 |
| 2004 | 45,4 | 19,0 |
| 2005 | 37,1 | 15,9 |
| 2006 | 30,2 | 9,9 |
| 2007 | 28,5 | 8,5 |
| 2008 | 27,6 | 9,9 |

Fonte: CEPAL (2009)

A vitória do governo ocorreu, outra vez, graças ao apoio popular – inclusive de ex-funcionários aposentados do setor petroleiro, que voltaram ao trabalho – e das Forças Armadas, que dessa vez agiram de maneira mais uniforme, em nome do "interesse nacional", afetado pela greve. A paralisação foi encerrada sem qualquer convocatória oficial, e cerca de 18000 de aproximadamente 40000 funcionários da PDVSA foram despedidos por abandono de emprego, o que abriu caminho para que o governo aprofundasse a reforma petroleira e o controle sobre a empresa. A derrota da oposição foi mais lenta, mas também mais acentuada do que a de abril de 2002: a redução de 27% do PIB no primeiro semestre de 2003 teve forte impacto sobre setores empresariais que haviam apostado pesado na queda de Chávez. O resultado foi uma mudança de estratégia a partir de então, o que favoreceu correntes mais moderadas da CD (López Maya, 2006: 275).

Os meses de paralisação deixaram prejuízos econômicos enormes e aprofundaram a divisão da sociedade entre *chavistas* e *antichavistas*. A reação do governo foi ampliar programas sociais voltados à população mais carente, cujo apoio havia sido decisivo nos episódios de enfrentamento desde dezembro de 2001. Os programas, batizados de *Misiones*, atingiam várias frentes, entre as quais se destacam: a criação de rede de supermercados com produtos subsidiados voltados à população de baixa renda; os incentivos às cooperativas e pequenas empresas; a execução de um grande plano de alfabetização; a criação de "escolas bolivarianas" e da Universidade Bolivariana; e a ampliação da assistência médica a bairros carentes, através da missão *Barrio Adentro*. A oposição encontrava-se dividida: um setor defensor da estratégia golpista havia

HUGO CHÁVEZ EM SEU LABIRINTO

fundado o *Bloque Democrático* (BD) e insistia na convocatória de ações violentas, enquanto a CD concentrava suas forças na coleta de assinaturas necessárias para ativar um referendo revogatório do mandato de Chávez.[17] Em junho de 2004, após meses de disputas quanto à validade das assinaturas recolhidas, o CNE anunciou que a oposição havia conseguido o número suficiente para a realização do referendo, que ficou marcado para o dia 15 de agosto.

A vitória conquistada pelo "não", opção favorável a Chávez, com 59,1% dos votos, confirmava que o presidente mantinha uma base de apoio enorme, apesar da turbulência política que havia atravessado. Com quase 10 milhões de participantes, o referendo também revelava a profunda politização da sociedade. Outro dado importante que se notava a partir da divisão dos votos por regiões era a nítida tendência de setores de baixa renda a se posicionarem a favor de Chávez, enquanto bairros de classe média e alta apresentavam votações contra o presidente. Na Paróquia *La Dolorita*, na área metropolitana de Caracas, por exemplo, habitada majoritariamente por setores populares, o "não" havia conquistado 73,1% dos votos. Já no pequeno e rico município Chacao, também em Caracas,

---

17 O dispositivo foi criado pela nova constituição (artigo 72). Para ativá-lo, era necessário preencher os seguintes requisitos: "a) ter cumprido metade do mandato da autoridade; b) a solicitação deve estar respaldada pelo mínimo de 20% das assinaturas dos eleitores inscritos no Registro Eleitoral Permanente (REP); c) quando feito o escrutínio, o número de eleitores que se pronunciam a favor de revogar o mandato deve ser superior ao número de votantes que elegeram a autoridade em questão; d) devem votar pelo menos 25% dos eleitores inscritos no REP; e e) só pode realizar-se uma vez" (López Maya, 2006: 278).

o "não" alcançou apenas 20% dos votos (ver quadro 24, em López Maya, 2006: 288).

| Tabela 12: Desigualdade (1990-2008) Distribuição da renda por decil (porcentagem) | | | | | | | | |
|---|---|---|---|---|---|---|---|---|
| | **1990** | **1997** | **1999** | **2002** | **2004** | **2005** | **2006** | **2007** | **2008** |
| **Decil 1** | 1.47 | 1.31 | 1.06 | 1,00 | 1.19 | 0.90 | 1.51 | 1.76 | 1.82 |
| **Decil 2** | 2.78 | 2.52 | 2.53 | 2.46 | 2.77 | 2.52 | 3.05 | 3.26 | 3.41 |
| **Decil 3** | 3.87 | 3.44 | 3.57 | 3.49 | 3.89 | 3.67 | 4.14 | 4.38 | 4.55 |
| **Decil 4** | 4.88 | 4.42 | 4.60 | 4.59 | 4.92 | 4.83 | 5.27 | 5.46 | 5.69 |
| **Decil 5** | 6.14 | 5.57 | 5.84 | 5.78 | 6.19 | 6.10 | 6.42 | 6.65 | 6.92 |
| **Decil 6** | 7.48 | 6.97 | 7.30 | 7.22 | 7.63 | 7.55 | 7.89 | 8.04 | 8.31 |
| **Decil 7** | 9.33 | 8.74 | 9.03 | 9.15 | 9.51 | 9.37 | 9.71 | 9.83 | 10.05 |
| **Decil 8** | 11.93 | 11.39 | 11.69 | 11.93 | 12.24 | 11.93 | 12.16 | 12.34 | 12.42 |
| **Decil 9** | 16.40 | 16.51 | 16.57 | 16.91 | 16.82 | 16.35 | 16.42 | 16.51 | 16.39 |
| **Decil 10** | 35.73 | 39.13 | 37.80 | 37.48 | 34.85 | 36.78 | 33.43 | 31.77 | 30.44 |

Fonte: CEPAL (2009)

A polarização consolidada ao longo dos primeiros cinco anos do governo bolivariano reproduzia, no campo da disputa pelo Estado, uma cisão profunda que se intensificou na sociedade venezuelana a partir dos anos 1980. Com a crise da "Grande Venezuela", a classe média entrou em declínio e se viu pauperizada (ver tabela 11), enquanto a distância entre pobres e ricos apenas aumentava (ver tabela 12). Tal disparidade, traduzida em números, tinha consequências reais na segregação espacial, no preconceito racial e na violência. Logo, não parece correto atribuir apenas ao discurso bolivariano ou a Chávez a intensidade do conflito. Se ele se expressou com tanta força, sem dúvida foi pela necessidade de expor uma divisão anterior, construída historicamente, mas que se encontrava camuflada durante anos de democracia pactuada. Inclusive no plano discursivo a autoria da polarização deve ser compartilhada entre o governo e a oposição, a qual adotou – sobretudo a partir de 2001 – uma postura de confrontação direta, com a reprodução de adjetivos muitas vezes preconceituosos na tentativa de anular a fala do inimigo. Os meios de comunicação deram mais força a essa tática, que em pouco tempo se transformou em clara incitação ao golpe.

Sem negar a existência dessa polarização e a importância que as práticas e discursos dos dois lados tiveram em sua construção, pretendo analisar a composição interna desses blocos, em parte já revelada pelo resultado do referendo revogatório: a divisão da sociedade venezuelana tem um fundamento classista. Ao lado de Chávez está a maioria dos mais pobres e parte dos setores médios, além de setores empresariais emergentes; do lado oposto estão os mais ricos e a maior parcela da dividida classe média, que recebem o respaldo de uma fração menor de trabalhadores insatisfeitos. É necessário, portanto, investigar quais os interesses que movem essas partes e se elas são tão homogêneas quanto uma primeira leitura dos dados eleitorais indica. A partir daí, avaliar a influência que divisões e disputas internas tiveram nas estratégias adotadas por governo e oposição.

FLÁVIO DA SILVA MENDES

# Além dos dois polos

Entre os vários grupos que compõem o governo e a oposição na Venezuela, a relação mais fácil de identificar é aquela entre a maioria dos trabalhadores mais pauperizados do país, tanto do campo quanto da cidade, e o bloco *chavista*. Este setor corresponde à parte da sociedade historicamente alijada da política e da divisão da riqueza nacional. Não por acaso, foi a partir do *Caracazo* – evento em que esses personagens foram protagonistas – que tiveram início os questionamentos mais profundos da crise na sociedade venezuelana. Na década seguinte, com seu avanço, a agenda de protestos se manteve. Os principais motivos que levaram à aproximação entre esse movimento e a alternativa bolivariana parecem baseados na combinação entre uma proposta antineoliberal na economia e a defesa radical da inclusão política contra os partidos tradicionais, ingredientes articulados nos discursos do carismático Chávez. Apesar de mudanças programáticas, avanços e recuos, a agenda bolivariana ainda atrai a confiança da maioria dessa parcela da população venezuelana.

Esse alinhamento popular às propostas do movimento bolivariano impôs mudanças às estratégias das chamadas vanguardas da esquerda, empenhadas em superar a crise que atravessam há anos e estreitar seus laços com a classe trabalhadora. No início dos anos 1990, quando o diálogo entre o MBR-200 e esse setor se intensificou, ele era composto, sobretudo, por quadros oriundos da classe média – funcionários públicos, estudantes universitários, lideranças sindicais – que também sentiam os efeitos do programa de reformas econômicas. Tal

HUGO CHÁVEZ EM SEU LABIRINTO

composição ainda prevalece e, apesar de conservarem muitas das críticas que faziam ao movimento desde aquela data, a maioria dessas vanguardas continua a apostar na "Revolução Bolivariana" como uma possibilidade de se aproximar daquele setor popular e dar um sentido socialista às transformações propostas pelo governo. Nessa opção pesam tanto o cenário de isolamento que enxergam no caso de uma ruptura com Chávez – e, assim, com os setores populares que o apoiam – quanto a ambiguidade do discurso do presidente que, ao dialogar com personagens e autores caros à tradição da esquerda em meio aos constantes apelos a Bolívar, gera expectativas de radicalização de sua estratégia e valoriza um vocabulário propício ao estreitamento dos laços entre a esquerda tradicional e a população.

Mas no bloco *chavista* também são encontrados grupos que não são anteriores à "Revolução Bolivariana", mas se produziram em seu interior, a partir de interesses econômicos e políticos aos quais só puderam ter acesso através do Estado. Para a oposição, que os cita mais abertamente, eles conformam a chamada *"boliburguesia"*, composta em sua maioria por ex-militares e empresários favorecidos por relações com o governo. As organizações de esquerda que atuam ao lado de Chávez também criticam esse setor, mas de modo mais velado e menos consensual. Ele é geralmente identificado como uma burocracia reformista que ameaça a continuidade da Revolução, embora o teor do julgamento varie conforme as estratégias de cada grupo e seu grau de comprometimento em relação ao presidente. Uma das caracterizações possíveis me foi apresentada por Roland Denis, que militou em organizações estudantis de esquerda nos anos 1980 e chegou a fazer parte do governo, do qual se distanciou por defender uma postura autônoma do movimento popular em relação ao Estado. Embora não represente a opinião de toda a esquerda, vale a pena citá-lo pelo grau de detalhamento com o qual descreve as partes:

> No momento em que se reunificaram o campo popular e boa parte da esquerda, da esquerda popular, ao redor de Chávez, e ele chegou à presidência, ora, era preciso atuar pelo Estado. Eu também fiz parte do governo. Tivemos que defender essas posições por vários anos, com níveis de confrontação que quase levaram a uma guerra civil, entre os anos 2002 e 2003, sobretudo. Mas já depois de 2004, quando vem o primeiro referendo presidencial e se conquista a vitória [...] começa um processo distinto. Vão se formando pouco a pouco o que eu chamo de pré-repúblicas. Há uma república que se formou nesse processo, liberal, de direita, ligada ao imperialismo norte-americano, e que tem muita influência sobre o Estado. Ela está ligada a setores sociais muito duros, como meios de comunicação. Ao que é a hegemonia, a estrutura capitalista. Há uma república burocrática que vem se formando também, que tem seus interesses e já tem seu presidente, porque Chávez se rendeu a eles, é um porta-voz deles. E aprendeu que a única linguagem que uma república burocrática pode usar é uma linguagem de esquerda: tem que falar em nome do povo, tem que ser um Estado popular. Este é um Estado burocrático, uma espécie de capitalismo de Estado, de centralização de poderes na burocracia e na figura presidencial, sobre uma matriz material de poder, que é a renda

petroleira, e que luta por monopolizar essa renda. Daí a dimensão que toma nesse país a discussão petroleira [...] Isso vem acentuando o culto à personalidade de Chávez, que substitui a teologia bolivariana por um tipo de linguagem socialista personalizada na figura de Chávez, e uma posição política que se centra majoritariamente no anti-imperialismo [...] E há uma república de base, da base popular, que também tem conquistado sua autonomia. Muitíssimo débil, com níveis de autoconsciência política também muito baixos, mas que tem crescido nestes anos [...] A quinta república não é um Estado, é a crise do Estado [...] tem três formações basicamente [...] Chávez faz parte da simbologia dessa república [popular], mas ela é muito incrédula em relação aos aparatos do Estado, dos partidos. Tudo que remeta às relações tradicionais de poder (Roland Denis, entrevista, 01/04/2009).

Para Denis, o fato de Chávez fazer parte da simbologia popular exige que as organizações de esquerda, preocupadas em ampliar suas bases de apoio, tomem cuidado em relação às críticas que dirigem ao presidente.[18] Do ponto de vista do

---

18 Um bom exemplo dessa imagem de Chávez pode ser encontrado no depoimento a seguir, dado por uma moradora da periferia de Caracas: "Mas não adianta, o presidente fala, mas ninguém executa. Precisaríamos de uns quatro ou cinco Chávez no governo para construir o mundo que ele diz, mas não é bem assim [...] Chávez quer implantar o socialismo, mas os funcionários não acreditam nisso e estão enriquecendo. Então o socialismo só vale para nós (população) e eles (ministros) continuam vivendo no capitalismo?". ("Apagões e desvalorização da moeda colocam Chávez à prova", BBC Brasil, 21/01/2010. Disponível em: <http://www.bbc.co.uk/portuguese/noticias/2010/01/100120_venezuelaenergiaml.shtml>. Acessado em 26/01/2010).

governo, por outro lado, a necessidade de articular um discurso recheado pelo vocabulário da esquerda também o leva a constrangimentos e concessões. Por último, as condições para o avanço da experiência popular autônoma estão condicionadas pelo afastamento das forças mais conservadoras da política nacional, garantido pelo governo bolivariano. Essa complexa rede de dependências mútuas parece dar origem a um equilíbrio instável que sustenta o bloco *chavista*.

Um olhar atento também revela a heterogeneidade da oposição a Chávez. A base de sustentação desse bloco está na maior parte da classe média e em uma parcela menor dos setores mais pauperizados, que compartilham uma visão sobre a democracia que remete à experiência política anterior à grande crise dos anos 1980. Essa memória – ativada pelo discurso dos líderes da oposição e pela imprensa – contribui para a construção da imagem de Chávez como um ditador autoritário e centralizador, contrário a valores essenciais de um regime democrático, como a liberdade e a divisão de poderes. O governo é considerado ineficiente do ponto de vista administrativo e dotado de uma ideologia ultrapassada, que se apoia no exemplo da experiência cubana, no vocabulário da esquerda tradicional e no militarismo. O estímulo ao conflito contra a oligarquia e o imperialismo é interpretado como uma tática para ofuscar problemas no seio da "Revolução Bolivariana".

Esses sentimentos parecem anteriores à eleição de Chávez, embora tenham se tornado mais intensos após os primeiros anos de governo. Acredito que a maioria dos argumentos encontrados no discurso da oposição já era perceptível ao longo da campanha eleitoral de 1998, quando ficou bem desenhada a polarização entre a agenda nacionalista do MBR-200 e a proposta liberal reformadora, concentrada na candidatura de Salas Römer. Os setores que hoje apoiam os líderes da oposição reafirmam a identificação desse bloco como uma força moderna, em sintonia com os valores democráticos, capaz do ponto de vista administrativo e defensora de estratégias econômicas competitivas. Por trás dessas características parece haver uma continuidade da aversão à política tradicional, que ecoa na pretensão de não se identificar com a esquerda ou com a direita nem valorizar estruturas de representatividade vinculadas ao Estado, como os partidos políticos. Esses rótulos e modelos são considerados ultrapassados.

Apesar de orientada por esses valores básicos, a oposição é composta por direções políticas muito diferentes. As divergências que existem entre elas têm origem, em parte, na crise dos partidos tradicionais que, como vimos, também sofreram os impactos da chamada antipolítica e do avanço do neoliberalismo. Houve vários conflitos entre lideranças pautadas pelo ideal nacional-desenvolvimentista, que reinou durante um longo período da democracia venezuelana, e personagens, como Carlos Andrés Pérez, que se alinharam à agenda de reformas econômicas nos anos 1980 e 90. Com o tempo, a primeira proposta foi perdendo espaço para um programa de reformas em parceria com o mercado, em que o aparelho estatal desempenharia um papel menor. Porém, os defensores dessa agenda buscaram se diferenciar dos setores golpistas, que se concentravam no *Bloque Democrático*, e que tinham o ex-presidente Pérez como um dos principais porta-vozes. De acordo com Edgardo Lander, após as sucessivas derrotas sofridas por essa estratégia, o setor mais moderado se impôs:

> Eu penso que durante os anos 2002, 2003, 2005, a oposição venezuelana estava dirigida, ou mesmo chantageada, por setores mais golpistas, mais de direita radical, que achavam que podiam derrubar Chávez na semana seguinte, estavam permanentemente nessa busca. Bastava dar um empurrão e tudo caía. Nisso tiveram muito apoio político e econômico do governo de Bush. Isso levou a oposição a sucessivas derrotas políticas sistemáticas: o golpe, a greve petroleira, o referendo revogatório. Isso começou a mudar com a reeleição presidencial e o referendo da reforma constitucional, quando os setores que acreditavam que era possível avançar politicamente pela via eleitoral se impuseram e efetivamente conquistaram avanços importantes, e, pela primeira vez nesse período, derrotaram o governo no referendo da reforma constitucional. Isso significa uma recomposição muito profunda. A oposição na Venezuela é muito heterogênea (Edgardo Lander, entrevista, 06/03/2009).

Para Lander, a heterogeneidade pesa mais para a oposição, que não possui uma liderança unânime como a desempenhada por Chávez no bloco do governo. Há, por exemplo, o fato de que em 2009 alguns de seus quatro governantes mais populares – nos estados de Táchira, Carabobo e Miranda, e no distrito capital (Caracas) – pertenciam a partidos diferentes, o que intensificava as disputas internas sobre qual deveria ser o candidato *antichavista* nas eleições presidenciais de 2012. Além de diferenças ideológicas, essas divisões traduzem a existência de interesses antagônicos de frações ligadas a atividades econômicas diversas, algumas mais dependentes do controle do Estado – como aquelas ligadas à produção petroleira – e outras relativamente independentes, mas que veem com bons olhos a possibilidade de um governo que estimule o desenvolvimento do capital nacional sem ameaças ao regime de propriedade. Os meios de comunicação, controlados majoritariamente por esses grupos econômicos, têm uma função importante nas críticas a Chávez.

Marginalizadas, mas também deste lado, estão algumas organizações de esquerda hoje com pouca expressão, como LCR e MAS.[19] Para Teodoro Petkoff, ex-membro do MAS e um personagem forte da oposição a Chávez, a situação desses pequenos partidos se explica pela força do carisma do presidente:

> Chávez ocupou, em grande medida, o espaço da esquerda. Ampliou seus limites. Portanto, os grupos de esquerda mais antigos, por enquanto, digamos, perderam seu âmbito social natural, porque este está sob a influência de Chávez [...] Mas esse cenário está mudando. Os regimes dessa natureza – autoritários, autocráticos, militaristas – costumam suscitar oposição de setores que vão da extrema di-

19 Nas eleições para a Assembleia Nacional realizadas em 2010, o PPT consolidou sua ruptura com a base oficialista e buscou se apresentar como uma alternativa aos dois polos que compõem a política venezuelana. A cientista social Margarita López Maya se candidatou por esta chapa, da qual foi uma das principais porta-vozes, mas não se elegeu. O PPT conquistou apenas duas cadeiras na nova assembleia, quatro a menos do que na anterior, quando ainda estava ao lado de Chávez. O oficialismo ficou com 98 das 165 cadeiras. A oposição conquistou os demais 65 postos.

reita, passando pelo centro e chegando à extrema esquerda[20] (entrevista, 26/03/2009).

Essa caracterização da composição dos blocos que polarizam a política venezuelana não pretende ser mais do que um esboço de relações complexas, sujeitas a grandes alterações conforme a conjuntura e ainda pouco estudadas. Um exemplo dos limites desta explicação é a existência de um setor numericamente significativo que se abstém dos processos eleitorais, não participa dos constantes protestos organizados por cada um dos polos e que, pelo que pude constatar, é classificado como alienado tanto pelos *chavistas* quanto pela oposição. É impossível afirmar que os eleitores que se abstêm são os mesmos a cada eleição, portanto a média de 30% provavelmente é superior ao verdadeiro tamanho desse grupo. Ainda assim, é necessário considerar a existência dessa parcela da população que não está a princípio *nem* com Chávez, *nem* com a oposição. São os chamados *"ni-ni"*. Alguns estão dispostos a votar em certas ocasiões, contra ou a favor do governo. Outros simplesmente preferem ignorar as eleições. É muito difícil analisar o que os move (ou não move) e mesmo apontar qual o estrato social ao qual pertencem. Uma hipótese a ser estudada é de que em sua maioria essas pessoas não são oriundas de

---

20 Ainda de acordo com Petkoff, o *chavismo* está vinculado a uma tradição da esquerda romântica e autoritária, também compartilhada por Fidel Castro em Cuba. Em oposição a essa vertente, ele indica o aparecimento de uma "esquerda moderna" na América Latina, que conquistou espaço a partir dos anos 1980, com o fim da União Soviética. Seriam exemplos dessa nova tendência os governos de Tabaré Vazquéz, no Uruguai, e Lula, no Brasil (entrevista, 26/03/2009).

um estrato socioeconômico determinado. O que teriam em comum seria o desencanto com o sistema político que afetou quase a totalidade da sociedade venezuelana no final dos anos 1980 e que não teria sido revertido pela chegada do MBR-200 ao poder nem substituído pela defesa da democracia que move a oposição. Há indícios de que este setor já foi mais expressivo, pois os índices de abstenção nas eleições pós-Chávez sofreram uma ligeira queda, sobretudo nos momentos de polarização mais extrema que têm o presidente como protagonista, como o referendo revogatório, as eleições presidenciais e o referendo sobre a proposta de reeleição para além de dois mandatos, realizado em 2009.

Embora não traduza todas as divisões que existem na sociedade venezuelana, esse esboço nos ajuda a compreender melhor as estratégias adotadas tanto pelo governo quanto pela oposição. Após os conflitos que duraram entre 1999 e 2004, os dois lados mudaram de postura. Com o crescimento da renda petroleira (ver figura 1), Chávez passou a privilegiar os programas sociais que já eram desenvolvidos antes do referendo. Essas medidas contribuíram para aumentar sua base de apoio, fato que estimulou o sentimento de que um período menos agitado estava por vir. Com o boicote realizado pelos principais partidos de oposição às eleições legislativas de 2005,[21] o controle e a confiança só aumentaram para o lado dos *chavistas*. No ano seguinte, Chávez ainda foi reeleito com uma votação expressiva (62,84%), embora a oposição tenha dado sinais de recuperação e unidade em

---

21 Os partidos AD, COPEI, *Proyecto Venezuela* e *Primero Justicia* (PJ) alegaram "falta de garantias" e se retiraram da disputa. O resultado, porém, foi referendado por observadores internacionais.

torno da candidatura de Manuel Rosales, impulsionada por partidos emergentes (ver tabela 13). Mas o cenário como um todo parecia propício ao avanço da "Revolução Bolivariana", logo, o novo período presidencial viria recheado de mudanças.

| Tabela 13: Eleições Presidenciais (2006) | | | |
|---|---|---|---|
| Dois candidatos mais votados | | | |
| Candidato | Partidos | Votos Válidos | % |
| Hugo Chávez Frías | MVR | 4.845.480 | **41,66** |
| | Podemos | 759.826 | **6,53** |
| | PPT | 597.461 | **5,13** |
| | PCV | 342.227 | **2,94** |
| | MEP | 94.706 | **0,81** |
| | Outros (19) | 669.380 | **5,77** |
| | **Total** | **7.309.080** | 62,84 |
| Manuel Rosales | UNT | 1.555.362 | **13,37** |
| | PJ | 1.299.546 | **11,17** |
| | COPEI | 261.515 | **2,24** |
| | MIN | 99.170 | **0,85** |
| | VdP | 86.958 | **0,74** |
| | URD | 84.690 | **0,72** |
| | MR | 74.660 | **0,64** |
| | MAS | 71.600 | **0,61** |
| | Convergencia | 59.183 | **0,50** |
| | Outros (34) | 699.782 | 6,06 |
| | **Total** | **4.292.466** | 36,90 |
| Total de votos válidos: 11.630.152 | | | |
| Abstenção: 3.994.380 (25,30%) | | | |

Fonte: Consejo Nacional Electoral (CNE)

A proposta econômica inicial do primeiro governo Chávez – contida tanto na AAB quanto no *Plan Económico y Social 2001-2007* (PES) – é considerada por Camejo (2002: 27) próxima ao neoestruturalismo econômico, que defendia a atuação do Estado em setores básicos da economia em parceria com a iniciativa privada nacional. Uma primeira tentativa de aprofundar alguns pontos dessa estratégia, no sentido da ampliação da intervenção estatal, estava contida na "segunda Lei Habilitante", contra a qual a oposição desenvolvera uma campanha "anticomunista". A partir de 2005, inspirado pela convicção de que era hora de avançar, o governo buscou retomar e aprofundar aquelas propostas. Numa entrevista concedida naquele ano, Chávez afirmou que o período de confrontação o levou a repensar os rumos do governo:

> Golpe de 2002, greve petroleira, sabotagem petroleira, contragolpe, discussões e leituras. Cheguei à conclusão – assumo a responsabilidade porque não discuti com ninguém antes de tornar público no Fórum Social Mundial de Porto Alegre – que o único caminho para sair da pobreza é o socialismo. Em uma época cheguei a pensar na terceira via. Andava com problemas para interpretar o mundo. Estava confuso, fazia leituras equivocadas, tinha uns assessores que me confundiam ainda mais. Cheguei a propor um fórum na Venezuela sobre a terceira via de Tony Blair. Falei e escrevi muito sobre um "capitalismo humano". Hoje estou convencido de que é impossível (Cabieses: 2005).

## Figura 1: Evolução do preço do petróleo (1997-2010)

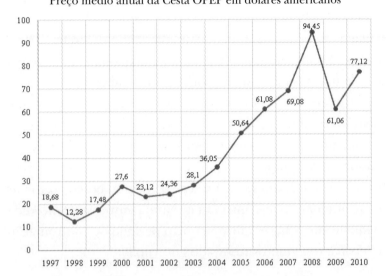

\* O valor de 2010 corresponde apenas ao mês de janeiro.
Fonte: OPEP (2010)

A ideia de superar o capitalismo e construir o "Socialismo do Século XXI" passou a orientar a nova estratégia do governo, contida em documentos como o *Proyecto Nacional Simón Bolívar: Primer Plan Socialista 2007-2013* (PPS)[22] e a proposta de reforma constitucional levada a referendo em 2007.[23] Neles aparece uma ruptura em relação ao neoestruturalismo e o avanço em direção a medidas centralizadoras e estatizantes, inspiradas no exemplo da experiência cubana. As mudanças

---

22 Disponível em: <www.mpd.gob.ve/Nuevo-plan/plan.html>. Acessado em 10/11/2010.

23 Disponível em: < http://www.globovision.com/news.php?nid=62492>. Acessado em 10/11/2010.

simbólicas também são importantes: embora se mantenha a menção a Simón Bolívar e outras referências da cultura nacional, ganham espaço personagens vinculados à esquerda latino-americana, como Fidel Castro, Che Guevara, Salvador Allende, e autores e militantes da tradição marxista, como Lênin, Trotski, Rosa Luxemburgo e Gramsci. O adjetivo "socialista" é outro elemento que se torna comum nessa "nova narrativa ideológica de emancipação", agora compreendida como uma "democracia revolucionária", e não mais como uma "revolução democrática" (Biardeau, 2009).

Para analistas da oposição e alguns apoiadores de Chávez, essa nova narrativa coincide com o crescimento do desequilíbrio entre os poderes no Estado venezuelano, reforçado tanto pela maioria governista conquistada no legislativo quanto pelo apelo constante do executivo a dispositivos que lhe permitem legislar. Para Biardeau (2009: 79), esse período se define pela emergência do "momento do líder", com a consolidação de Chávez como um elemento indissociável do processo revolucionário, agora passível de ser chamado de "revolução chavista". A mesma percepção está presente no artigo de Raby (2006), que compara o momento venezuelano com a trajetória da Revolução Cubana, onde também teria ocorrido a centralização da política na figura de um líder populista, Fidel Castro. O consenso quanto ao papel de destaque assumido por Chávez se estende a amplos setores, da direita à esquerda, da oposição a seus apoiadores. Um exemplo importante desse novo cenário foi sua atuação durante a elaboração da extensa proposta de Reforma Constitucional de 2007, recusada num referendo popular.[24] O texto foi identificado diretamente com o presidente: era a "constituição de Chávez". Em fevereiro de 2009, um novo referendo aceitou a proposta de acabar com o limite de apenas uma reeleição que a constituição impunha aos cargos executivos.

Para autores como Biardeau e Raby, o "momento do líder" exige uma discussão a respeito da relação entre povo, líder e Estado, semelhante àquela que propus a partir do texto de Portantiero e De Ipola (1981). Para eles, o aumento do poder do líder carismático e das estruturas do novo Estado popular tende a ameaçar o avanço do movimento "nacional-popular" e, mais além, a construção de uma contra-hegemonia. Portanto, este seria um momento crucial para os chamados "populismos realmente existentes". Apesar das ressalvas que fiz quanto ao uso do conceito de populismo, um dos motivos pelos quais não é possível ignorá-lo é justamente essa reflexão que ele proporciona sobre o papel das lideranças carismáticas na política latino-americana. Recuperá-lo sem cuidado, porém, pode nos levar a exageros, como igualar Chávez a outros personagens dessa tradição. Esse procedimento é tentador, sobretudo quando comparamos o presidente venezuelano às principais características dos políticos da chamada onda "neopopulista", que descrevi no segundo capítulo: o ataque à corrupção e às "oligarquias", o apelo ao "povo", etc. Mas as semelhanças parecem se encerrar aí. Porque se personagens como Collor, Fujimori e

---

24 A proposta, dividida nos blocos 1 e 2, foi recusada por 50,7% e 51,05% dos eleitores, respectivamente. Além do equilíbrio, destaco o índice de abstenção: 44,9% (Fonte: CNE). Muitos atribuem a derrota da proposta ao triunfalismo e à desconfiança quanto ao seu conteúdo por parte dos apoiadores de Chávez.

Menem estiveram colados à emergência do neoliberalismo na América Latina, Chávez se apresentou como uma tentativa de frear este processo. É evidente que, por questões discutidas ao longo deste trabalho, as referências do movimento bolivariano eram contraditórias e confusas: uma ponte entre a esquerda marginalizada, o militarismo, o nacionalismo e o desenvolvimentismo, tudo amarrado pelo discurso de um líder carismático. As respostas que surgiram daí, embora imprecisas, diferem daquelas que os "neopopulistas" apresentaram aos seus países. Seus resultados estão condicionados pela realidade encontrada na Venezuela do século XXI.

## A Venezuela pós-desmanche

Ao revisar este trabalho antes de concluí-lo, reli a caracterização da formação do Estado venezuelano que abre o primeiro capítulo. Para descrever aquele processo, que se concentrou na primeira metade do século XX, a noção de "Estado mágico" (Coronil, 1997) serviu como uma luva: através dela foi possível compreender como a construção da identidade da sociedade venezuelana esteve fundamentada na negação da dependência do Estado em relação ao petróleo. Ambos se desvencilharam apenas no plano ideológico, através do discurso nacional-desenvolvimentista que anunciava a "segunda independência" do país. As constantes crises políticas e econômicas – que encontram na eleição de Chávez mais uma expressão – servem para recordar aquela vinculação original entre Estado e renda petroleira. Agora, ao relembrar esse fato cultural fundamental, ligado a um problema material não menos importante, é adequado levantar novamente a questão: depois de toda essa história, o que mudou?

No início de 2010, o conflito entre governo e oposição na Venezuela deu sinais de um reaquecimento preocupante. Os maiores alvos neste novo momento foram o programa de racionamento de energia elétrica e as sanções a canais de televisão, além de antigos temas, como a corrupção e a violência pública. Os palcos do confronto foram, mais uma vez, os meios de comunicação – públicos e privados – e as ruas, onde se multiplicaram marchas de ambos os lados. A constância e o grau de violência que marcaram esses protestos chegaram a lembrar os ocorridos em 2002. Além das eleições para o legislativo agendadas para setembro do mesmo ano, esse cenário coincidiu com a queda do preço do petróleo no mercado internacional (ver figura 1), efeito da crise econômica mundial que explodiu no final de 2008 e que se traduziu na redução do crescimento em algumas das principais potências consumidoras da *commodity*, como a China[25] e os Estados Unidos. Os níveis posteriores à crise estavam ainda muito acima daqueles

---

25 A importância das relações econômicas entre Venezuela e China foi resumida por Chávez num discurso, em 2007: "A China aposta em nós e estamos entrando nela em cheio, a fundo, em um conjunto de projetos que sem dúvida agudizarão as contradições em nível internacional. Por quê? Porque propusemos à China o fornecimento de petróleo, e aqui antes se dizia que não, que não era possível porque a China está muito longe e que tudo deve ser mandado aos Estados Unidos. Agora estamos demonstrando que isso era uma enorme falsidade, estamos enviando petróleo à China, encerramos o ano passado em 300 mil barris diários, está sendo gestada a formação de uma empresa mista aqui, para chegar a produzir, entre ambos, até um milhão de barris de petróleo" (Chávez, 2007: 215).

encontrados no início do governo Chávez, mas a oscilação negativa de 2009 já foi suficiente para ligar um sinal de alerta.

A primeira reação veio com a desvalorização da moeda, o Bolívar Forte,[26] medida que pretendeu atrair investimentos para o país e fortalecer a indústria nacional, afetada pelo volume das importações efetuadas sob a taxa de câmbio anterior. Reverter os ganhos fiscais previstos a partir da nova política cambial do país em investimento em áreas estratégicas – como a alimentar, ainda muito carente – é um dos grandes desafios do governo. A questão, porém, não é nova; ao contrário, reflete a continuidade da enorme dependência da economia em relação ao petróleo, dez anos após a chegada de Chávez ao poder. Por sua vez, as consequências políticas de uma forte turbulência no mercado mundial já são bem conhecidas pelos venezuelanos. Sabe-se que a relação entre a crise econômica e a estabilidade do governo não é direta, e os eventos de 2002 explicitaram o quanto o grande apoio popular com o qual conta o presidente pode ajudá-lo a atravessar momentos complicados, como aqueles gerados pela paralisação do setor petroleiro. No longo prazo, porém, parece inevitável que essas mediações se enfraqueçam sob os efeitos de um cenário econômico muito adverso e duradouro.

Além da permanência de nós importantes na estrutura econômica, parecem existir outros obstáculos à criação de respostas sociais e políticas efetivas à crise orgânica, momento

---

26 A partir de 8 de janeiro de 2010, o câmbio, antes controlado na razão de 2,15 bolívares por dólar, passou a obedecer a duas taxas: 2,6 bolívares por dólar para importações de primeira necessidade, como remédios e alimentos, e 4,3 bolívares para outras negociações. Para maiores detalhes, ver a reportagem supracitada da BBC Brasil.

que a sociedade venezuelana não parece ter superado. Para López Maya (2006), a vitória eleitoral do MBR-200 correspondeu a um episódio importante na "luta hegemônica" que começou a se desenhar no país a partir dos anos 1980. Para a autora, apesar das dificuldades enfrentadas pelo governo Chávez, a sociedade venezuelana se encontra num estágio avançado de construção de uma nova hegemonia. Porém, o significado que este termo assume em seus textos pode ser resumido ao controle exercido por determinada "elite política", algo que de fato se alterou com o declínio dos partidos de *Punto Fijo* e o sucesso do movimento bolivariano.

Para nós, a questão da hegemonia exige a análise de outros fatores. Apesar das inegáveis transformações pelas quais passou, a sociedade venezuelana parece submetida a um processo anterior que impõe limites às possibilidades de avanço da "Revolução Bolivariana" no sentido da construção efetiva de uma nova hegemonia. Creio que o conflito inaugurado a partir de 1999 se desenvolve num cenário ainda marcado pelo "desmanche neoliberal", em que pesam a redução do espaço público – fundamental para o desenvolvimento do conflito – e a crise dos modelos tradicionais de atividade política. Logo, as iniciativas populares mais ricas e criativas que se encontram na Venezuela do século XXI muitas vezes se resumem a tentativas de reconstrução daquele espaço perdido, ou seja, lutas pela reativação de práticas políticas organizadas que ruíram nas últimas décadas ou pela difícil criação de novas formas. Do outro lado, a mais poderosa reação contra essa invenção popular ocorre de modo passivo, através da negação da política presente em grande parte do discurso e da prática da oposição, que desqualifica o debate em suas formas mais elementares.

Tal conflito afeta a organização do espaço público em diversos níveis. Um exemplo claro é o enorme sentimento de insegurança compartilhado pelos habitantes de Caracas, sejam ricos ou pobres, embora estes últimos componham a grande parcela das vítimas da transformação de ruas em condomínios fortificados, da difusão da posse de armas e da anulação da vida cultural gratuita ou a preço acessível, que parecem superar os níveis encontrados em outras grandes metrópoles latino-americanas. Para a oposição, muitos desses problemas cotidianos nascem da ineficiência administrativa do governo Chávez que, como afirmou Edgardo Lander, "estaria muito preocupado em fazer a Revolução e pouco interessado em recolher o lixo das ruas" (entrevista, 06/03/2009). A questão, acredito, é mais profunda, pois se os dados estatísticos revelam uma pequena diminuição da pobreza e da desigualdade social a partir de 1999 (ver tabelas 11 e 12), as formas de sociabilidade que também resultam do desmanche parecem longe de serem superadas.

Os efeitos desse fenômeno também interferem no modo como atua o movimento nacional-popular venezuelano, que ainda sofre as consequências da desarticulação orgânica sofrida pela esquerda pós-guerrilha. O resultado mais evidente é a enorme dependência das iniciativas populares em relação ao Estado, o que dá substância a outro mecanismo de reação antipopular no sentido da discussão proposta por Portantiero e De Ipola (1981): uma ordem estatal que busca determinar o sentido do nacional e, assim, reorganizar a síntese entre Estado e povo, com consequências negativas para a construção da hegemonia das classes subalternas. Essa determinação do nacional-estatal sobre o nacional-popular não parece resultar apenas de uma ação maquiavélica da nova "elite política", que buscaria se consolidar no poder. Há aí um fenômeno até certo ponto inevitável diante da atual fraqueza do movimento popular venezuelano, apesar do incessante trabalho de recomposição aprofundado a partir de 1999.

O Estado também não é um espaço homogêneo; ao contrário, reflete o conflito que marca toda a sociedade. Em entrevista, a militante de esquerda e funcionária pública Ana Sofía Viloria expôs seu ponto de vista sobre as estruturas estatais e os servidores *antichavistas*:

> Para mim [incomoda] o tema de que não se tocou na estrutura central do Estado, suas leis, regulamentos, mecanismos, feitos para que os processos sejam lentos, as respostas sejam lentas. Feitos para não mudar. Mas há instituições que nasceram com este processo, como esta [Ministério de Comunicações e Informação], mas há outras. O Ministério de Educação Superior, por exemplo. Mas o formato, a estrutura da administração pública nacional, é a mesma. Então trabalhamos com pressão nas instituições [...] Mas há uma pressão de legitimidade que é feita pelo povo venezuelano. Quando vamos a uma comunidade nos dizem: "precisamos conhecer quais são as linhas do ministério para que possamos nos comunicar". Isso pede a gente numa assembleia: "porque o presidente disse que temos debilidades na comunicação e quero saber quais são as estratégias". E eu tenho que dizer: "as linhas são essas, mas temos que construir outras conjuntamente". Porque não há comunicação feita no laboratório, tem que se construir com a gente, para dar-lhes resposta [...] Dentro das

instituições há muitos profissionais, técnicos, que não estão conosco. Por que seguem? Eu trabalho com muita gente, são bons profissionais, mas depois do golpe [2002], da humilhação grande que tivemos, eu disse: "nem água". Eu acredito, hoje, que não deveríamos ter ninguém que não milite pela construção desse país. Eu! Ou seja, alguns dizem: são profissionais, podemos trabalhar. Mas vimos gente sabotando, deixando mal feito, não cumprindo. Mas há outros que cumprem. Mas há muita benevolência, deviam estar todos fora (Ana Sofía Viloria, entrevista, 27/02/2009).

A mútua dependência entre o governo e os movimentos populares também inspirou o debate sobre a importância de um partido unificado de esquerda, capaz de refletir sobre uma orientação estratégica e aprofundar a "Revolução Bolivariana". Daí nasceu o *Partido Socialista Unido de Venezuela* (PSUV), em 2007, no qual deveriam se dissolver os grupos que apoiam o governo Chávez. Esse chamado à unidade desdobrou-se numa enorme polêmica, sobretudo quando organizações aliadas ao MVR – como o PCV e, até então, o PPT – se negaram a ingressar num partido no qual seriam minoria. Apesar de apresentarem justificadas críticas a uma tendência centralizadora da nova organização, esses aliados expressaram algumas divergências profundas que permanecem no interior da esquerda do país. Um exemplo é a recuperação do antigo debate a respeito de qual partido seria o verdadeiro representante da classe trabalhadora venezuelana.

Outros elementos da trajetória do PSUV parecem reafirmar as contradições existentes nas relações entre Estado, partidos e classes sociais na Venezuela. No discurso que realizou no ato de sua fundação, Chávez (2007) tocou em vários pontos, que vão da necessidade de fortalecer os movimentos populares à tarefa de realizar um censo eleitoral, imprescindível para transformar o partido numa máquina eficiente e massificada, capaz de defender o processo revolucionário. É evidente que esses planos estão ligados entre si: a expansão das ações populares deve agregar apoio ao PSUV nas eleições e, o mais importante, tornar mais ricas as experiências que contribuem para a construção de uma contra-hegemonia. Essa é uma lógica que o governo aprofundou já a partir das vitórias conquistadas no biênio 2002-2003. Contudo, a estratégia do partido se submete à disputa pela sua direção, que acaba refletindo as lutas pelo controle do Estado, do qual, muitas vezes, se torna extensão. O resultado é a confirmação de uma tendência centralizadora apontada por algumas correntes que atuam em seu interior, ainda que o saldo entre os pontos positivos e negativos dessa experiência unificada seja de difícil mensuração. Em meio a tantas incertezas, a discussão sobre a organização da esquerda venezuelana e sua relação com Chávez permanece viva:

> Se há uma profunda debilidade no processo de acumulação de forças da esquerda nacional-popular na Venezuela, está na ausência de um intelectual coletivo orgânico e de um movimento popular revolucionário constituído desde a diversidade de movimentos sociais que ao menos gere um contrapeso interno às decisões unilaterais do "Comandante-Presidente", impedindo ações desacertadas do mesmo. Existe um grande silêncio sobre aspectos negativos, sobre debilidades

> patentes, sobre desorientações em relação ao "modelo de socialismo", que é responsabilidade direta dos trabalhadores imateriais, que optaram mais pela censura, do que pela crítica aberta e construtiva à revolução bolivariana. Aqui não cabem desculpas e a oposição colocou os setores intelectuais favoráveis à revolução nos moldes de uma "razão domesticada e tarifada" pelo poder (Biardeau, 2009: 92).

O trecho acima também levanta a discussão sobre a relação entre os intelectuais e a "Revolução Bolivariana". É nítida a existência de um profundo abismo entre personagens que desempenharam um papel crítico importante na sociedade venezuelana, sobretudo até os anos 1980, e o atual processo político. Segundo Lander (entrevista), muitos intelectuais passaram a adotar uma atitude resignada diante da crise em que a sociedade entrou a partir daqueles anos, desconfiados em relação às organizações de esquerda, que se revelavam carentes de força e estratégia. Ainda hoje, esses setores expressam grande ceticismo diante de possibilidades de construção de alternativas à democracia liberal. Logo, em meio à extrema polarização da sociedade venezuelana, tendem a se alinhar à oposição ao reduzir o governo Chávez a uma ameaça autoritária ao sistema democrático.

Todos esses fatos, indissociáveis do processo ao qual me referi como "desmanche neoliberal", nos levam a indagar a respeito do lugar da hegemonia na sociedade venezuelana do século XXI. Pois se a crise da democracia pactuada expôs os limites da direção burguesa no país, o quadro atual revela obstáculos não menos importantes no processo de construção da hegemonia das classes subalternas. A completa realização da "grande política" parece impedida pela carência de propostas estratégicas capazes de superar o cenário crítico que marca aquela sociedade há pelo menos três décadas. As causas desse fenômeno devem ser buscadas tanto nas novas relações entre capital e trabalho, que parecem resultar na crise das formas tradicionais de organização deste último, quanto no avanço de propostas políticas que não indicam caminhos de ruptura com o capitalismo.

A sociedade venezuelana – dotada de uma história particular, em parte analisada ao longo deste trabalho – enfrentou e ainda enfrenta os efeitos do desmanche ao seu modo: num primeiro momento, o *Caracazo* foi a expressão surpreendente e explosiva desse conflito; em seguida, já nos anos 1990, veio a vitória do MBR-200, um movimento com estratégias indefinidas, mas com um discurso antineoliberal adequado àquela insatisfação popular que, antes, já reinventava a política nas ruas. No poder, o movimento nacional-popular que resultou da convergência dessas forças tem a dura tarefa de produzir o dissenso profundo necessário para que a grande política se imponha à pequena.

Mas há muitos obstáculos neste caminho. O mais evidente é levantado pela oposição, que parece tentar de todas as formas – inclusive com o uso da força – reduzir o debate nacional à pequena política. Além da estratégia golpista, nunca abandonada por completo, esse esforço se traduz no teor do discurso oposicionista, fundamentado em apontar a incapacidade do governo diante de problemas cotidianos, como a violência e a corrupção, realmente existentes na sociedade venezuelana, mas cujas causas parecem mais profundas do que indica o argumento da ineficiência administrativa. Aliados a essa estratégia aparecem os vários rótulos que meios de comunicação e intelectuais impõem a Chávez e seu governo: populismo, caudilhismo, autoritarismo, fascismo, etc., além de outras variações preconceituosas. Para esses setores da "sociedade civil", Chávez não representa nada além de uma ameaça à "democracia" e à "liberdade", valores absolutos reivindicados sem qualquer reflexão sobre seus conteúdos reais. Outro desafio do movimento nacional-popular é combater as ameaças que florescem em seu interior, sobretudo quando a conquista do Estado ativa o debate sobre os meios que podem levar à manutenção de seu controle. Neste momento, como demonstramos a partir de Portantiero e De Ipola (1981), a experiência de construção de uma nova hegemonia passa a ser ameaçada, também, pela possibilidade de que a ela sejam impostos limites considerados necessários à garantia do controle do Estado, que poderiam resultar num novo processo de "revolução passiva", tal qual o descrevemos. Essa solução pactuada também consistiria num constrangimento à plena realização da "grande política".

Vale ressaltar que as tentativas de reduzir o debate à pequena política já são, de acordo com Gramsci, uma expressão da grande política, ainda que num sentido restaurador. Apesar dessas variadas expressões conservadoras – ligadas, em geral, aos efeitos do desmanche –, a busca por uma contra-hegemonia efetiva persiste na sociedade venezuelana. Ela está pautada, sobretudo, na criativa atividade popular inaugurada há pelo menos duas décadas. Logo, embora ainda desconhecida, a solução à questão que levantamos sobre o lugar da hegemonia naquela sociedade parece estar em produção: serão os imprevisíveis resultados da luta atual que fornecerão a resposta.

# Referências bibliográficas

ÁLVAREZ, Ángel E. "La reforma del Estado antes y después de Chávez". In: ELLNER, Steve & HELLINGER, Daniel (orgs.). *La política venezolana en la época de Chávez*. Caracas: Nueva Sociedad, 2003.

ANDERSON, Benedict. *Comunidades imaginadas*. São Paulo: Companhia das Letras, (2008) [1983].

ANTUNES, Ricardo. *Os sentidos do trabalho*. São Paulo: Boitempo, 2000.

ARENAS, Nelly; GÓMEZ CALCAÑO, Luis. *Populismo autoritario: Venezuela 1999-2005*. Caracas: Cendes/CDCH, 2006.

BARATTA, Giorgio. *As rosas e os Cadernos. O pensamento dialógico de Antonio Gramsci*. Rio de Janeiro: DP&A, 2004.

BELLOTO, Manoel Lello; CORRÊA, Anna Maria (orgs.). *Simon Bolívar - Coleção Grandes Cientistas Sociais, 40*. São Paulo: Editora Ática, 1983.

BIARDEAU, Javier (org). "Dossier". *Cuadernos del Cendes*, nº 10, janeiro-abril, 1989.

_____. "Del árbol de las tres raíces al 'socialismo bolivariano del siglo XXI' ¿una nueva narrativa ideológica de emancipación?". *Revista Venezolana de Economía y Ciencias Sociales*, vol. 15, nº 1, abril 2009, p. 57-113.

BLANCO MUÑOZ, Agustín. *Venezuela del 04F-92 al 06D-98. Habla el Comandante Hugo Chávez Frías.* Caracas: Cátedra "Pío Tamayo"/ UCV, 1998.

CABIESES, Manuel. *"¿Hacia donde va usted, presidente Chávez?".* Disponível em <http://www.voltairenet.org/article132654.html>. Acessado em: 13 de outubro de 2011.

CAMDESSUS, Michael. "Estrategia del Fondo frente a la deuda latinoamericana: impulsar el crecimiento y facilitar el servicio de la deuda". *Boletín del FMI,* 23 de mayo de 1988.

CAMEJO, Yrayma. "Estado y mercado en el proyecto nacional-popular bolivariano". *Revista Venezolana de Economía y Ciencias Sociales,* vol. 8, n° 3, setembro-dezembro 2002, p. 13-39.

CAPELATO, Maria Helena Rolim. "Populismo latino-americano em discussão" In: FERREIRA, Jorge (org.). *O populismo e sua história.* Rio de Janeiro: Civilização Brasileira, 2001.

CARDOSO, Fernando Henrique; FALETTO, Enzo. *Dependência e desenvolvimento na América Latina.* Rio de Janeiro: Zahar, 1975.

CARRERA DAMAS, Germán. *El culto a Bolívar.* Caracas: Editorial Alfa, 2008 [1970].

CARVALLO, Gastón; RÍOS DE HERNÁNDEZ, Josefina. *Clase dominante y democracia representativa en Venezuela.* Caracas: Cendes, UCV, Fondo Editorial Tropykos, 1995.

CASTAÑEDA, Jorge. *Utopia desarmada: intrigas, problemas e promessas da esquerda latino-americana.* São Paulo: Companhia das Letras, 1994.

CHÁVEZ, Hugo. *El Comandante Chávez a la Nación: Mensaje Bolivariano.* Caracas: Ediciones MBR-200, 1993a.

_____. *Pueblo, Sufragio y Democracia.* Caracas: Ediciones MBR-200, 1993b.

HUGO CHÁVEZ EM SEU LABIRINTO

_____. *A dos años del 4 de febrero*. Mimeo. Caracas: Cendes/UCV, 1994.

_____. "Acerca da grandíssima importância de um partido". *DEP: Diplomacia, Estratégia e Política/Projeto Raúl Prebisch*, n° 6 (abril/ junho 2007). Brasília: Projeto Raúl Prebisch, 2007.

CHÁVEZ, Hugo *et alli*. *Agenda Alternativa Bolivariana*. Caracas: Ministerio del Poder Popular para la Comunicación e Información, 2007. Disponível em: <http://www.alopresidente.gob.ve/component/option,com_docman/Itemid,0/task,doc_view/gid,226/>. Acessado em: 23 de dezembro de 2009.

CORONIL, Fernando. *The Magical State. Nature, money and modernity in Venezuela*. Chicago: University of Chicago Press, 1997.

COUTINHO, Carlos Nelson. *Gramsci* - Coleção Fontes do Pensamento Político, Vol. 2. Porto Alegre: L&PM, 1981.

_____. *Cultura e sociedade no Brasil. Ensaio sobre ideias e formas*. Rio de Janeiro: DP&A, 2000.

COUTINHO, Carlos Nelson; NOGUEIRA, Marco Aurélio (orgs.). *Gramsci e a América Latina*. São Paulo: Paz e Terra, 1988.

DIAS, Edmundo Fernandes. "Hegemonia: racionalidade que se faz história". In: DIAS, Edmundo Fernandes *et alii*. *O outro Gramsci*. São Paulo: Xamã, 1996.

_____. *Gramsci em Turim. A construção do conceito de hegemonia*. São Paulo: Xamã, 2000.

DI TELLA, Torcuato. *Para uma política latino-americana*. Rio de Janeiro: Paz e Terra, 1969.

DOMÍNGUEZ C., Raul. "Un siglo de luchas políticas campesinas en Venezuela". In: GONZÁLEZ CASANOVA, Pablo (org.). *Historia política de los campesinos latinoamericanos*. Madrid: Siglo XXI, 1985.

ELLNER, Steve. *Venezuela's Movimiento al Socialismo. From guerrilla defeat to innovative politics*. Durham: Duke University Press, 1988.

_____. "Venezuela". In: BETHEL, Leslie; ROXBOROUGH, Ian (orgs.). *América Latina: entre a Segunda Guerra Mundial e a Guerra Fria*. São Paulo: Paz e Terra, 2001.

ESCOBAR V., Arturo. *La invención del tercer mundo. Construcción y desconstrucción del desarrollo*. Santaré de Bogotá: Norma, 1996.

FALETTO, Enzo. "La dependencia y lo nacional-popular". *Nueva Sociedad*, n° 40, enero-febrero, 1979.

FALS-BORDA, Orlando. *As revoluções inacabadas na América Latina 1809-1968*. São Paulo: Global, 1979.

FERNANDES, Florestan. *A revolução burguesa no Brasil: ensaio de interpretação sociológica*. Rio de Janeiro: Zahar, 1981 [1974].

FERREIRA, Jorge (org.). *O populismo e sua história*. Rio de Janeiro: Civilização Brasileira, 2001.

FRANCISCO, Cláudia Aparecida. *Democracia, Comunismo e Reformas na Venezuela de Rómulo Betancourt (1940-1964)*. Dissertação (Mestrado em História Política) – Faculdade de História, Direito e Serviço Social – Unesp, 2007.

GARCIA MÁRQUEZ, Gabriel. *O general em seu labirinto*. Rio de Janeiro: Record, 1989.

GERMANI, Gino. *Política y sociedad en una época de transición. De la sociedad tradicional a la sociedad de masas*. Buenos Aires: Paidos, 1977 [1962].

GIORDANI C., Jorge A. *Planificación, Ideología y el Estado: el caso de Venezuela*. Valencia, Venezuela: Vadell Hermanos Editores, 1986.

_____. *Teorías del Estado y Planificación (cuestiones básicas de su práctica en Venezuela)*. Valencia, Venezuela: Vadell Hermanos Editores, 1988.

GOMES, Ângela Castro. *A invenção do trabalhismo*. Rio de Janeiro: Relume Dumará, 1994 [1988].

GRAMSCI, Antonio. *Cadernos do Cárcere*. Vol. 3. Rio de Janeiro: Civilização Brasileira, 2000.

_____. *Cadernos do Cárcere*. Vol. 5. Rio de Janeiro: Civilização Brasileira, 2001.

_____. "A questão meridional: 1926". In: *Escritos Políticos*, vol. 2. Rio de Janeiro: Civilização Brasileira, 2004.

GREGORIO TERÁN, José. "Los discursos sobre el 27 de Febrero". *SIC – Centro Gumilla*, ano LII, nº 514, mayo 1989.

GRUPO RORAIMA. *Proposición al País – Proyecto Roraima – Plan de Acción*. Caracas: Instituto Roraima, 1985.

_____. *Más y mejor democracia*. Caracas: Instituto Roraima, 1987.

HOBSBAWM, Eric. J. *Nações e Nacionalismo desde 1780*. São Paulo: Paz e Terra, 2004.

IANNI, Octávio. *O colapso do populismo no Brasil*. Rio de Janeiro: Civilização Brasileira, 1971.

_____. *A formação do Estado populista na América Latina*. Rio de Janeiro: Civilização Brasileira, 1975.

IZARD, Miquel. *El Poder, la Mentira y la Muerte – De El Amparo al Caracazo*. Caracas: Fondo Editorial Tropykos, 1991.

LACLAU, Ernesto. *Política e ideologia na teoria marxista*. Rio de Janeiro: Paz e Terra, 1979.

_____. *La razón populista*. Buenos Aires: Fondo de Cultura Económica, 2005.

LACLAU, Ernesto; MOUFFE, Chantal. *Hegemonía e estrategia socialista*. México: Siglo XXI, 1985.

FLÁVIO DA SILVA MENDES

LANDER, Edgardo. "Los aprendices de brujo: retos tecnocráticos a la política venezolana". *Nueva Sociedad*, n° 121, septiembre--octubre, 1992.

_____ (org). *La colonialidad del saber. Eurocentrismo y Ciencias Sociales. Perspectivas latinoamericanas*. Buenos Aires: Clacso, 2000.

_____. "Venezuela: a busca de um projeto contra-hegemônico". In: CECEÑA, Ana Esther (org.). *Hegemonias e emancipações no século XXI*. Buenos Aires: Clacso, 2005.

_____. *Neoliberalismo, Sociedad Civil y Democracia. Ensayos sobre América Latina y Venezuela*. Caracas: UCV, 2006.

_____. "El Estado y las tensiones de la participación popular en Venezuela". *OSAL* (Buenos Aires: Clacso), año VIII, n° 22, septiembre 2007.

LEPAGE, Freddy. *En el nombre de la Revolución*. Caracas: Debate, 2006.

LÓPEZ MAYA, Margarita. *Desarrollo y democracia*. Caracas: UCV/Nueva Sociedad, 1991.

_____. *Protesta y cultura en Venezuela: los marcos de acción colectiva en 1999*. Buenos Aires: Clacso, 2002.

_____. *Del Viernes negro al Referendo Revocatorio*. Caracas: Alfadil, 2006.

_____. "Venezuela: Hugo Chávez y el Bolivarianismo". *Revista Venezolana de Economía y Ciencias Sociales*, Caracas - UCV, vol. 14, n° 3. septiembre-diciembre 2008.

LÓPEZ MAYA, Margarita *et alii. De Punto Fijo al Pacto Social. Desarrollo y hegemonía en Venezuela (1958-1985)*. Caracas: Editorial Acta Científica Venezolana, 1989.

LÓPEZ MAYA, Margarita; GÓMEZ CALCAÑO, Luis. "Crisis y Concertación en Venezuela: dos coyunturas históricas" In: *Seminario: Concertación Social en Venezuela: balances y perspectivas*. Cendes/UCV (mimeo).

López Maya, Margarita; Lander, Luis E. "A military populist takes Venezuela". *NACLA Report on the Americas*, vol. XXXII, nº 5, march/april, 1999.

_____. "Novedades y continuidades de la protesta popular en Venezuela". *Revista Venezolana de Economía y Ciencias Sociales*, Caracas-UCV, vol. 12, nº 1, enero-abril, 2006.

Löwy, Michael. *Nacionalismos e Internacionalismos da época de Marx até nossos dias*. São Paulo: Xamã, 2000.

_____. *O Marxismo na América Latina*. São Paulo: Fundação Perseu Abramo, 2006.

Löwy, Michael; Sayre, Robert. *Revolta e Melancolia: o romantismo na contramão da modernidade*. São Paulo: Vozes, 1995.

Maringoni, Gilberto. *A Venezuela que se inventa*. São Paulo: Fundação Perseu Abramo, 2004.

_____. *A Revolução Venezuelana*. São Paulo: Editora Unesp, 2009.

Marx, Karl. *O Capital*. Vol. I, tomo 2. São Paulo: Nova Cultural, 1985.

_____. "O método da economia política" In: Fernandes, Florestan (org.). *Karl Marx* - Coleção Grandes Cientistas Sociais, 36. São Paulo: Editora Ática, 1989, p. 409-417.

_____. *O 18 Brumário de Luís Bonaparte e Cartas a Kugelmann*. São Paulo: Paz e Terra, 2002 [1852].

MBR-200. *De la Estrategia y Línea de Masas*. Ediciones del MBR-200, s/d.

_____. *¿Y como salir del labirinto?*. Mimeo. Caracas: Cendes/UCV, s/d.

_____. *La importancia de la Asamblea Nacional Constituyente para el MBR-200*. Mimeo. Caracas: Cendes/UCV, s/d.

_____. *¿Porqué insurgimos?*. Mimeo. Caracas: Cendes/UCV, 1992.

FLÁVIO DA SILVA MENDES

_____. *El Movimiento Bolivariano Revolucionario 200 ante las elecciones.* Mimeo. Caracas: Cendes/UCV, 1993.

MOMMER, Bernard. *Petróleo subversivo.* Disponível em: <http://www-personal.umich.edu/~twod/oil-ns/articles/research-07/research-ven/petroleo_subversivo_mommer_espanol.pdf>. Acessado em: 20 de dezembro de 2009.

MURMIS, Miguel; PORTANTIERO, Juan Carlos. *Estudos sobre as origens do peronismo.* São Paulo: Brasiliense, 1973.

OCHOA ANTICH, Fernando. *Así si rindió Chávez: la otra historia del 4 de febrero.* Caracas: Los Libros de El Nacional, 2007.

OLIVEIRA, Francisco de. "Privatização do público, destituição da fala e anulação da política: o totalitarismo neoliberal". In: OLIVEIRA, Francisco de; PAOLI, Maria Célia (orgs.). *Os sentidos da democracia.* São Paulo: Vozes, 2000.

_____. "O Ornitorrinco". In: *Crítica à Razão Dualista.* São Paulo: Boitempo, 2003.

_____. "Política numa era de indeterminação: opacidade e reencantamento". In: OLIVEIRA, Francisco de; RIZEK, Cibele Saliba (orgs.). *A Era da Indeterminação.* São Paulo: Boitempo, 2007.

OLIVEIRA, Francisco de; PAOLI, Maria Célia. *Os sentidos da democracia.* São Paulo: Vozes, 2000.

OLIVEIRA, Francisco de; RIZEK, Cibele Saliba (orgs.). *A Era da Indeterminação.* São Paulo: Boitempo, 2007.

PARKER, Dick. "El chavismo: populismo radical y potencial revolucionario". *Revista Venezolana de Economía y Ciencias Sociales*, Caracas-UCV, vol. 7, nº 1, enero-abril, 2001, p. 13-44.

PÉREZ, Carlos Andrés. *Acción de gobierno para una Venezuela moderna.* 1988.

_____, "El Presidente habla a la nación". *Cuadernos del Cendes*, nº 10, janeiro-abril, 1989.

PLAZA, Elena. *El 23 de enero de 1958 y el proceso de consolidación de la democracia representativa en Venezuela*. Caracas: UCV, 1999 [1978].

PORTANTIERO, Juan Carlos. "O nacional-popular: Gramsci em chave latino-americana". In: COUTINHO, Carlos Nelson; NOGUEIRA, Marco Aurélio (orgs.). *Gramsci e a América Latina*. São Paulo: Paz e Terra, 1988.

PORTANTIERO, Juan Carlos; DE IPOLA, Emilio. "Lo nacional popular y los populismo realmente existentes". *Nueva Sociedad*, Caracas, nº 54, 1981, p. 7-18.

PRADO JÚNIOR, Caio. *A revolução brasileira*. São Paulo: Brasiliense, 1966.

PROVEA. "Consecuencias del 27 de Febrero: los derechos humanos" *SIC – Centro Gumilla*, año LIII, nº 522, marzo 1990.

QUIJANO, Aníbal. "Colonialidad y modernidad/racionalidad". *Seminario Internacional Globalizaciones y Modernidades: Experiencias y Perspectivas en Europa y America Latina*. Buenos Aires: FRN/ SCASSS/Clacso/Eural, 28 junho - 01 julho, 1998.

RABY, Diane. "El liderazgo carismático en los movimientos populares y revolucionarios". *Cuadernos del Cendes*, ano 23, nº 62. Caracas: Cendes/UCV, 2006.

RANCIÈRE, Jacques. *O desentendimento*. São Paulo: Editora 34, 1996.

RIBEIRO, Vicente Neves da Silva. *Petróleo e processo bolivariano: uma análise da disputa pelo controle do petróleo na Venezuela entre 2001 e 2003*. Dissertação (Mestrado em História) – Instituto de Filosofia e Ciências Humanas – UFRGS, 2009.

ROBERTS, Kenneth M. "Neoliberalism and the transformation of populism in Latin America. The Peruvian case". *World Politics*, Washington D.C., nº 48, 1995, p. 82-116.

ROMERO, Aníbal. "A dos años y medio de su mandato: el fin del consenso" *Elite*, Caracas, vol. LX, n° 3170, 1986, p. 30-33.

_____. *La miseria del populismo. Mitos y realidades de la democracia en Venezuela*. Caracas: Ediciones Centauro, 1987.

SCHWARZ, Roberto. "As ideias fora do lugar" In: *Ao vencedor as batatas: forma literária e processo social nos inícios do romance brasileiro*. São Paulo: Duas Cidades/Editora 34, 2007.

SECCO, Lincoln. "Crise e estratégia em Gramsci". In: DIAS, Edmundo Fernandes *et alii. O outro Gramsci*. São Paulo: Xamã, 1996.

SIC. "Orden establecido versus democracia". *SIC – Centro Gumilla*, año LII, n° 514, mayo 1989.

SONNTAG, Heinz R.; MAINGON, Thaís. *La reforma del Estado en Venezuela: entre la tecnocracia y la democracia*. Cendes/UCV, s/d. Mimeo.

SOSA A., Arturo. "'Crisis' de los valores o triunfo de la ideología". *SIC – Centro Gumilla*, año LII, n° 514, mayo 1989.

STRAKA, Tomás. "Guiados por Bolívar: López Contreras, bolivarianismo y pretorianismo en Venezuela". In: IRWIN G., Domindo; LANGUE, Frédérique. *Militares y poder en Venezuela. Ensayos históricos vinculados con las relaciones civiles y militares venezolanas*. Caracas: Universidad Católica Andrés Bello, Universidad Pedagógica Experimental Libertador, 2005.

TROTSKI, León. *Sobre la liberación nacional*. Bogotá: Pluma, 1980 [1938?].

VELÁSQUEZ, Ramón José. "Los orígenes de Acción Democrática – 1931-1945. Petróleo, marxismo y Gómez". *Bohemia*, n° 1209, 1986, p. 24-28.

VILAS, Carlos M. "¿Populismos reciclados o neoliberalismo a secas? El mito del "neopopulismo" latinoamericano". *Revista Sociologia Política*, Curitiba, 22, junho 2004, p. 135-151.

ESTA OBRA FOI IMPRESSA EM SANTA CATARINA PELA NOVA
LETRA GRÁFICA E EDITORA NO VERÃO DE 2012. NO
TEXTO FOI UTILIZADA A FONTE ITC NEW BASKERVILLE EM
CORPO 11, COM ENTRELINHA DE 16 PONTOS.